조선 지식인의 리더십

● 사진 제공

Encyber.com 46

Yonhap Contents 253, 267, 322, 325, 329

뉴스뱅크이미지 285, 311, 324

독립기념관 214, 218, 264

● 이 책에 수록된 이미지의 출처를 찾기 위해 최선을 다했습니다. 누락된 것이 있다면
출처가 확인되는 대로 게재 허락을 받고 통상의 기준에 따라 사용료를 지불하겠습
니다.

조선 지식인의 리더십

초판 1쇄 인쇄 · 2009. 6. 8.

초판 1쇄 발행 · 2009. 6. 15.

지은이 · 신봉승

발행인 · 이상용 이성훈

발행처 · 청아출판사

출판등록 · 1979. 11. 13. 제9-84호

주소 · 경기도 파주시 교하읍 문발리 출판문화정보산업단지 507-7

대표전화 · 031-955-6031 편집부 · 031-955-6032 팩시밀리 · 031-955-6036

홈페이지 · www.chungabook.co.kr E-mail · chunga@chungabook.co.kr

ISBN 978-89-368-0395-7   03910

* 값은 뒤표지에 있습니다.

* 잘못된 책은 구입한 서점에서 바꾸어 드립니다.

신봉승의 한국사 바로 읽기

조선 지식인의
리더십

신봉승 지음

청아출판사

근본이 잘못되었습니다

조금은 부끄러운 얘깁니다만, 우리는 21세기를 맞으면서 별별 호들갑을 다 떨며 20세기와 전혀 다른 새로운 세기가 열릴 것이라는 기대와 예측에 들떴던 기억이 아직도 생생합니다. 우리만 그랬던 것이 아니라 세계의 석학들도 다름이 없었습니다만, 21세기로 들어선 지 벌써 10년이 되어가는데도 별로 달라진 것이 없습니다.

정권이 교체된 우리의 2008년은 더욱 참담했습니다. 이념의 갈등이 빚어내는 저질의 혼란은 정기국회에서 아주 적나라하게 드러났습니다. 망치로 문짝을 부수고, 전기톱으로 자물쇠를 자르고, 소화기 분말이 뿜어지는 난동 속에서 깨진 유리 창문에 찔려 피를 흘리는 유혈 참극도 연출되었습니다. 세계 유수의 언론은 우리 국회의 고질병이 도진 것이라고 대서특필하였습니다. 사태가 이런 지경이 되었으면 의원 몇 사람쯤 사퇴하는 귀감을 보여야 지식인의 도리를 다하는 것이 되고, 비로소 리더십이란 말이 거론될 것이 아니겠습니까?

3백여 명에 가까운 국회의원 중에는 장관을 지낸 사람, 교수를 지낸 사람, 판사를 지낸 사람, 박사학위를 소지한 사람 등 모두가 지식인들인데도 지식인에게 필요한 기본을 갖춘 사람은 눈 닦고 찾아도 없었습니다. 입만 열면 '노블레스 오블리주'를 외친 것도 모두 거짓임이 드러난 셈입니다.

　리더십이라는 단어가 꼭 지도력만을 의미하는 것은 아닌 줄로 압니다. 그 말에 복잡한 의미가 담겨 있어섭니다. "영웅이 역사를 만든다." 라는 칼라일의 말은 리더십이 난세亂世와 무관하지 않음을 암시하고 있습니다. 막스 베버의 카리스마Carisma론은 '신의 은총이 많음Stock of carisma'을 조건으로 하고 있습니다. 더구나 마키아벨리는《군주론》에서 찾고 있습니다. 결국 아무도 리더십의 본질을 밝혀내지 못한 결과가 아니겠습니까.

　아주 평화로운 시대의 군주였던 세종대왕은 '식견과 표준'의 조화로 '엄격함과 관대함'의 균형을 이루는 것으로 지도력의 극대화를 시도하여 성공하였습니다. 그것은 곧 역사인식의 발로였습니다.

　우리가 경험한 20세기는 너무도 참담하였습니다. 한마디로 줄이면 '나라 잃고 반세기, 국토 동강 나고 반세기'로 정리되기 때문입니다. 나라의 주권을 일본 제국에게 내주었던 탓으로 항구, 철도, 은행 등 근대화과정이 그들의 편의에 따라 이루어졌고, 미래로 나아가는 동력인 교육과정까지 황국신민皇國臣民을 만들기 위한 것이었는데도 "일제의 식민지 지배가 있었기에 오늘 우리의 근대화가 이루어질 수 있었다."

라고 말하는 후안무치한 지식인도 있습니다.

　주권을 회복하면서는 국토가 두 동강으로 갈라지는 통에 '분단국가'라는 멍에를 짊어져야 했고, 6·25라는 미증유의 동족상잔으로 인해 이념과 갈등에 시달릴 수밖에 없었습니다. 지금도 우리는 그 갈등으로 인해 엄청난 혼란과 고통에서 헤어나지 못하고 있습니다. 거기에 또 군사문화의 폐해까지를 상정해야 합니다. 이렇듯 우리의 20세기 1백 년은 통한痛限으로 얼룩진 세월이었습니다.

　일제의 식민통치로 인한 잔재를 깨끗이 씻어내야 리더십이 싹틉니다. 군사정권이 저질러놓은 관행을 남김없이 쓸어내야 리더십을 세울수가 있습니다. 그러나 말로는 그러자고 하면서도 행동으로는 청산하지 못하고 있습니다. 해악害惡에 대한 보다 정밀한 분석보다는 개인이나 집단의 이해관계에 매달렸던 탓으로 앞으로 나가기 위한 몸부림을 칠 겨를도 또 도전해야 하는 용기도 포기한 채 새로운 세기로 들어선 꼴입니다.

　세계의 석학들은 21세기를 '다양성多樣性을 존중尊重'하는 시대라고 말합니다만, 다양성을 존중하기 위해서는 제 나라의 정체성正體性을 확립하지 않고서는 불가능합니다.

　이 책은 우리의 참담했던 20세기를 진솔하고 세심하게 돌아보는 것으로 21세기를 경영하는 리더십을 살피려는 의도에서 쓰였습니다. 리더십은 힘으로 되는 것이 아닙니다. 돈으로 되는 것은 더욱 아닙니다. 리더십의 기초는 역사인식에서 출발하기 때문입니다. 역사인식은 지식인이 갖추어야 할 기본교양이며, 실천을 이끌어내는 씨앗입니다. 그

러므로 역사를 읽는 눈으로 현실을 살피지 못하면 아무리 역사를 읽어
도 공염불이 될 뿐입니다. 역사인식이 결여된 리더십에 힘이 실리지
않는 것은 그 때문입니다.

2009년 6월
한국역사문학연구소에서

서당 辛奉承

차례

발버둥치는 일본 제국

전쟁은 모순을 안고

국가의 무력함이 어찌 이 지경인가

압박과 설움에서 해방된 민족

이대로 갈 겁니까, 어쩌렵니까?

1

예전에는 역사의 굽이를 돌 때마다 큰 스승님의 가르침이 있었습니다. 스승의 문하에 들어 공부하는 제자들을 문도門徒라고 했습니다. 큰 스승님은 자신을 찾아온 문도들에게 학문만을 가르치는 것이 아니라 실천궁행實踐躬行할 것을 당부하였습니다. 그런 큰 스승의 학통이 넓고 깊게 퍼져 나갔던 탓으로 기호학파畿湖學派니, 영남학파嶺南學派니 하는 학맥이 있게 됩니다.

　요즘은 스승은 있는데 학맥이 변변치 않아서 학통이 서지를 않습니다. 학문도 학문이려니와 인품을 겸하여 갖추고, 자신의 학문을 실천으로 옮기는 참스승이 없다는 뜻입니다. 다시 되풀이하면 글은 가르치는데 실천해보이는 스승이 없다는 뜻입니다. 비근한 예를 든다면 장관 자리라거나 감투 자리라도 생길 기미가 보이면 학문도 제자도 헌신짝처럼 차버리는 사이비 스승들이 태반이라, 제자들이 역사인식歷史認識을 가다듬을 겨를이 없다는 뜻입니다.

학문과 행실을 몸소 실천해보인 참스승 한 분을 소개하고자 합니다.

남명南冥 조식(曺植, 1501~1572)은 스스로 실천하면서 많은 문도들을 길러냈습니다. 조식은 경상남도 삼가현 토동에서 태어나서 경상우도를 대표하는 사림士林의 영수가 됩니다. 공교롭게도 같은 해에 퇴계退溪 이황(李滉, 1501~1570)이 강 건너에서 태어납니다. 두 사람은 낙동강을 사이에 두고 지척에서 살면서도, 한평생 서로 만난 일이 없지만, 동반자적인 경쟁관계를 유지하였습니다.

남명과 퇴계가 살았던 이 땅의 16세기는 정치가 극도의 난맥상으로 이어지면서 기성 정치 세력인 훈구파와 젊은 사림 간의 갈등과 대립이 꼭 요즘과도 같았던 시절이었습니다.

평생 초야에 은거한 남명은 '선비의 큰 절개는 오직 출처(出處, 들어가고 나가는 일) 하나에 달려 있다' 라고 가르쳤습니다. 제자들에게도 벼슬에 나갈 때가 아니라고 생각되면, 군왕의 명이 있다 해도 응하지 말 것을 강조하였고, 물론 본인도 평생 단 한 번도 벼슬길에 나가지 않았습니다. 이 같은 스승의 귀감이 있었기에 후일 임진왜란이 발발했을 때 곽재우郭再祐, 정인홍鄭仁弘 등 많은 문도들이 의병장이 되어 스승의 가르침을 실천하였습니다. 지식인의 참모습이 아닐 수 없습니다.

전하의 국사國事가 이미 잘못되고 나라의 근본이 이미 망하여 천의天意가 이미 떠나갔고 인심도 이미 떠났습니다. 비유하자면 마치 일백 년 된 큰 나무에 벌레가 속을 갉아먹어 진액이 다 말랐는데 회오리바람과 사나운 비가 언제 닥쳐올지를 전혀 모르는 것과 같이 된 지가 이미 오래입니다.

― 《명종실록》명종 10년 11월 19일

조식이 올린 상소문의 한 구절입니다. 꼭 454년 전의 글입니다만, 어쩌면 오늘 우리나라의 처지와 이리도 같습니까. '마치 일백 년 된 큰 나무에 벌레가 속을 갉아먹어 진액이 다 말랐는데 회오리바람과 사나운 비가 언제 닥쳐올지를 전혀 모르는 것과 같이 된 지가 이미 오래입니다'라는 구절이 옷깃을 여미게 합니다. 그런데 오늘의 지식인들은 왜 입을 다물고 있는지요? 해답은 간단합니다. 학문은 있는데 역사인식이 모자라기 때문입니다. 지식은 갖추었는데 그 쓰임의 기본을 모르기 때문입니다.

리더십의 경우도 다르지 않습니다. 리더십은 힘으로 발휘되는 것이 아닙니다. 또한 리더십은 돈으로 탄생하는 것도 아닙니다. 리더십은 역사인식을 바탕으로 한 실천의지를 갖추었을 때에만 탄생합니다.

2

청년 세종이 임금의 자리에 오르면서 극심한 가뭄이 이어집니다. 이때의 가뭄을 '세종의 7년 대한大旱'이라고 합니다. GNP 2만 달러로 다가선 지금 대한민국도 7년 동안 계속 가뭄이 들면 살아갈 방도가 막막해질 것으로 압니다. 그렇다면 수리시설도 관개시설도 오늘과 같지 않았던 그때는 어찌 되었겠습니까? 모든 백성이 굶어야 하겠지요. 길거리에 굶어서 죽은 사람들의 시체가 즐비합니다. 젊은 리더 세종의 고통은 또 얼마나 컸겠습니까.

24세가 된 세종대왕은 지금의 광화문 네거리, 그때는 육조관아六曹

官衙라고 했습니다. 육조관아에 큰 가마솥을 내다 걸고 죽을 끓여서 백성들에게 먹이게 하였습니다. 더구나 임금이 먹어야 하는 식량인 내탕미內帑米로 죽을 쑤게 하였습니다.

— 임금의 양식을 덜어서라도 도성 안 백성들에게 죽을 쑤어서 먹여라.

그런 선정을 진휼賑恤이라고 합니다.

청년 세종은 그 현장을 확인하고 싶었습니다. 내 백성들이 얼마나 배고파하는지, 또 행색은 어떠한지를 보고 싶어서 육조관아에 차일을 치고 나와 앉았습니다. 죽을 받아먹는 백성들의 몰골은 참담했습니다. 뼈다귀에다 가죽만 씌워놓은 참혹한 몰골들로 부들부들 떨면서 죽을 받아서 먹고 돌아갑니다. 세종은 이 참혹한 광경을 바라보면서 "내가 정치를 얼마나 잘못하면 저렇게 백성들이 고통을 겪어야 하나." 하고 탄식하면서 눈물을 흘립니다.

경복궁으로 돌아온 세종이 경회루 앞에서 잠시 걸음을 멈춥니다. 그리고 돌아서서 "경회루 옆에 초가삼간을 하나 지으라." 라고 명합니다. 그러나 신하들은 "경복궁의 모든 건물이 기와집인데, 거기에 초가집을 지었다가 불이라도 나면 어떻게 됩니까?"라며 완강하게 반대했습니다. 그때 젊은 지성 세종은 한 술 더 뜹니다. "짓기는 짓되 새 재목으로 짓지 말고 경복궁 어딘가에 낡은 재목이 있을 것이니, 그 낡은 재목으로 초가삼간을 지으라." 라고 명합니다. 그야말로 왕명이니까 거역할 수가 없습니다. 그리하여 공조工曹를 동원하여 초가집 한 채를 지었습니다.

세종은 그 초가집에서 집무를 시작하였습니다. 신하들은 당황하지 않을 수가 없었습니다. 그 초가집에서 30미터 거리에 정무를 살피는 사정전思政殿이 있고, 사정전 뒤에 침전인 교태전交泰殿이 있는데, 초가집에서 먹고 자고 정무를 살피면 어떻게 됩니까. 마침내 신료들은 초가집 마당에 꿇어앉아 정전에서 집무하기를 눈물로 호소하였습니다. 초가에서 거처하시다가 환후라도 얻으면 신하들은 대죄를 짓게 된다고 말입니다. 어디 신하들뿐이겠습니까. 어질고 착하신 소헌왕후昭憲王后까지도 석고대죄의 복색으로 초가집 마당에 꿇어앉아 백성들이 원치 않는 일임을 간곡히 아뢰면서 정전으로 들 것을 간청합니다.

이런 일이 매일 반복되는데도 젊은 세종은 끄떡도 하지 않으면서 입을 열었습니다. "백성들이 굶어서 죽어가는데, 임금이 어찌 기와집 구들장을 지고 편한 잠을 잘 수가 있더냐. 나는 나가지 않을 것이니라!" 이렇게 단호한 비답을 내리고 무려 2년 4개월 동안 이 초가집에서 집무를 했다고 《실록》은 적고 있습니다.

> 임금이 경회루 동쪽에 버려둔 재목으로 별실 두 칸을 짓게 하였는데, 주초柱礎도 쓰지 않고 모초茅草로 덮게 하였으니 장식은 모두 친히 명령하여 힘써 검소하게 하였다. 임금은 이때에 와서 정전正殿에 들지 않고 이 별실別室에서 기거하였다.
>
> – 《세종실록》

젊은 임금이 몸소 지행知行하는 모습은 이러하였습니다. 실천궁구가 리더십의 기본입니다. 그러므로 리더십의 본질은 식견識見과 관대寬大

함이 조화를 이룰 때 발휘됩니다. 리더가 몸소 실천하지 않고서는 명슈이 서지를 않습니다. 오늘의 정치지도자들은 말할 나위도 없고, 기업의 오너, CEO 혹은 리더들이 명심하여야 할 일입니다.

이 같은 기록은 리더십을 설명하는 아무리 많은 서양 책을 읽어도 나오질 않습니다. 오직 우리의 역사를 기록한 고전들에서만 나옵니다. 그래서 위대한 민족은 역사를 창조할 줄 알고, 그에 못지않게 창조한 역사를 보존하여 후대에 전할 줄 알아야 합니다. 우리 민족은 역사 앞에서는 언제나 외경심을 가졌습니다. 역사 앞에서 옷깃을 여미는 것을 외경심이라고 합니다.

역사 앞에서 옷깃을 여밀 줄 알아야 역사인식을 싹트게 할 수 있습니다. 역사는 누구라도 읽을 수가 있습니다. 우리나라에도 수많은 역사학 교수들이 있습니다. 그러나 역사인식을 겸비한 교수들은 많지 않습니다. 역사를 읽었더라도 역사인식의 날을 세울 줄 모르면 아무리 읽어도 소용이 없게 됩니다.

오늘 우리는 그런 시대에 살고 있습니다.

3

세종 시대의 명재상名宰相이라면 당연히 황희黃喜 정승을 거명하게 됩니다. 황희가 세종에게 진언한 말 중에서 기억해둘 만한 대목이 있습니다.

　－전하, 그것이 비록 왕실과 나라에 큰 도움이 되는 일이라고 하더라도 백성이

원치 않으면 시행하지 않는 것이 도리인 줄로 압니다.

비록 조선 시대가 왕도정치王道政治를 표방하고 있었다 해도, 오늘날의 민주정치를 능가하는 지혜로운 대목들이 도처에서 발견됩니다. 민주정치의 본산인 미국이라는 나라가 세워지기 무려 4백여 년 전인데도 말입니다.

어느 날 황희 정승이 길을 가고 있었습니다. 봄을 맞은 넓은 들판에는 농부들이 밭을 갈고 있는 모습이 아름답기 그지없었습니다. 한 농부가 누런 소와 검은 소 두 마리로 쟁기를 끌게 하고 있었습니다. 황희 정승이 심심풀이로 물었습니다.

"여보시오, 농부님네. 검은 소가 힘이 좋소, 누런 소가 힘이 좋소?"

꽤 멀리에 떨어져 있던 농부는 '위, 위' 하면서 소를 세우고 황희 정승의 곁으로 다가와서 작은 소리로 대답했습니다.

"누런 소의 힘이 좋습니다."

"그 말이면 소를 세우지 않고, 그 자리에서 대답을 할 수가 있지를 않겠는가?"

"그런 말은 짐승도 알아듣는 것을요."

황희 정승은 얼굴을 붉히고 말았습니다. 한 나라를 다스리는 정승의 생각이 밭을 가는 농부의 지혜에 미치지 못했기 때문입니다. 리더십의 기초는 배워서 익힌 바를 실천하는 데서 출발합니다. 말과 행동이 다른 리더가 실패하는 것은 이 때문입니다.

오늘 일이 막히고 내일 일이 궁금하면 옛 글을 읽어야 옳은 해답을 얻을 수 있습니다. 세상일이란 참으로 신통한 것이어서 옛일과 상통하는 오늘의 일들이 너무도 흔합니다. 그런데도 사람들은 그 옛것을 취하려 하지 않습니다. 생각이 천박하고 행실이 방자하기 때문입니다.

> 차라리 탈이 없이 집안이 가난할지언정, 탈이 있고서 부유하지 말 것이다. 차라리 탈이 없이 나쁜 집에서 살지언정, 탈이 있고서 좋은 집에서 살지 말 것이다. 차라리 병이 없이 거친 밥을 먹을지언정, 병이 있고서 좋은 약을 먹지 말 것이다.

저자가 알려지지 않은 중국의 《익지서益智書》에 실려 있는 내용이지만, 《명심보감明心寶鑑》에 옮겨 적힘으로써 조선 시대 청소년들에게도 낯설지 않는 구절이 되었습니다.

여기서 '탈'이라고 하는 것은 여러 가지 불행을 의미합니다. 병고에 시달리는 일, 파산을 당하는 일, 감옥에 가는 일, 죽음에 이르는 것들을 모두 포함합니다. '불행'이 없다면 가난하게 살아도 좋고, 좋은 집에서 살지 않아도 좋고, 병 때문에 비싼 약을 먹지 않겠다는 지극히 상식적인 다짐입니다만, 실제로는 많은 사람들이 불행을 자초하는 일에 나섭니다. 생각과 행실이 다르다는 뜻입니다.

적어도 교육을 받은 사람이라면 이 글이 의미하는 바를 삶의 표준으로 삼아야 한다는 사실을 부정해서는 안 됩니다. 그러나 우리들의 주위를 살펴보면 이 글과 정반대로 행동하는 사람이 너무 많습니다. 높은 교육을 받은 사람일수록 더 심한 것도 엄연한 현실입니다. 그 결과가 오늘 우리 사회에 혼란된 가치관을 만연하게 하였습니다.

옛 성현들은 죽음에 임하면 한 편의 글을 남겨서 자신의 삶을 뒤돌아봤습니다. 그런 내용을 담은 것을 〈절명시絶命詩〉라고 합니다. 〈절명시〉에 담긴 문장은 대개가 같습니다. '하늘이 지시하는 아름다운 도리를 지키고, 책이 권하는 말씀에 거역하지 않았다'라고 적으면서 자신의 삶이 온전하였음을 기록으로 남깁니다.

지식과 행실이 서로 다르게 작용하면 미래를 기약할 수 없는 사회가 될 수밖에 없습니다. 사람뿐만이 아닙니다. 순리에서 어긋난 기업은 성공할 수가 없고, 나라의 성쇠도 그 범주를 벗어나지 못합니다. 지금 우리 처지가 그렇습니다.

4

1948년, 대한민국 정부가 수립된 이래 우리는 열 분의 대통령을 모셨습니다. 초대 이승만 대통령은 아첨배 무리들에게 둘러싸여 정권의 연장을 시도하다가 4·19 혁명으로 퇴진하였습니다. 내각책임제에서의 윤보선 대통령은 5·16 군사쿠데타로 강제 퇴진하였습니다. 군사정권의 상징으로 군림하였던 박정희 대통령도 영구한 집권의 야망을 달성하기 위해 유신維新헌법을 발동하였다가 신임하던 수하의 총탄에 희생되었습니다. 국무총리에서 대통령의 대임을 승계한 최규하 대통령은 5·18이라는 전대미문의 파란을 겪으면서 퇴임하였으면서도 그 진상조차도 알리지 않은 채 불귀의 객이 되었습니다. '국가의 기밀을 대통령이 입에 담을 수 없다'라는 그분의 말이 바로 역사인식이 모자란다는 뜻이고, 국가를 경영한 사람의 무책임이고도 남습니다.

두 번째 군사정권의 수장이 된 전두환 대통령은 2천여억 원의 부정 축재로 백담사에서 유배살이를 하였고, 그의 친구 노태우 대통령은 친구의 축재를 고스란히 재현하여 고무신을 끌고 재판정에 섰다가 감옥에 다녀오는 곤욕을 자초하였습니다.

명실상부한 문민정부의 기치를 높이 들었던 김영삼 대통령은 아버지의 권력을 대행한 자식을 감옥에 보내야 했고, 또 한 분의 민주투사 김대중 대통령도 마치 전임자를 닮은 듯 두 아들을 감옥에 보내야 했습니다. 아주 최근의 노무현 대통령은 독립 투쟁, 민주화 투쟁을 건너뛴 젊은 세대로 각광받았으나, 퇴임 후에 국가문서를 사저로 들고 나갈 정도의 역사인식으로 재임 중의 실천궁행은 의심받아서 마땅하였고, 마침내 친형님을 감옥에 보내면서도 오히려 동생의 도리를 다하겠다고 공언하더니, 영부인과 아들이 연루된 뇌물수수 의혹으로 온 국민들을 곤혹스럽게 하고 있습니다.

누가 식민지 치하의 36년 동안을 긴 세월이라고 하였습니까. 위의 아홉 사람의 대통령이 우리에게 보여준 얼룩진 세월이 무려 60여 년입니다. 잃었던 나라를 찾았어도 그 잃었던 세월보다 더 많은 세월을 허송세월한 우리의 처지가 참으로 딱하지 않습니까. 배우고 익힌 바를 행동으로 옮겨야 하는 지행知行을 소중히 하지 않았기 때문입니다.

지식인 집단이 살아 있지 않아섭니다. 지식인 집단이 죽어 있으면 나랏일이 제대로 굴러가지 않습니다. 그게 모두 정치가의 잘못으로 치부되어야 하나요? 아니지요. 그들을 감시해야 하는 지식인 집단이 죽어 있으면 정치적인 부정이 끊임없이 되풀이되는 것이 역사가 가르치는 교훈입니다.

　나라를 경영하는 데 가장 공정해야 하는 것이 세정稅政입니다. 세금이야말로 백성들의 피땀이기 때문입니다. 그러나 어떻습니까? 최근 다섯 사람의 국세청장이 뇌물수수로 감옥엘 다녀왔거나 수감 중에 있습니다. 국회의원들은 회의탁자에 플래카드를 세워놓고 데모하듯 국정을 논의합니다.

　21세기를 이끌어 갈 새 대통령을 뽑는다면서 마치 슈퍼 모델을 선발하듯 시시콜콜한 잡담이나 늘어놓는 방송·언론사의 지각없는 행태 또한 보셨을 것으로 압니다. 대권에 도전한 후보들이 압력단체의 눈치를 살피느라 국가의 안위나 미래까지도 얼버무리는 딱한 지경을 지켜보면서는 그래도 용케 참고 있구나 하는 자위도 해봅니다만, 지식인의 본분과 책임이 남에게로 떠넘겨지는 사회가 온전하지 못한 것도 뻔한 이치입니다.

　20세기가 과학기술이 꽃피운 산업사회라는 점에서는 지구상의 많은 인종들에게 무한한 행복을 안겨다 주기도 하였습니다만, 유독 우리 민족이 체험한 20세기 1백 년은 참으로 뼈아프고 고달픈 통한의 세월이었습니다.

　20세기로 들어선 지 5년째 되던 을사년(1905)에 나라의 주권을 일제에 빼앗겼다가 1945년에서야 되찾았기에 우리가 체험한 20세기의 전반은 '나라 잃고 반세기'라고 정리됩니다.

　나라의 주권을 회복하면서 국토가 분단되었고, 동족상잔이라는 뼈아픈 전란을 치르고서도 아직 통일의 기미는 보이질 않습니다. 그러므로 우리가 체험한 20세기 후반은 '국토 동강 나고 반세기'가 됩니다. 입에 담기조차도 민망합니다만 '나라 잃고 반세기, 국토 동강 나고 반세기'로 집약되는 우리의 20세기 후반에는 또 군사독재 30년이 추가되는 등 만신창이가 아닐 수 없습니다.

군사정권은 경제개발이라는 미명하에 재벌이라는 괴물을 만들어냈고, 재벌들은 남의 돈(은행 돈)으로 장사를 하기 위해 정경유착이라는 후안무치한 돈 놀음으로 정치와 결탁하지 않을 수 없었습니다. 그 정경유착은 마침내 '떡값'이라는 미명으로 마치 당연한 것처럼 성행하더니, 급기야 타락한 금권정치의 타파를 주장하면서 투쟁하던 이른바 민주화 세력까지도 그 엄청난 과오의 수렁으로 빠져드는 참담한 몰골도 우리는 분명히 보았습니다.

정경유착이 도를 더하면서 금융기관이 동원되었습니다. 받지도 못할 곳에 천문학적인 거액을 쏟아 붓는 어처구니없는 경영이 마침내 국가의 신용을 흔들리게 하였습니다. 외환시장이 무너지고 금융공황이 밀어닥치면서 소위 IMF의 금융지원으로 겨우 나라의 파산을 면하기는 하였습니다만, 더 답답하고 한심했던 것은 그 공황을 예측하지 못한 정말로 무능한 정부를 믿어야 했던 우리들의 불행이었습니다.

나라의 살림을 떠맡은 재무관리와 수많은 연구소의 박사들은 대체 무엇을 하고 있었는지 정말 한심합니다. 그들에게 세계사의 흐름을 살필 수 있는 안목을 기대할 수는 없다고 하더라도, 국가의 위기를 진단하고 거기에 대처해야 하는 소임만은 다해주어야 옳지 않았겠습니까.

정말 그렇습니다. 무정하게 밀어닥쳤던 우리의 20세기는 치유하기 어려운 통한의 상처를 남기면서 우리 민족에게 피멍을 들게 하였습니다. 우리는 중병에 시달리는 환자처럼 가까스로 위험한 고비를 넘겨야 했고, 그때마다 찬연히 빛나는 민족의 역사에 감동을 하면서도 이어가지 못하는 한계를 느껴야 하는 이율배반도 경험하였습니다.

이대로 갈 겁니까, 어쩌렵니까?

대답은 간단합니다. 가지 않을 수가 없습니다. 이미 우리는 아날로그 시대에서 디지털 시대로 휩쓸리며 흘러가는 격동의 21세기로 들어선 지도 어느새 10년째가 되었습니다. 또 생소하기까지 한 문화환경이 빚어내는 가치관의 전도까지 체험하고 있으면서도 20세기가 안겨다 준 탐욕과 음모, 패덕과 방기, 안일과 이기에서 헤어나질 못하고 있습니다.

21세기는 글로벌리제이션이라고 일컬어지는 이른바 새로운 문화와 지식이 지배하는 사회가 될 것이라는 구실로 우리 것을 내다버려야 세계화된다는 착각에서 헤어나지 못하고 있습니다. 떼를 쓰듯 가족법을 고치겠다고 아우성치면서 가정의 법도가 무너지듯, 모조리 털어내고 내다버리고서도 글로벌리제이션에 끼어들지 못하지를 않았습니까. 잘못 안 탓이지요. 우리 것을 지키는 것이 글로벌리제이션이라는 엄연한 사실을 소홀히 하였기 때문입니다.

이제 우리는 뼈를 깎는 아픔을 감내하고서라도 우리 민족 고유의 가치관을 다시 세워야 할 것이며, 무한대로 이어지는 상상력과 창의력을 바탕으로 더 강직하고, 더 진솔하게, 우리 민족 특유의 역사인식을 가꾸면서 정체성을 확립해가야 할 것으로 압니다.

새로운
시대를 열면서

대저 정치를 잘하려면
반드시 지난 시대의 치란治亂의 자취를 살펴보아야 한다.
그 치란의 자취를 살펴보려면
오로지 역사의 기록을 상고하여야 한다.
— 세종대왕

역사인식 가다듬기

역사를 살피는 시각에는 여러 가지가 있겠지만, 우리만큼 제 나라의 역사를 비하하는 민족은 그리 흔치가 않습니다. 제 나라의 역사를 소홀히 하고 비하하는 사람들이 지식층을 형성하고 있으면 그 민족의 장래는 보지 않아도 압니다. 불행하게도 우리의 경우가 그렇습니다. 그 원인은 식민지사관植民地史觀에서 기인한 것이 태반입니다.

10여 년 동안이나 여러 법원의 부장판사를 지내신 분이 '기왕에 식민지살이를 할 것이면 일본 제국에 한 것이 천만다행'이라는 말을 아주 태연히 입에 담는 것을 들은 일이 있습니다. 그분의 말씀으로는 철도를 놓아주고, 학교를 세워주고, 공장을 지어준 것이 고맙다는 뜻이겠지만 참으로 한심한 생각이 아닐 수 없습니다. 그분보다 더 높은 자리에 있었던 어느 장관은 그나마 일제의 식민지살이를 했기에 오늘 이 정도의 근대화를 이룰 수 있었다고 자랑스러워했습니다. 두 분 모두 일본국 유수의 대학을 졸업한 분입니다.

일본 제국이 대한제국을 강제로 병합하면서 저지른 만행은 한두 가지가 아닙니다. 그중에서도 조선 왕실의 주궁인 경복궁景福宮 근정전勤政殿의 앞마당에 조선 총독부朝鮮總督府 청사를 석조石造로 지은 것은 스스로 무지한 야만임을 드러낸 것이나 다름이 없습니다. 이런 식이면 프랑스를 점령한 나치 독일군은 베르사유 궁에 점령군 사령부를 지어야 하고, 전후에 일본에 진주한 미군은 그들의 천황이 머무는 궁성에 GHQ(점령군 사령부)를 두어야 합니다. 그러나 나치도 미군도 그런 무도한 짓을 하지 않았습니다.

　어찌 그뿐입니까. 조선 산천山川의 기氣를 끊어야 한다면서 명산의 봉우리마다에 2미터 길이의 쇠파이프를 박았습니다. 또한 대궐인 창경궁昌慶宮의 건물을 헐어내고 동물원과 식물원을 만들면서 임금더러 여기에 와서 소일하라고까지 하였습니다. 뿐만이 아닙니다. 창덕궁昌德宮과 종묘宗廟를 잇는 언덕을 끊어서 큰길을 냈습니다. 왕실의 맥을 끊자는 것이지요. 무지와 야만이 아니고는 상상도 할 수가 없는 만행입니다.

　경인철도京仁鐵道의 부설권을 러시아로부터 사들인 것은 청일전쟁을 준비하는 과정이었고, 경부선철도京釜線鐵道는 러일전쟁을 수행하기 위해 부설을 서둘렀습니다. 학교를 세운 것은 조선 청소년들에게 글을 깨우치게 하자는 것이 아니라 황국신민화皇國臣民化 하기 위한 수단이었습니다. 그러기 위해서는 조선 왕조를 비롯한 조선의 역사를 비하하여야 하고, 조선 백성들은 셋만 모이면 싸우는 당파싸움 때문에 망할 수밖에 없다고 가르쳤습니다.

　조선어의 말살, 창씨개명, 징병, 징용이나 정신대(종군위안부)의 강제 동원 등은 모두 그 후에 일어난 새 발의 피나 다름없는 사소한 일들입니다. 결국 어느 것 하나를 살펴도 조선 민중을 위해서 베푼 것은 한 가지도 없습니다. 그들은 오직 일본이 주도하는 대동아공영권大東亞共榮圈을 만들기 위한 방편으로 조선 강토와 조선 백성들을 유린하면서 이용했을 뿐입니다.

1930년대에 발표된 조선 총독부의 통계만 보더라도 당시 조선 백성들의 문맹률文盲率이 82퍼센트라고 되어 있습니다. 이 엄연한 사실을 놓고서도 일제 식민지정책이 조선을 개명하였다는 생각이 든다면 얼마나 터무니없는 일인가를 쉽사리 알 수가 있습니다. 결국 식민통치 36년간의 효과는 지금까지 지속되고 있었기에 그때를 그리워하고 찬양하는 식자층이 존재하게 된 셈입니다.

지금 우리가 서둘러야 하는 것은 식민지사관에서 벗어나는 일이며, 우리의 고유정서固有情緖를 바탕으로 하는 역사인식을 가다듬는 일입니다. 아주 비근한 예를 들자면, '이조백자李朝白磁' 라는 말에서도 찾을 수가 있습니다. '고려청자高麗靑瓷' 라는 말에는 '고려' 라는 국호를 쓰고 있으면서 유독 '조선백자' 의 경우만 조선 왕조를 비하해서 쓰는 이조李氏朝鮮라는 말을 거침없이 입에 담는 연유는 무엇일까요?

조선 왕조의 국호는 조선朝鮮이었고, 후일에 잠시 대한제국大韓帝國이라고 했을 뿐인데도, 이 나라의 내로라하는 고위관직이나 국회의원 또 판검사를 비롯한 각계의 지식인들까지도 서로 경쟁이나 하듯《조선왕조실록》을 '이조실록' 이라고 하고, 심지어 '조선 왕조 5백 년' 을 '이조 5백 년' 이라고 부르는 언론사의 논설위원까지 있는 지경이면 이거야말로 누워서 침을 뱉는 자기비하가 아니고 무엇이겠습니까.

우리가 일제의 식민지하에서 벗어나 주권을 회복한 지도 이젠 반세기가 넘었습니다. 다시 말하면 2차 세계대전이 끝나던 해인 1945년에 출생한 사람들의 나이도 어언 64세가 되었습니다. 바로 그들이 이 나라의 지식인층을 형성하고 있는데도 이조실록, 이조백자, 이조 5백 년이라는 말을 아무 가책 없이 쓰고 있다는 것은 그 긴 세월 동안 우리의 정체성을 살피지 못했다는 결과가 아닐 수 없습니다.

대체 그들은 누구에게서 이조백자, 이조 5백 년이라는 터무니없는 말들을 배워서 쓰고 있을까요? 물어보나 마나 한 이야기가 될 것입니다만, 우리는 지난 반세기 동안 우리가 가장 소중히 간직해야 할 유형무형의 문화유산을 깡그리 내다버리거나 쓰레기가 되도록 방치하면서 살아왔습니다. 교육이 그러하였고, 정치가 그러하였고, 사회가 그러하였고 특히 호들갑만 앞세우는 매스컴이 그러하였습니다. 거기에 역사를 가르치는 스승은 있어도 역사인식을 일깨우는 참스승이 없었던 탓으로 나라의 정체성을 확립하지 못하였습니다.

아직은 늦지 않았습니다. 우리가 가꾸어서 우리의 자부심으로 간직해야 할 민족의 주체성과 정체성이 얼마나 고귀한 것인가를 21세기를 짊어지고 나갈 우리의 청소년들의 가슴에 심어주지 않고서는 앞으로 나갈 수가 없습니다. 그것이 바로 '역사인식'을 가다듬는 일입니다.

유럽공동체

우리는 '21세기는 어떻게 다가오는가?' 라는 의문을 자주 제기하였고, 거기에 대한 백가쟁명식 해답도 수없이 들었습니다만, 어느새 21세기로 들어선 지 벌써 10년이나 흘려보내고 말았습니다.

지식산업화 시대知識産業化時代라고 불리는 21세기가 우리 곁으로 다가오면서 많은 변화를 예고하였습니다만, 막상 21세기로 들어서고 보니 예고가 아니라 변혁을 요구하고 있습니다. 또 그 요구가 예견했던 것과 다른 것이 대부분입니다. 이른바 글로벌리즘Globalism이라는 말도 '세계는 하나의 지구촌' 이라는 단순한 뜻으로 받아들였기에 우리 것을 내다버려야만 살아남을 수 있다는 터무니없는 생각을 하였습니다. 그러나 막상 닥치고 보니 단순히 하나의 지구촌, 하나의 세계화는 아니었습니다.

EU라고 불리는 유럽공동체는 처음에는 15개국으로 구성되어 출범하였습니다만, 지금은 30여 개국으로 늘어나 있습니다. 그들은 서로에게 닥쳐올 불이익을 미연에 방지하면서 더 많은 이익을 챙기기 위해 뭉쳤습니다. 이를테면 하나의 거대한 섹터를 만들어서 미국과 대결하고, 21세기 모든 분야의 주도권을 장악하겠다는 야망이었습니다.

EU

그들은 첫째, 국경의 개념을 무너뜨리는 것으로 서로 오가는 번거로움을 덜고, 둘째, 관세關稅를 폐지하는 것으로 서로의 불이익을 제거하는 등 하나하나 자구책을 실행해나갔습니다. 그리고 셋째, 1999년부터 화폐단위貨幣單位까지 통일해 쓰기로 하였습니다. 그리하여 '유로' 화가 태어나게 되었습니다. 그러나 거기가 끝이었습니다.

EU회원국은 저마다 그들의 언어를 쓰고 있습니다. 일테면 프랑스 사람들은 프랑스어를 쓰고 있고, 스페인 사람들은 스페인어를 쓰고 있으며, 이탈리아 사람들은 이탈리아어를, 그리고 영국 사람들은 영어를 쓰고 있습니다. 이들이 모여서 회의를 하자면 말로 인한 문제가 골치 아프기 마련입니다. 그러나 어느 누구도 언어言語를 통일하여 의사소통의 불편을 덜자고는 제안하지 않았습니다. 혹시라도 그런 제안을 한다면 EU는 깨지고 말 것이기 때문입니다. 자국의 언어를 폐기한다는 것은 곧 민족과 역사를 폐기하는 것이나 다름이 없지를 않겠습니까.

또 EU 여러 나라를 하나의 헌법으로, 하나의 정부로 만들자는 논의도 있었습니다. 그러나 어느 나라도 응하지 않았습니다. 언어를 포기하고, 역사를 포기해야 하는 조건이라면 EU는 성립될 수가 없기 때문입니다. 결국 '하나의 지구촌'이라는 글로벌리즘도 나라의 정체성까지 포기하면서 성립될 수 없다는 엄연한 사실 앞에서는 어떠한 힘도 쓸 수가 없었습니다. 그러므로 EU도 일반적인 FTA 수준의 제한적인 통합에 머물 수밖에 없음이 확인되었습니다.

언어는 그 민족의 역사와 문화를 배경으로 생성됩니다. 그러므로 언어의 포기는 민족혼의 포기와 같은 것입니다. 일본 제국이 대한제국을 그들의 식민지로 만들었을 때, 조선어 말살정책을 지상의 과제로 삼았던 것은 조선의 민족혼을 말살하려 했기 때문입니다.

21세기의 주도권을 쟁취하기 위해 하나의 섹터로 뭉칠 수 있었던 EU의 30여 개국이 하나같이 제 나라의 역사와 문화를 포기할 수 없다는 결기를 보였다는 사실은 무엇을 의미하는 걸까요.

〈고구려의 아이〉

가치 있는 21세기를 맞기 위해 세계화를 서둘러야 한다면서 서너 살 된 유아들에게 우리 것 대신 영어를 가르치는 터무니없는 일들이 유행병처럼 번져가고 있습니다. 초등학교에서도 영어를 모국어로 하는 현지인의 지도로 영어를 가르치고 있습니다. 큰 착각이 아닐 수 없습니다. 우리 유소년들은 먼저 우리말을 배워야 합니다. 자신의 모국어를 능숙하게 구사할 수 없는 사람이 남의 나라말을 잘한다는 보장은 없습니다. 또 있다 해도 우리말의 능숙함을 전제로 했을 때만 그 효과를 바로 얻을 수가 있습니다.

〈고구려의 아이〉

남의 나라 문화보다 우리 문화를 소중히 하는 것은 교육은 말할 나위도 없고 모든 일의 기본이어야 합니다. 그런데도 글로벌리제이션이라는 용어에 묶여 함께 흙탕물 속으로 휩쓸려가고 있는 지경인데도 아무 저항감을 느끼지 못하고 있는 것이 우리의 딱한 현실입니다.

여기서 아동문학가 신현득 선생의 〈고구려의 아이〉라는 동시 앞부분을 읽어보기로 하겠습니다. 우리가 겪고 있는 갖가지 혼돈과 너무도 대조적이기 때문입니다.

고구려의 엄마는
아이가 말을 배우면
맨 먼저
'고구려'라는 말을 가르쳤다.
다음으론 '송화강'이란 말을 가르쳤다.

아이가 꾀가 들어
이야기를 조르면
고구려의 엄마는
세상의 온갖 이야기 중에서
살수싸움 이야기를 들려주었다.
세상의 많은 장수 중에서
을지문덕 이야기를 들려주었다.
세상의 여러 임금 중에서
광개토대왕 이야기를 들려주었다.

아이가 커서

골목을 뜀박질하게 되면

고구려의 엄마는 요동성 얘기를 해주었다.

고구려 사람은

겁내지 않고

물러서지 않는다는 걸 가르쳐주었다.

그리고 엄마는

요동성을 지키다 목숨을 잃은

아버지의 이야기를 들려주었다.

– 〈고구려의 아이〉에서

우리의 메마른 가슴에 잔잔하게 다가오는 메시지가 있을 것으로 압니다. 교육학 이론보다 더 절실한 철학을 담고 있기 때문입니다.

그러나 요즘의 부모님들은 아이들에게 '조국', '민족', '역사'라는 어휘를 입에 담지를 않습니다. 어린 아이들에게 조국, 민족, 역사라는 말을 자주 들려주면 알게 모르게 우리의 정체성을 확립하게 됩니다.

영국의 청소년들은 "우리에게는 셰익스피어가 있다. 우리는 셰익스피어를 인도印度와도 바꾸지 않는다."라는 자부심을 자랑스럽게 여기면서 자라납니다. 우리의 청소년들에게도 이 같은 자부심을 심어주어야 합니다. 그 자부심이 정체성이 되기 때문입니다.

우리에게는 세종이 있다. 우리는 세종을 세계와도 바꾸지 않겠다!

급변하는 문화환경

국경의 개념을 건너뛰는 것이 아니라 아예 무시해버리는 인터넷Internet
의 세계에서는 '책방에서 책을 만질 수 있다면 진짜 책방이 아니다' 라
는 말이 있습니다. 마치 논리적인 사고영역을 벗어난 듯한 말이지만,
이미 전자경제Electronic Economy 시대가 열린 현실에서는 오히려 그 말
을 이해하지 못하는 쪽이 촌스럽고 또 우물 안의 개구리 격인 후진성
을 면치 못하고 있는 사람으로 취급되기가 십상입니다.

즉 인터넷에서 '아마존' 홈페이지를 찾아 들어가면 놀랍게도 책을
할인가割引價로 판매하는 광고와 접하게 됩니다. 더 구체적으로는 양
장본洋裝本은 40퍼센트, 반양장본半洋裝本은 30퍼센트, 보급본은 20퍼
센트를 할인한다는 내용이 나오고, 판매하는 책의 목록을 찾아 들어가
면 책에 관한 모든 정보와 배달에 소요되는 시간까지 나옵니다.

구매자는 자신의 신용카드 번호를 제시하고 구매하고자 하는 책을
선택하면 그로부터 최단 시일 안에 집으로 배달되는 책을 볼 수가 있

습니다. 바로 이러한 인터넷의 활용은 이미 실용화되어 실제 상황으로 전개되고 있습니다. 그러므로 '책방에서 책을 만질 수 있다면 진짜 책방이 아니다'라는 말을 실감하지 않을 수가 없게 되었습니다. 어느덧 우리도 필요한 물건을 인터넷을 이용하여 구입하는 것이 일상화되었습니다. 어른도 아이도 인터넷으로 물건을 구입하는 것이 당연한 것으로 되었으니까요. 할인가로 살 수 있어서 좋고, 외상(카드)으로 살 수 있으니까 그야말로 일거양득입니다.

소설小說이라는 개념도 사이버 픽션Cyber Fiction이라는 새로운 개념으로 변질될 것이라고 미래학자未來學者들은 입을 모아 말하고 있습니다. 다시 말하면 소설이 그것을 써내는 작가의 것이 아니라 인터넷에서는 독자들에 의해서 재구성再構成되어 엉뚱한 소설로 변질되어 읽히는 상황이 보편화될 것이라는 예견도 있습니다.

소설가들에게는 좋은 소설을 쓰기 위해 다양하고 새로운 정보情報와의 접촉이 필요불가결합니다. 새로운 것에 도전해야 하는 과학자나 또 산업을 일으켜서 실익을 얻어야 하는 기업인들에게도 양질의 정보가 있어야 성공을 보장받을 수가 있습니다. 물론 평범한 우리네라고 할지라도 보다 가치 있고 보람 있는 삶을 펼쳐가기 위해서는 여러 곳에 산재되어 있는 다양하고 새로운 정보와 접촉해야 합니다.

21세기를 정보화 시대라고 하는 것은 그 때문입니다.

정보는 남의 것을 빌려서 쓸 수도 없거니와 빌려주려고도 하질 않습니다. 그러므로 우리는 스스로 어떤 매체를 통해 무수한 정보를 얻고 있는가를 생각해보아야 합니다.

정보의 종류와 그것을 필요로 하는 사람들의 취향에 따라서 현저한

차이점이 있을 것이지만, 대체로 다음과 같은 견해가 설득력을 지니고 있다고 하겠습니다.

1865년 남북전쟁 종료……신문
1941년 진주만기습……라디오
1963년 케네디 암살……TV
1991년 걸프 전쟁 양상……CNN(CATV)
1997년 화성탐사의 실상……INTERNET

물론 매스커뮤니케이션大衆媒體이 발전해온 단계를 매개로 하는 정보접촉의 양상을 정리한 것이지만, 문화환경의 변화를 일목요연하게 보여주고 있음도 부정할 수 없습니다. 이 같은 매체의 변화과정을 전제로 독자 여러분에게 다음과 같은 질문을 던져보고자 합니다.

여러분은 어떤 매체를 통하여 새롭고 다양한 정보와 접촉하고 계십니까?

물론 인류역사상 가장 오래된 정보의 접촉수단인 '독서'라는 대답으로 고급정보와 접촉하고 있다는 대답도 나올 것이지만, 꼭 고급정보만이 살아가는 데 필요한 정보가 되는 것이 아니라 때로는 일상적이고 저급한 정보에서도 가치 있는 쓰임새를 찾을 수도 있습니다. 따라서 신문이라는 대답도, TV라는 매체를 통하여 새롭고 다양한 정보와 접촉한다는 대답도 적지 않으리라고 생각됩니다.

TV라는 매체가 맹위를 떨치고 있었던 1963년, 그때 우리의 사회여건은 어떠하였습니까? 한마디로 GNP가 겨우 80달러에 불과했던 아주 가난한 후진국이었고, 따라서 대부분의 사람들은 거기에 걸맞는 생활환경을 근거로 살아가야 하는 실정이었습니다.

결국 가난에서 헤어나지 못하는 사람들의 참담한 실정이나, 5·16 군사쿠데타에 의한 언론 통제와 인권 탄압이 빚어내는 억압 그리고 방향감각을 상실한 지식인 군상의 무기력을 소재로 한 예술작품들이 등장하는 것도 아주 자연스러운 추세일 수밖에 없었습니다. 평범한 사람들의 생활패턴이 그러했기 때문입니다.

그러나 오늘 우리가 살고 있는 여건은 그때와 아주 판이합니다. GNP를 기준으로 한다면 2만 달러를 넘어서고 있으며, 거기서 파생되는 이른바 고비용, 저효율의 산업환경을 비롯한 과소비 풍조, 또 가족 간의 공동체의식이 무너지면서 파생되는 청소년 풍기의 급격한 문란 등, 사회적인 문제점이 다양하게 파급되는 부조리를 안고 있으면서도 싫든 좋든 선진국의 문턱에 당도해 있습니다.

특히 PC(인터넷을 포함하여)의 성능이 급속히 향상되면서 《조선왕조실록》과 같은 방대한 분량의 사료까지도 단 세 장의 CD-ROM으로 읽을 수가 있게 되었는가 싶었는데, 지금은 국사편찬위원회 홈페이지에 들어가면 바로 검색이 가능하게 되었습니다. '도서관에서 책이 만져지면 진짜 도서관이 아니다'라는 말이 상용화될 날도 멀지 않았다는 생각이 들기도 합니다.

나라 잃고 반세기

대망의 21세기를 보다 확실하고 뜻 깊게 살아가기 위해서는 우리에게 지난 20세기가 어떻게 다가왔고, 거기에 어떻게 대처했는가를 살펴보는 것이 최선이라고 생각됩니다.

그것을 성군 세종대왕의 역사인식에 비유한다면 다음과 같습니다.

> 대저 정치를 잘하려면 반드시 지난 시대의 치란治亂의 자취를 살펴보아야 한다. 그 치란의 자취를 살펴보려면 오로지 역사의 기록을 상고하여야 한다.

우리가 경험한 치란의 자취는 《조선왕조실록》에 송두리째 적혀 있습니다. 정치를 잘 하려면, 기업을 잘 운영하려면, 리더십을 충분하게 발휘하자면 《조선왕조실록》을 살펴야 합니다. 그것이 우리가 살아온 발자취이기 때문입니다. 거기서 잘 다스려진 시대治는 애써 택하고, 잘못된 시대亂는 미련 없이 버리면 됩니다. 이 간단한 가르침을 모르는 지도자들의 아둔함에 의해 우리의 20세기는 '나라 잃고 반세기, 국토 동강 나고 반세기'로 축약되고야 말았습니다.

불행하게도 우리 민족은 대망의 20세기를 맞은 지 5년째가 되던 1905년의 11월 17일 새벽, 이른바 을사늑약이라는 망국조약이 강제 체결되면서 대한제국은 신생 일본 제국에게 외교권을 박탈당하는 어둠의 터널 속으로 빠져들게 되었습니다.

다시 말하면 우리 민족은 희망차야 할 20세기를 맞이한 지 겨우 10년(한일합병)만에 나라의 주권을 송두리째 잃어버리는 비극적이고도 참담한 어둠의 실체를 경험할 수밖에 없었습니다. 그 결과를 요약하면 정말로 참담합니다.

우리의 20세기는 '나라 빼앗기고 반세기, 국토 동강 나고 반세기'라는 엄청난 불행의 연속이었지만 아직 그 불행을 깨끗이 청산하지도 못하고 있습니다. 같은 맥락으로 우리는 20세기 1백 년 동안 분별없는 가치관의 혼란을 겪으면서 우리가 가장 소중히 간직해야 했던 역사와 전통, 문화를 마치 거추장스러운 남루처럼 벗어던지고 말았습니다.

입에 풀칠을 하는 일, 푼돈을 만지기 위한 일이라면 아무 가책도 거리낌도 없이 벗어던지고 없애버린 것 중에서도 크게는 민족의 정체성을, 작게는 우리 가정과 가족제도의 바탕을 이루어 온 효孝 사상思想까지 포함되어 있다는 사실은 비극 중의 비극이 아닐 수가 없습니다. 사람들은 '효'라는 말을 고리타분한 도덕적인 가치로 연상합니다만, 도덕적 가치 이전에 삶의 가치라는 사실을 잊어서는 안 됩니다. 그러므로 '효의 사상'을 낡은 것으로 비하한다면 우리 스스로 민족의 역사와

얼을 내동댕이치는 것이나 다름이 없기에 더욱 가슴을 치며 통탄하게 됩니다.

민족의 얼이나 다름이 없는 집안의 내력을 팔아서 서구문화를 사들이는 것은 바보들이나 하는 짓거리인데도 그런 잘못을 아무 거리낌 없이 저질러놓고도 부끄러움을 모르는 지경에까지 이르렀습니다.

이런 터무니없는 비극들이 외국에서 공부한 고학력 지식인들에 의해, 자식을 키우는 어머니의 고귀한 희생까지도 가사노동家事勞動의 범주 속으로 밀어 넣고 말았습니다. 다시 말하면 지식인으로 불려야 할 집단에 의해서 윤리와 도덕은 땅에 떨어져 구르고, 찐득해야 할 가족 간의 공동체의식은 여지없이 병들고 무너지고 말았다는 뜻입니다.

여기서 우리는 20세기 1백 년을 민족사적인 관점에서 몇 단계로 나누어서 정리해볼 필요성을 느끼게 됩니다. 시대사적인 의미에서 보다 더 확실하게 우리 현실을 파악할 수가 있기 때문입니다.

그 첫 번째 단계로 1900년부터 1910년대까지를 들 수가 있습니다. 바로 이 시기는 우리 주권이 상실된 불행한 시기였지만, 그 불행을 체험하는 과정 속에서 나타난 의병항쟁義兵抗爭과 같은 우국충정의 발로가 있었고, 또 애국계몽운동이 활발하게 전개되면서 우리 민족의 자주의식을 크게 고양하게 했던 점을 간과할 수가 없습니다.

두 번째 단계는 우리 민족이 일본 제국주의자들에게 완전히 주권을 침탈당한 시기로, 1910년부터 온 민족이 힘을 합쳐 일본 제국주의자들에게 항거한 3·1운동의 발발시점인 1919년까지로 볼 수 있습니다. 3·1운동은 우리 민족의 역사상 가장 크고 훌륭했던 독립운동이었고,

대중운동이었으며, 또 문화운동이었습니다.

세 번째 단계는 바로 그 정신이 우리의 민족운동을 더 크고 다양화하게 하는 계기를 마련한 1920년부터 1945년까지입니다. 이 시기의 민족운동에는 사회주의가 크게 파급되고 더 나아가서는 체계적이고 또 심화된 양상으로 발전되기도 했습니다. 농민운동이 그러하였고, 노동운동이 그러하였으며 또 학생운동도 그 범주 안에 있었습니다.

네 번째 단계는 조국이 광복되는 1945년 이후부터 1948년까지로 볼 수가 있습니다. 이 시기는 세계사적인 관점에서 볼 때 냉전체제가 극에 달해 있었던 시기였습니다. 미국과 소련에 의해 우리 의지와는 아무 상관도 없이 군정軍政이라는 쓰라린 경험을 하게 됩니다.

민족은 외세로부터 해방되었다지만 참으로 답답하고 참담하게도 우리는 또다시 냉전체제의 양극인 미국과 소련에 의해 민족이 분열되고 국토가 분단되는 비극을 맞게 됩니다. 그 결과 남쪽에는 대한민국이 수립되고, 북쪽에도 조선민주주의인민공화국이 세워집니다. 그리고 6 · 25라는 전대미문의 동족상잔을 경험하고서도 아직 민족의 분열과 국토의 분단을 치유하지 못한 채 현재에 이르고 있습니다.

결국 우리에게 있어 20세기는 '나라 잃고 반세기, 나라 동강 나고 반세기'라는 암담한 세월이었지만, 그나마 산업을 일으키고 국력을 신장하면서 선진국의 문턱에까지 다가섬으로써 민족의 저력을 서서히 되찾고 있음을 확인하게 된 것이 얼마나 다행스러운 일인지 모릅니다.

문명의 충돌

21세기는 문명과 문명이 충돌하는 세기가 될 것이라는 견해도 있습니다. 그것은 어느 세기에서도 겪어보지 못했던 큰 충돌로 우리의 생각과 삶에 큰 혼돈을 야기할 가능성도 있습니다. 그 충돌을 면하기 위해서 문명 간의 '다양성多樣性의 존중尊重' 이라는 명제도 나왔습니다.

세계는 고대로부터 이집트 문명, 메소포타미아 문명, 인더스 문명, 황하 문명 등 큰 강을 낀 몇 권역의 문명권으로 나누어져 있었으나, 그 문명권의 직접적인 충돌은 거의 없었습니다. 왜냐하면 오늘날과 같이 정보의 교류가 활발하지 않았기에 인접국 간의 물질적인 갈등이 선행되었고, 그 뒤를 이어 대항해 시대가 전개되면서 식민지의 확장으로 강대국의 면모를 과시할 수가 있었기 때문입니다.

그러한 갈등은 산업혁명을 겪으면서 공산주의라는 새로운 이념 집단을 탄생시켰습니다. 그 결과 20세기가 미국과 소련이라는 양극으로 대별되는 이데올로기의 대립, 다시 말하여 민주주의와 공산주의가 대치하는 냉전체제가 팽팽한 긴장 속에서 고조되었음을 우리는 익히 체험하였습니다.

20세기 후반에 이르러 소련을 정점으로 했던 공산주의체제가 붕괴되면서 이른바 '앵글로색슨 문명'이라고 불리는 영미문명英美文明의 실체인 미국 패권주의가 새로운 질서로 등장할 것이라고 착각한 경우도 있었으나, 세계사의 흐름은 어떤 경우에도 한 권역문명의 패권주의를 용인하지 않았습니다. 역사의 흐름이 정체되기 때문입니다.

한자문화권으로 일컬어지는 중국문명이 세계사의 표면으로 등장하리라는 것은 이미 오래전에 예견된 세계사의 흐름이었습니다만, 화려하고 장구했던 중국문명이 사회주의라고 불리는 동거자同居者를 만나면서 뒤틀리기 시작했던 까닭으로 오랜 세월 동안 침체에서 헤어나질 못했습니다.

그러나 지금은 어떻습니까? 사회주의라고 불리는 동거자는 운신하기 어려운 중병에 시달리고 있습니다. 중국문명은 미련을 버리고 동거하고 있는 사회주의와 결별하고 싶은 심정일 것입니다만, 그로 인한 부작용도 고려되어야 하고, 또 아직은 이웃의 눈치도 살펴야 하는 고충을 감내하는 심정으로 앞날의 일을 깊이 숙고하고 있다는 비유가 적절할 것입니다.

사회주의라고 불리는 동거자의 행패는 중국문명이 쌓아올린 값진 유산들을 마구 훼손하는 혼돈을 야기했습니다. 그러한 혼돈을 감내해야 했던 중국문명은 이제 겨우 처절했던 악몽에서 깨어나 동거자가 저지른 아픈 상처를 치유하면서 솟아나기 시작하였습니다.

옛부터 황하를 쉽게 건널 수 있는 곳은 난주蘭州였습니다. 난주를 흐

〈황하모친상〉

르는 황하의 강변에 〈황하모친상黃河母親像〉이라는 제법 큰 조소彫塑물
이 설치되어 있는 것을 보았습니다.

엷은 흙빛이 감도는 〈황하모친상〉은 상당한 크기의 대리석 조소물
인데 의미 깊은 내용을 담고 있습니다. 온화한 미소를 담은 황하모친
은 편안하게 누워 있고, 그녀에게 안길 듯이 앉아 노는 어린 아이의 모
습은 천진하기만 하였는데, 놀랍게도 그 어린 아이는 서양 아이의 모
습이었습니다.

황하가 세계의 문명을 모두 품에 안으면서 유구한 세월 도도하게 흘
러왔다는 중국인 특유의 자부심이 아니고 무엇이겠습니까. 비록 사회
주의와 어울리지 않는 동거를 하고 있으면서도 그들 본래의 호방한 의
지를 〈황하모친상〉이라는 아름다운 조소물에 담아서 자라나는 청소년
들에게는 자부심 넘치는 한자문명권의 긍지와 미래의 꿈을 심어주고,

외국인 관광객들에게는 자신들의 의지를 과시하고 있습니다.

이제 찬란하고 아름다운 본래의 중국문명이 서서히 그 빛을 발하기 시작하였습니다. 그런데도 사람들은 중국문명의 실체를 바르게 보지 못하는 우를 범하고 있습니다.

중국의 광활한 영토와 13억 인구는 문명 · 문화사라는 측면에서 뿐만이 아니라 중국경제의 바탕입니다. 연 10퍼센트를 넘어서는 중국의 고도성장은 세계를 긴장하게 하고 있습니다. 조금 구체적으로 살펴보겠습니다.

중공의 면적이 9백59만 6천 제곱킬로미터인 데 비해 미국이 9백36만 3천 제곱킬로미터로서 국토의 크기로 본다면 별 차이가 없었다. 그러나 중공의 인구 10억에 비해 미국은 2억 2천7백만밖에 안 됐고, 중공의 15억 헥타르에 이르는 농토에 비해 미국은 겨우 4억 7천 헥타르에 불과하다는 점이었다.

하여간 중공의 8억 농민 중에서 연변의 농민이 약 94만 명이었고, 농토 면적은 35만 8천3백 헥타르였으며, 그 가운데 우리 조선족이 절반 이상을 차지하고 있다고 했다.

— 이계향의《中共에 다녀왔습니다》에서

어디 그뿐이겠습니까. 중국에는 핵核도 있습니다. 사람을 태운 인공위성도 발사되었습니다. 원자력 잠수함도 진수되었습니다. 또 정신적인 면에서의 자부심도 대단합니다. 그리고 드디어 2008년 8월 8일 8시, 13억 중국인들에게 재수 좋은 숫자로 인식되어 온 8자가 4번 겹치는 시간에 맞추어 베이징 올림픽의 팡파르가 울렸습니다. 비록 작은

TV화면이었지만, 장중하면서도 화려한 중국문화에 나는 압도되고 말았습니다.

1998년 베를린 영화제에서 〈붉은 수수밭〉으로 작품상을 수상하고 1991년 〈홍등〉으로 베니스 영화제에서 감독상을 수상해 일약 세계적인 명성을 얻은 장예모張藝模 감독이 연출한 개막공연은 5천 년 황하문명을 자랑스럽게 펼쳐내기 위해 무려 1억 달러라는 천문학적인 제작비를 투입하여 한편의 장엄한 영상서사시映像敍事詩를 엮어내는 데 성공하였습니다.

공자의 3천여 제자가 죽간竹簡을 펼쳐 들면서 제지製紙, 활자活字, 인쇄술印刷術, 화약火藥 등의 4대 발명품을 과시하고, 희곡戱曲, 예악禮樂, 실크로드 등으로 이어집니다. 중국문명의 찬란했던 과거와 번창하는 현재, 그리고 양양한 미래를 상징하듯 용틀임 치는 슈퍼 차이나의 자부심이 역동감에 실려 넘쳐나는 광경이었습니다.

표면적으로는 '하나의 세계, 하나의 꿈同一個世界, 同一個夢想'이란 구호를 내우고 있었지만, 소위 중화中華라고 일컬어지는 중국인들의 자부심이 살아서 꿈틀거렸습니다. 중국문화를 포괄하는 '중화'라는 말에는 여러 지역의 문화를 아우르는 중심문화中心文化라는 뜻을 내포하기도 하지만, 글자대로 풀어서 '가운데 핀 꽃'이라는 의미의 '중화'에는 은연중에 주변 지역의 문화를 인정하지 않겠다는 오만도 담겨 있습니다.

그러면서도 올림픽 주경기장인 새 둥지 모양의 냐오차오鳥巢와 물방울 수영장이라 불리는 수이리팡水立方 등 새로운 중국의 대표적인 건축물을 지으면서도 자국의 설계자를 배제하고 외국 건축가에게 맡겼다며 21세기 중화문명의 관대한 도량도 과시하였습니다. 후진타오胡錦濤 국가 주석이 외국 매체들과의 인터뷰에서 "이번 올림픽의 성과는 정신적인 것이 될 것"이라고 천명한 것도 따지고 보면 같은 맥락이 아니겠습니까.

따라서 21세기가 미국에 의해 주도되는 문명이랄 수 있는 '앵글로색슨 문명'과 중국에 의해 주도되는 소위 한자문화권의 '한문문명'이 대치하고 충돌하면서 문화경제와 삶의 질을 장악하고자 하는 치열한 갈등으로 전개될 것임은 예고한 셈입니다.

이 갈등을 대만의 미래학자 사세휘謝世輝 박사는 과학문명科學文明과 유교문명儒敎文明의 대결이라고 설파한 바가 있습니다.

유교문명의 본산인 중국대륙을 방파제처럼 에워싸고 있는 일본, 한국, 대만(아무리 하나의 중국이라고 해도), 싱가포르 등의 도작국가稻作國家들이 있습니다. 도작국가란 말할 것도 없이 벼농사를 짓는 나라를 말하는 것이며 또 이들은 오랜 세월 한문을 사용하고 있었던 탓으로 한자문화권에 속한 인종들이며, 또 이들의 정신세계는 '유교문명'이 지배하고 있었다는 사실을 간과해서는 안 됩니다.

대망의 21세기로 들어서면 중국대륙을 포함한 이들 도작국가들의 GNP를 합친 수치가 세계 GNP의 4분의 1을 능가할 것이라는 예측도 이미 나와 있습니다. 이른바 '영미문명권'으로서는 이 엄청난 '한문문명권'의 영역을 건너다보고만 있을 수가 없게 된 셈이지요.

우리 민족은 이미 오랜 세월 한자문화권에서 살아왔으므로 서양문화권에 쉽게 동화될 수가 없습니다. 겉보기에는 동화되는 것으로 보여도 내면까지 동화되기는 쉽지가 않습니다. 바로 여기에 21세기를 슬기롭게 맞아서 우리의 세기로 간직해야 하는 당위성 설정의 타당성이 있습니다. 그 문명 갈등의 세기를 우리 품안으로 당겨 안기 위해서는 자라나는 청소년들에게 우리 민족의 자긍심을 심어주면서 정체성을 확립하게 하는 것이 무엇보다도 시급합니다. 그러나 우리의 현실을 딱하기만 합니다.

우리 한국의 초등학교에서는 국사를 가르치지 않습니다. 대체 세계 어느 나라가 자국 초등학생들에게 역사를 가르치지 않고 있는지 물어보고 싶습니다. 세계에서 유일하게 제 나라 역사를 가르치지 않는 한심한 지경을 연출하고 있는 것이 우리의 교육과학기술부라는 곳입니다. 그렇다면 중학교에 진학하면 국사를 가르칩니까? 놀랍게도 우리는 중학교 1학년 학생들에게도 국사를 가르치지 않습니다. 이 무슨 황당한 노릇인지 정말 알 수가 없습니다.

우리 청소년들이 독립된 국사교과서와 처음 만나는 것은 중학교 2학년부터입니다. 그로부터 중2, 중3, 고1까지 배우면 또다시 국사교육은 흐지부지되고 맙니다. 고등학교 2학년이 되면 문과와 이과로 갈라지면서 이과에서는 아예 국사를 가르치지 않고, 문과에서는 국사가 선택과목이 되어 배우고 싶지 않으면 안 배우면 되기 때문입니다.

더 놀라운 것은 중학교를 졸업하고 특목고(외국어 학교 등)를 지원해야 하는 학생들은 영어학원에 가서 미국 역사를 영어로 배워야 하는 경우도 있다니 이 얼마나 우스꽝스러운 노릇입니까. 공교육에서 국사를 소홀히 하게 되면서 우리 청소년들은 국사를 한 줄도 읽지 않아도 대학에 진학할 수가 있게 되었습니다.

나라의 엘리트라고 일컬어지는 판검사를 뽑는 사법고시는 어떻습니까? 여기도 국사는 선택과목으로 밀려나 있어서 국사를 모르고서도 판사가 되고, 검사가 되고 변호사가 될 수 있습니다. 이는 행정고시나 외무고시도 마찬가지입니다.

세계에서 제 나라의 국사를 모르는 사람들에게 법원을 맡기고, 정부를 맡기고, 또 지식인의 대열에 끼워주는 나라가 우리 말고 또 있는지를 교육과학기술부에 물어보고 싶습니다. 물어본다 해도 잘 가르치고 있다는 대답이 나올 것이 뻔합니다.

이 어처구니없고 한심한 현실에 대한 정부 고위인사의 해명은 우리를 더욱 참담하게 합니다. '수능시험에 시달리는 고등학교 학생들에게 짐을 덜어주기 위해서는 한 과목이라도 더 줄여주어야 하기 때문이다'라고 합니다. 더 기막힌 대답도 있습니다. '국사를 가르치면 국수주의적인 사고방식을 길러주게 되어 세계화에 역행한다'라는 말도 거침없이 토해내는 것이 우리의 지식인 공직자들입니다. 그런 터무니없는 대답은 또 있습니다. '국사는 세계사의 한 부분이므로 꼭 세분하여 가르칠 필요성을 느끼지 않는다'라고 소리치는 역사학 교수들도 있습니다.

국사교육을 소홀히 하면 나라의 정체성이 무너집니다. 정체성을 확보하지 못한 나라는 생활이 풍족하다 해도 선진국이 될 수가 없습니다. 지금 우리의 경우가 그렇습니다. 40대 젊은 역사학 교수들이 '역사교과서의 해체를 위한 심포지움'을 여는 지경에까지 왔습니다. 고구려의 역사가 동양사의 일부이므로 굳이 우리 것이라고 주장할 필요가 없다는 학자들도 있습니다. 아무리 형편없는 나라라도 그렇지, 이런 사이비 지식인들에게 청소년들의 교육을 맡겨두어도 나라의 앞날이

괜찮을지 심각히 생각해보지 않을 수가 없게 됩니다.

이런 판국인데도 정부에서는 GNP 2만 달러를 넘자고 열만 올립니다. 결단코 말하거니와 지금과 같이 천박해진 세태로는 2만 달러 시대를 넘어섰다고 하더라도 국가브랜드의 추락을 면치 못하게 됩니다. 실제로 우리나라의 경제규모는 세계에서 12~13위로 평가되고 있습니다. 그러나 국가브랜드에서는 34위로 나타납니다. 경제규모와 국가브랜드의 사이에 20계단이라는 공백이 있습니다. 바로 이 공백의 의미가 우리 현실을 반영한 것이 됩니다. 이 참담한 현실에서 벗어나기 위해 우리가 당장 해야 할 일이 무엇이겠습니까? 수출입니까, 외자의 유치입니까, 정치개혁입니까? 그 어느 것도 정답이 될 수 없습니다.

세계은행의 예측에 따르면 2020년이면 중국의 GDP가 미국을 추월할 것이라고 합니다. 그때 한국은 세계 최강인 중국과 일본의 사이에 낀 샌드위치가 될 것이라는 불길한 예측도 이미 나와 있습니다.

2020년 무렵의 한국은 누가 이끌어갑니까? 두말할 것도 없이 그때의 30대가 주도하게 됩니다. 21세기의 격동기인 2020년경의 한국을 이끌어갈 30대의 핵심적인 인재들은 지금 어디에 있습니까? 그들이 바로 초등학교 상급반 어린이들입니다.

그 어린이들에게 국사를 가르치지 않고, 민족의 정체성이 무엇인지를 깨닫게 하지 않고서도 살아남을 수 있는 방도가 있다고 생각한다면 이만저만한 착각이 아닙니다. 정부가 지금 당장 서둘러야 할 것은 우리의 정체성을 바탕으로 한 정신적 근대화에 나서는 일입니다. 오직 그 하나만이 피폐할 대로 피폐해진 이 정신적 공황에서 헤어날 수 있는 유일한 길입니다.

지금까지는 우리 것을 내다버리는 것을 자랑으로 삼았을 뿐, 우리 본바탕에 흐르는 정체성이 무엇인지를 논증하는 일에 너무도 소홀했습니다. 이른바 세계화라는 외형에만 요란을 떨었지 국가의 웅비에 대비하는 프로젝트를 운영할 궁리도 하지 않았다는 뜻입니다.

공교육에서 국사를 가르치지 않는 사태가 앞으로 5, 6년 더 계속된다면 우리는 미구에 국사를 배우지 않은 대통령을 선출하게 될 것입니다. 그렇게 되면 3백여 명의 국회의원도 역사를 모르는 사람들로 구성될 수밖에 없습니다. 국사를 배우지 않은 대통령이 국사를 모르는 국무위원들과 모여 앉아서 민족의 정체성을 운운하는 코미디가 펼쳐질 날이 멀지 않았습니다. 그런 끔찍한 광경이 눈앞에까지 다가와 있는데도 국사를 가르치지 않으렵니까?

역사를 소중히 해야 하는 것은 꼭 정치를 잘하기 위해서만은 아닙니다. 문명 충돌의 세기를 우리 품안으로 당겨 안기 위해서라도 21세기의 주역인 우리 청소년들에게 우리 민족의 자긍심을 날 세우게 하는 것이 무엇보다도 시급한 일임을 명심해야 합니다.

살아남기 위한
몸부림

정부의 벼슬하는 사람은 임금의 신하요, 백성의 종이라.
종이 상전의 경제와 사정을 자세히 알아야 그 상전을 잘 섬길 터인데,
조선은 거꾸로 되어 백성이 정부 관인의 종이 되었으니 백성은 죽도록 일을 하여 돈을 벌어
관인들을 주면서 상전 노릇을 하여 달라 하니 어찌 우습지 아니하리오.
- 〈독립신문〉

아관파천

1896년(건양1) 2월 11일.

조선 왕조에 참으로 어처구니없는 일이 일어나고야 말았습니다. 한 나라의 임금高宗이 달랑 아들 한 사람(후일의 순종純宗)만 데리고 정동貞 洞에 있는 러시아 공사관으로 야반도주를 하였습니다. 그것도 남의 눈에 띌까 두려워서 여자들이 타는 가마를 타고 말입니다. 소위 아관파천俄館播遷이라 불리는 이 사건은 어처구니없는 일이라기보다 지극히 창피한 일입니다. 나라가 망하려면 이런 일도 생기나 봅니다.

물론 까닭을 찾으려면 아주 없는 것도 아니겠지요. 반년 전인 1895년 8월 20일에 일본인 낭인들과 군인들이 무엄하게도 조선 왕실의 주궁인 경북궁의 담장을 넘어와 중전 민씨를 시해弑害하는 천인이 공노할 만행을 저질렀습니다.

사람들은 일본 제국이 조선에 저지른 수많은 만행을 입에 담으면서 그 기점을 대개 을사년 늑약이 체결된 1905년 이후로 잡곤 합니다만,

명성황후의 시해는 그보다 10년이
나 앞서 있었던 만행입니다. 또 다르
게는 1875년에 있었던 운양호사건
이후부터 을사년까지 30여 년 동안
일본 제국은 크고 작은 만행들을 끊
임없이 되풀이하고 있었습니다.

아관파천 후 창가에서 내려다보는 고종 일행

　한 나라의 국모가 일본군에게 살
해되었어도 항의할 곳이 없었다면
분통 터지는 일이 아닐 수가 없습니
다. 일본 제국이 조선의 외교권을 박
탈하는 을사년의 치욕까지 아직 10년이나 남아 있었지만, 황후를 잃은
조선 정부는 항의할 곳도, 항의할 능력도 없었습니다. 이미 일본 제국
이 조선 조정을 장악하고 있었다 해도 무방하였습니다. 그러므로 일본
인 세력을 배후로 한 제3차 김홍집金弘集내각까지 발족되었습니다. 고
종으로서는 당연히 생명의 위협을 느낄 수밖에 없습니다.

　고종의 이 같은 심기를 읽은 이범진李範晉, 이완용李完用 등 친러파 대
신들은 러시아 공사 베베르와 결탁하여 고종을 러시아 공사관으로 옮
겨 모시게 되었습니다. 아무리 외국 공사관에서 곁방살이를 하는 처지
였어도 새 내각을 꾸밀 수밖에 없습니다. 물론 일본국의 영향에서 벗
어나기 위한 일대 반격이었습니다. 그러나 새로운 내각을 꾸몄다고 하
더라도 그 내각에 힘이 실릴 까닭이 없습니다. 내각을 총괄해야 하는
고종이 러시아 공사관에 피신해 있었기 때문입니다.

　베베르 공사는 고종을 보호한다는 구실로 러시아군에게 공사관을

에워싸게 하고, 친러 세력의 입지를 넓혀갑니다. 당연히 보상이 따르게 마련입니다. 이때를 계기로 러시아는 압록강 연안과 울릉도의 산림 채벌권을 비롯하여 서울-원산 간의 전신선電信線을 시베리아로 연결하는 등의 막대한 이득을 챙기게 됩니다.

고종의 처지는 딱하기만 합니다. 일본 세력을 물리치기 위한 방편으로 러시아 세력을 불러들이기는 하였으나, 그 러시아 세력이 곧 조선일 수가 없기 때문입니다. 게다가 내외의 여론이 좋을 까닭이 없습니다. 더구나 뜻있는 백성들은 고종으로 하여금 경복궁으로 돌아오기를 간절히 청합니다. 그야말로 소리 없는 아우성입니다. 당연하질 않습니까. 한 나라의 군왕이 언제까지 남의 나라 공사관에서 머물면서 나라를 다스릴 수가 있겠습니까.

〈독립신문〉과 서재필

고종이 러시아 공사관으로 몸을 숨긴 지 2개월쯤 지난 1896년 4월 7일, 이 나라 조선에 주목해야 할 큰 변화가 있었습니다. 바로 〈독립신문〉의 창간입니다. 〈독립신문〉은 민간인이 발행하는 신문이었다는 점에서 획기적인 사건이 되고도 남을, 그야말로 조선 근대화를 알리는 불꽃이나 다름이 없었습니다. 물론 그 이전에 신문新聞이라는 형식의 간행물이 전혀 없었던 것은 아닙니다.

1883년(고종 20) 10월에 창간된 〈한성순보漢城旬報〉가 우리나라 근대신문의 효시로 기록됩니다. 조선 정부는 통리아문統理衙門에 박문국博文局을 설치하여 일본으로부터 인쇄기를 도입하고, 신문용지를 수입하여 한 달에 두 번씩 국한문체國漢文體를 혼용하여 순간旬刊으로 발행하였습니다. 그러나 신문의 형태는 오늘과는 달라서 잡지형태로 된 이름뿐인 신문이었습니다.

〈한성순보〉에 등재된 기사는 대부분 조선의 근대화를 주장하고 역

〈독립신문〉

설하였기에 사대부를 주축으로 하는 수구파의 분노를 부추길 수밖에 없었습니다. 따라서 〈한성순보〉에 대한 수구파의 방해 공작은 이만저만 거친 것이 아니었습니다. 호사다마라 했던가요. 젊은 개화파에 의해 발발된 '갑신정변甲申政變'이 삼일천하의 실패로 돌아가자 보수파의 습격으로 한성순보사 건물은 불타고 말았습니다. 따라서 〈한성순보〉는 창간된 지 불과 14개월 만에 자취를 감추게 되었습니다.

〈독립신문〉은 바로 그 갑신정변의 실패로 미국에 망명해 있던 서재필徐載弼이 돌아와 정부의 지원을 받으면서 창간했다는 점에 주목해야 합니다. 조국의 개항을 위해 물불을 가리지 않았던 이른바 개화파開化派의 선봉들인 김옥균, 박영효 등은 일본 땅으로 망명하였습니다만, 서재필만은 일본을 거쳐 미국에 정착했습니다.

청년 서재필은 온갖 고초를 모두 극복하면서 워싱턴 대학 의과대학을 졸업하였습니다. 그는 가정교사로 있었던 암스트롱 가의 딸 뮤리엘 Muriel Buchanan Armstrong과 결혼하여 개업의사로 활동하면서도 모국 조선의 독립만을 염원하였습니다만, 청나라는 고사하고 러시아와 일본 제국 사이에 끼어서 헤어나지 못하는 조선의 운명을 가늠할 수가 없었습니다. 마침내 서재필은 고국 조선으로의 귀국이 절망적이라고 판단하면서 미국식 이름인 필립 제이슨Philip Jaisohn으로 개명하고 미국시민권을 획득하였습니다. 필립 제이슨이라는 이름은 '서재필'을 거꾸로 표시한 것으로 알려져 있습니다.

서재필

1895년 3월 1일, 서재필은 갑신정변으로 인해 뒤집어썼던 대역부도죄大逆不道罪를 사면받게 되면서 귀국을 종용받게 되었습니다. 제3차 개화내각의 수장이었던 김홍집에게는 조선의 개혁을 이끌어갈 신지식인新知識人이 필요하였습니다. 세계의 정세를 꿰뚫어보면서도 일본이라는 나라를 세세히 알고 있는 인재로는 서재필을 따를 사람이 없었던 시절이었습니다.

1896년 12월 26일, 한성(서울)으로 돌아온 서재필은 입신양명이나 다름없는 관직은 사양하기로 하였습니다. 옛 동지이자 친구인 유길준俞吉濬이 내무대신 자리에 있었다면, 서재필 또한 당연히 대신大臣 반열에 오를 수가 있었는데도 국민계몽에 이바지하겠다는 뜻을 밝힌 서재필의 인품에 우리는 감동해야 합니다.

서재필은 자신의 입신양명보다 나라와 국민들의 근대화가 더 절실하다는 사실을 깨우치고 있었고, 그 깨우친 바를 실행知行으로 옮기려는 서재필의 선언에 감동한 내무대신 유길준이 그의 후원자가 되어 새로운 신문의 발간사업을 추진하게 됩니다.

이보다 1년 앞서 일본인 아다치 겐조安達謙藏가 사장으로 자칭하는 〈한성일보漢城日報〉가 서울에서 간행되고 있었으나, 사장인 아다치 겐조는 명성황후 시해사건에 관련되었을 정도의 무뢰한이어서 〈한성일보〉의 논조는 일본 제국의 손발이나 다름이 없었습니다. 이러한 마당에 한국인의 손으로, 더구나 미국에서 공부한 서재필에 의해 〈독립신문〉이 발행된다는 점을 일본 정부로서는 용납할 수가 없었습니다. 일본 정부는 즉각 서재필의 암살을 기도하고 나섰습니다. 이때의 사정을 서재필은 자서전에 다음과 같이 적고 있습니다.

그들은 나를 독약처럼 미워한다. 내가 며칠 전 조선 상인들에게 일본의 중계를 거치지 않고 미국을 통해 직접 석유를 수입하는 것이 가격을 낮게 하여 소비자의 이익이 된다고 연설하였기 때문이다. 이곳에서 나는 혼자이다. 미국 정부는 날 지원하지 않을 것이다. 조선의 관민은 일본의 암살로부터 나를 보호할 수도 없고, 하려고도 하지 않을 것이다. 나는 보호받지 못한 채 혼자이다.

당시 비장했던 서재필의 속내를 읽을 수 있는 대목입니다.

조선 주재 일본 공사 고무라 주타로小村壽太郞는 유길준과 서재필을 회유, 협박하면서 〈독립신문〉의 창간을 노골적으로 방해합니다. 그것도 모자라서 서재필의 암살까지 획책하였으나, 두 젊은이들의 열혈과도 같은 구국애에 힘입어 〈독립신문〉은 국문판과 영문판으로 창간되기에 이릅니다. 서재필이 주필이 되어 국문판 논설과 영문판 사설을 썼습니다. 아직 완전한 개항을 이루지 못하고 있던 조선 땅에서 조선인이 사설을 쓰는 영문판 신문이 나온다는 사실은 세계의 주목을 받기에도 부족함이 없었습니다. 그 〈독립신문〉의 발간취지도 새겨둘 만하기에 여기에 소개합니다.

첫째, 공명정대하게 보도하며, 둘째, 전국의 상하가 모두 알도록 한글로 쓰며,

셋째, 백성과 정부의 사정을 상호에게 알려주어 정부관원의 잘잘못을 감시하고, 넷째, 조선 사정을 외국에, 외국 사정을 조선에 알려 인민의 지식이 열리게 하고, 다섯째, 군주, 관료, 백성을 유익하게 한다.

단 한 자도 버릴 것이 없거니와 당시로는 획기적인 선언이 아닐 수 없습니다. 또 신문에 게재되는 계몽성도 소홀히 할 수 없는 내용들이었습니다. 〈독립신문〉의 1896년 11월 21일 논설을 여기에 옮겨봅니다.

정부의 벼슬하는 사람은 임금의 신하요, 백성의 종이라. 종이 상전의 경계와 사정을 자세히 알아야 그 상전을 잘 섬길 터인데, 조선은 거꾸로 되어 백성이 정부관인의 종이 되었으니 백성은 죽도록 일을 하여 돈을 벌어 관인들을 주면서 상전 노릇을 하여 달라 하니 어찌 우습지 아니하리오.

이와 같이 〈독립신문〉은 언론으로서의 소임을 다하면서 정부의 잘못을 질책하며 백성들을 계몽하고, 또 정부와 백성이 서로가 소통할 수 있는 통로의 마련에도 힘을 쓰게 됩니다. 그중에서도 우리가 꼭 기억해야 될 일은 우리말, 국어의 보급에 앞장서는 선구자 역할을 톡톡히 하였다는 점입니다.

러시아 공사관에 피신해 있는 고종에게도 〈독립신문〉의 기사는 충격으로 받아들여질 수밖에 없습니다. 또 그것은 군왕이 있어야 할 본래의 위치로 다시 돌아가야 하는 큰 질책이 되고도 남았습니다.

또 〈독립신문〉은 사회개혁운동을 자극하였습니다. 〈독립신문〉이 창간된 지 3개월 뒤에 독립협회가 탄생하게 됩니다. 협회 회원들의 면면

독립문

을 살펴도 당시로는 결코 만만치 않은 구성원들이었습니다. 민영환, 윤치호, 이상재, 서재필, 이완용 등을 비롯하여 미국 공사 씰, 프랑스 영사 프랑씨, 선교사 언더우드, 아펜젤러 등 호화로운 멤버들이었습니다. 이들이 후일 서대문 밖에서 명나라 사신을 영접하던 영은문 근처에 '독립문'을 세우게 됩니다. 조선 독립의 상징성을 여실하게 보여주는 쾌거가 아닐 수 없습니다.

대한제국

●　·　◉

〈독립신문〉의 발간은 사회 여론을 군왕에게 직접 전하는 역할도 하게 됩니다. 이때까지만 해도 임금이 백성들과 소통하는 방법은 상소문上 疏文밖에 없었습니다. 그러나 〈독립신문〉의 기사는 백성들의 삶을 적나라하게 적었고, 그들의 요구까지도 거침없이 드러나게 하였습니다. 고종임금은 정부의 위엄을 살리기 위해서라도 환궁을 서둘지 않을 수가 없게 되었습니다.

– 돌아가리라! 환궁할 것이니라!

고종임금은 탄식하듯 결기를 다짐하였습니다. 자신이 러시아 공사관에 피신해 있는 1년 남짓한 세월 동안에도 국제정세는 정신없이 소용돌이치고 있었습니다. 처음에는 당연히 친러시아 세력들에 의해 정국이 주도되고 있었으나, 친일 세력의 반격도 만만치 않게 솟아올라 있었습니다. 그것은 조선을 압박해오는 일본 제국의 위세가 날로 커지고 있다는 실증이기도 했습니다. 바로 이러한 때에 〈독립신문〉이 발간되어 충격을 안겨주었습니다.

1897년 2월 18일, 고종임금이 1년 남짓 파천해 있던 러시아 공사관에서 나오다.

백성들은 천천세를 부르면서 주군의 결단에 눈시울을 적시며 감동에 젖었습니다. 그러나 뜻하지 않았던 일이 생겼습니다. 러시아 공사관을 나온 고종임금이 애초에 떠나왔던 경복궁으로 환궁하질 않고, 경운궁(慶雲宮, 지금의 덕수궁德壽宮)으로 들어섰기 때문입니다.

치욕의 아관파천을 끝내기는 하였지만, 고종임금은 경복궁으로 돌아가기가 싫었습니다. 그 까닭을 풀어가기 위해서는 다음과 같은 해답을 유추해볼 수가 있을 줄로 압니다.

첫째, 고종임금으로서는 임오壬午년(1882)의 군란軍亂으로 인해 자신과 중전이 겪었던 숱한 곤욕이 모두 경복궁에서 일어났던 일이었음을 떠올려야 했으며, 특히 지난 을미乙未년(1895)에는 일본인 낭인들에 의해 중전 민씨가 시해되는 참변 또한 경복궁에서 겪었던 일입니다. 고종임금으로서는 경복궁에서 겪은 그러한 공포감을 벗어던질 수가 없었기에 다시 경복궁으로 돌아가기가 싫었을 것으로 짐작됩니다. 그리고 둘째는 덕수궁 근처에 외국의 공사관이 몰려 있었고, 특히 러시아 공사관 근처에 거처를 정하는 것이 신변의 안전을 도모할 수가 있을 것이라고 믿었기 때문입니다. 이는 고종임금이 덕수궁으로 이어한 뒤에 자주 담장을 헐어서 러시아 공사관을 비롯한 미국, 영국 공사관으

로 연결되는 새로운 문을 냈다는
사실로도 입증되는 일입니다.

덕수궁으로 이어하여 정무를
살피기 시작했을 때 고종임금의
연치 46세, 그는 10대 초 소년으
로 보위에 올라서는 아버지 흥선
대원군興宣大院君 이하응李昰應의
섭정에 시달려야 했고, 철이 들
면서는 중전 민씨의 척족과 아버
지 흥선대원군의 끝없는 갈등에
몸 둘 곳을 찾지 못한 때도 있었
습니다.

고종 황제

그러나 무엇보다도 어려웠던 일은 기득권을 지키려는 수구 세력과
개항과 개화를 주장하는 신진 세력 간의 갈등을 조율하는 일이었지만,
번번이 판단착오를 일으키면서 혼란을 자초하곤 하였습니다.

생각해보면 선정善政을 이루기는 고사하고, 급변하는 국내외 정세조
차도 옳게 판단하지 못했던 까닭으로 백성들에게는 본의 아니게도 엄
청난 누를 끼친 꼴이 되고 말았습니다. 거기에 '아관파천'이라는 치욕
의 세월까지 더하고 보니 고종임금에게 있어서의 재위기간 34년이라
는 짧지 않은 세월이 온통 자책으로 점철될 수밖에 없었습니다.

성군 세종대왕의 재위기간 32년은 눈부시고 찬란하였는데, 그보다
2년을 더 보위에 있었으면서도 아무것도 이루어놓은 것이 없다고 자
책하는 고종임금의 통한은 그의 정치행로를 바꾸는 큰 전기가 되기에

부족함이 없었습니다.

고종임금은 심기일전하였습니다. 초근목피로 신음하는 백성들의 고통과 그들의 바람이랄 수 있는 이른바 민의民意를 파악하면서 근대적인 국가형태와 내실을 다져보려는 의욕적인 왕도王道, 이른바 보국안민輔國安民의 사상으로 무장하여 보다 선진화된 나라를 만들어 가리라는 새로운 결기를 다짐했습니다.

때를 같이하여 고종이 황제皇帝로 등극해야 한다는 상소가 빗발치듯 올라옵니다. 고종이 황제의 자리에 오른다는 것은 조선도 세계의 강대국과 어깨를 나란히 해야 한다는 뜻입니다. 그것은 또 조선은 청나라, 일본, 러시아 등 어느 나라의 지배도 받지 않겠다는 자주선언이나 다름이 없었습니다.

생각해보면 압니다. 그동안 명나라나 청나라의 임금이 황제임을 자칭했던 까닭으로 조선 임금은 마치 그들의 속방屬邦을 다스리는 제후諸侯로 전락되었기에 중국 천자皇帝에게는 '폐하陛下'라고 높이 칭하면서도 조선 임금에게는 '전하殿下'라고 낮추어 불렀고, 저들의 황제가 스스로 '짐朕'이라 칭하면서 거들먹거릴 때 조선의 임금은 스스로 모자란다는 뜻으로 '과인寡人'이라 하지를 않았습니까.

그런 까닭으로 조선의 임금이 '황제'의 자리에 오른다면 세계의 열강과 어깨를 나란히 하겠다는 의지의 표현이자, 조선이 자주독립국임을 선언하는 것이나 다름이 없습니다.

자주독립된 나라!

우선 연호부터 고치기로 하였습니다. 조선 왕조는 지난 5백여 년 동안, 명나라 때는 영락永樂, 성화成化, 가정嘉靖, 만력萬曆 등 명나라의 연호를 사용하였고, 청나라 때는 숭정崇禎, 강희康熙, 건륭乾隆, 광서光緖와 같은 청나라의 연호를 사용해 왔습니다. 이때는 일본 제국의 강압에 못 이겨 건양建陽이라는 연호를 쓰고 있었습니다.

8월 14일, 연호를 광무光武로 선포하였다.

통쾌한 일이 아닐 수 없습니다. 명나라의 연호도 아닌, 청나라의 연호도 아닌, 더구나 일본 제국에 의해 강압적으로 사용하게 된 건양이라는 연호를 버리고 조선 왕조가 자주국임을 선언하는 우리의 독립된 연호를 사용하게 되었기 때문입니다. 조선 왕조가 창업된 이래 처음으로 조선의 연호인 '광무'가 선포되었습니다. 그러나 그것은 시작에 불과하였습니다.

10월 11일, 조선조 5백 년 역사상 처음으로 왕이 아닌 황제皇帝가 다스리는 나라임을 선포하고, 새로운 나라 이름 대한제국大韓帝國을 세계만방에 알렸다.

'대한제국'이라는 새 국호가 선언되면 고종임금은 당연히 황제의 자리에 올라야 합니다. 그리고 이튿날인 10월 12일에는 대소신료들을 거느리고 몸소 지금의 서울특별시 중구 소공동 조선호텔 자리에 있었던 남별궁의 원구단(元丘壇, 지금도 건물은 남아 있다)으로 나가 황제로 즉위함으로써 두 달 전인 8월 14일 자로 변경한 새 연호인 광무光武 시대의 실질적인 막을 올렸습니다.

이날의 기쁨을 〈독립신문〉은 다음과 같이 적었습니다.

십일 일 밤 장안의 사가와 각 전각에서는 등불을 밝게 달아 길들이 낮과 같이 밝았다. 가을 달 또한 밝은 빛을 검정 구름장 틈으로 내려 비쳤다. 집집마다 태극국기를 높이 걸어 애국심을 표하였고, 각 대대 병정들과 각처 순검들이 만일에 대비하여 절도 있게 순검하였다. 길에 다니던 사람들도 즐거운 표정이었다. 십일 일 새벽에 공교히 비가 왔다. 의복들이 젖었고 찬 기운이 성하였다. 그러나 국가의 경사에 즐거워하는 마음에 젖은 옷과 추위를 개의치 않고 질서 정연히 각자의 임무를 철저히 하였다.

십일 일 오후 두시 반 경운궁에서 시작하여 원구단까지 길가 좌우로 각 대대 군사들이 질서정연하게 배치되었다. 순검들도 몇백 명이 틈틈이 벌려 서서 황국의 위엄을 나타냈다. 좌우로 휘장을 쳐 잡인왕래를 금하였고 옛적에 쓰던 위장등물을 고쳐 황색으로 만들어 호위하게 하였다. 시위대사들이 어가를 호위하고 지나갈 때에는 위엄이 웅장했다. 총 끝에 꽂힌 창들이 석양에 빛을 반사하여 빛났다. 육군장관들은 금수로 모자를 장식하였고, 허리에는 금줄로 연결된 은빛 군도를 찼다. 옛 풍속으로 조선군복을 입은 관원들도 있었으며 금관조복한 관원들도 많이 있었다.

어가 앞에는 대황제의 태극국기가 먼저 지나갔고, 대황제는 황룡포에 면류관을 쓰고 금으로 채색한 연을 탔다. 그 뒤에 황태자가 곤룡포를 입고 면류관을 쓴 채 붉은 연을 타고 지나갔다. 어가가 원구단에 이르자 제향에 쓸 각색 물건을 둘러보고 오후 네 시쯤 환어하였다.

십이 일 오전 두 시, 다시 위의를 갖추어 황단에 가서 하느님께 제사하고 황제위에 나아감을 고하였다. 황제
는 오전 네 시 반에 환어하였다.
동일 정오 십이 시에 만조백관이
예복을 갖추고 경운궁에 나아가
대황제와 대황태후, 황태자와

원구단

황태자비에게 크게 하례를 올렸고, 백관들이 크게 '황제폐하 만세'를 불러 환
호하였다.

인용이 조금 길어지기는 하였지만, 그날의 일과 그날의 감격이 너무
도 절절하고 자상하게 쓰인 〈독립신문〉의 문장이라 새삼스럽기만 합
니다.

대한제국의 탄생으로 조선 왕조는 역사 이래 두 가지 나라 이름國名
을 갖게 되었습니다. 다른 말로 부연하면 태조 이성계가 새로 나라를
세우고 나라 이름을 '조선'이라 하였다가 그로부터 5백 5년의 세월이
흐른 다음 나라의 이름을 '대한제국'으로 바꾸었다는 뜻이 됩니다. 대
한제국의 명칭은 이로부터 1910년까지 사용되다가 치욕의 을사년 합
병조약으로 사라졌으니 겨우 13년 동안 나라의 국명으로 사용된 셈입
니다.

그런데도 이 땅의 지식인들은 오늘 이 시점에 이르러서도 이조李朝,
이조 5백 년, 이조실록李朝實錄 등의 잘못된 용어를 아무 거리낌 없이
사용하면서도 수치심을 느끼지 못하고 있습니다. 이조라는 말은 일본
제국이 조선을 식민지화하고 나서 이씨가 다스리던 나라라는 뜻으로
이씨조선李氏朝鮮이라는 단어를 만들어서 사용한 데서 유래됩니다. 더

정확하게는 조선의 역사와 조선의 문화를 아주 보잘 것 없는 한 성씨의 것으로 비하하여 불렀던 식민지 시대의 산물인데도, 오늘의 지식인들이 이 말을 쓰면서도 부끄러움을 모른다면 그야말로 후안무치厚顏無恥가 아니고 무엇이겠습니까. 더 놀라운 것은 광복(1945) 이후에 태어난 지식인들까지 이조백자, 이조실록 운운하는 지경이면, 이들은 대체 누구로부터 그런 말을 배워서 쓰는 것일까요?

대통령이, 장차관들이, 판검사들이, 젊은 국회의원들의 입에서까지, 심지어 신문사의 젊은 논설위원들에게까지 이런 터무니없는 말들이 마치 장난처럼 회자된다는 사실에 나는 절망감을 느끼곤 합니다. 대체 그들은 누구에게 글을 배웠으며, 어떤 학교에 다닌지가 궁금해지지만 소위 우리가 말하는 일류대학을 졸업하고서도 그런 터무니없는 말을 아무 거리낌 없이 사용하는 지경이면 그간의 역사교육 혹은 국민정서를 한 번쯤 점검해보지 않을 수가 없습니다.

조선의 외국인

대한제국 시대의 조선에는 얼마나 많은 사람이 살고 있었을까요?

1897년 12월을 기준으로 대한제국의 인구수는 15,198,248명이었습니다. 그리고 재미있는 통계는 수많은 외국인들이 금광을 노리며, 문화재를 노리며, 산업이권을 노리며, 곡물穀物을 노리며 이 땅에 들어와 있었습니다. 물론 몇 년 뒤의 일입니다만 1906년에는 8만 7천여 명, 1910년에는 무려 18만 4천여 명으로 늘어났습니다.

이 외국인의 수는 20세기 말의 대한민국의 상주 외국인 수가 7만여 명을 조금 넘는 것과 비교해볼 때 당시의 조선 반도는 20세기 초엽의 상징인 식민지 확장을 시도하는 세계 열강들의 각축장으로 변해가고 있었음을 알 수가 있습니다.

청나라의 외압과 내정 간섭으로부터 독립하고, 서구열강들의 유혹에서 벗어나야 했으며, 일본 제국에서 뻗어 오는 침략의 마수를 물리쳐야 하는 황제의 나라, 대한제국이 맞이한 20세기의 원년은, 그로부터 1백 년 뒤인 21세기로 들어선 지금 우리가 입에 담고 있는 세계화라는 추세와 흡사한 국제화의 시기가 아닐 수 없었습니다.

국호를 대한제국으로 선포하기 전해인 1896년(건양 1)의 조선 정부와 외국인과의 사이에 맺어진 산업이권관계를 살펴보면 다음과 같습니다.

> 3월 29일, 미국인 모스에게 경인철도京仁鐵道 부설권 허가. 러시아인 니시첸스키에게 함경도 경원, 종성의 금광 채광권 허가.
>
> 9월 9일, 러시아 목재상에게 압록강 유역과 울릉도의 산림채벌 및 양목권 허가.

1897년 4월 17일에는 독일 상사 세창양행에 광산채굴권이 허가되었고, 1898년에도 숱한 개발이권이 외국인에게로 차례차례 넘어가고 있었음을 알 수 있습니다.

> 1월 18일, 미국인 콜브란과 모스르워크, 한성전기회사 설립.
>
> 8월 31일, 이토 히로부미伊藤博文, 경부철도京釜鐵道 부설권 허가 지원을 위해 내한하였고, 그가 내한한 지 채 열흘도 지나지 않은 9월 8일에 일본인에게 경부철도 부설권 허가.
>
> 1899년(광무 3) 1월 31일, 미국인 모스에게 돈을 빌려주었던 일본 정금은행이 모스에게 경인철도의 부설권을 180만 원에 인수하였다.

이같이 조선 반도에서의 이권 갈등이 투쟁적인 의미로 확대되어가는 것은 20세기 초엽 식민지 확장이라는 열강들의 거센 바람이 극동 지역에서 휘몰아치고 있었기 때문입니다.

세계 최강이라고 믿었던 청나라의 북양함대北洋艦隊가 지구를 반 바퀴나 돌아와서 아편전쟁阿片戰爭을 일으킨 영국 해군에게 무참하게 무너지면서 잠자던 극동 지역에 태풍과도 같은 소용돌이가 휘몰아치기 시작했습니다. 프랑스의 인도차이나 함대에게도 이미 노쇠한 청나라의 함대는 뼈아픈 패배만을 거듭하고 있었습니다.

게다가 존황토막(尊皇討幕, 황실을 일으키고 막부를 쓰러트리자)의 기치를 내세우면서 명치유신明治維新에 성공한 섬나라 일본마저도 조선 반도의 지배권을 차지하기 위해 의도적인 도발을 계속하고 있는 와중에서 영국은 홍콩에 거점을 마련하였고, 프랑스는 인도차이나 반도를 차지하였습니다. 또 미국은 필리핀을 손아귀에 넣기 위해 혈안이 되어 있었습니다.

얼지 않는 항구가 필요했던 러시아는 남하를 서둘렀고, 대륙으로 진출하기 위해서는 조선 반도를 교두보로 삼을 수밖에 없었던 일본 제국도 가만히 있지를 않았습니다. 제 나라의 개혁이나 정치적인 안정까지 뒤로 미룬 신생 일본 제국은 조선 반도를 지배함으로써 세계의 열강과 어깨를 나란히 할 수 있을 것이라는 원대한 야욕을 불태우기 위해서라도 모험에 나설 수밖에 없었습니다.

그 모험이 청일전쟁과 러일전쟁으로 나타나게 됩니다. 그 두 전쟁을 수행하는 동안 일본 제국이 겪었던 정치적, 경제적 손실과 고통은 헤아릴 길이 없었습니다만, 그 길이 아니고는 세계 열강과 어깨를 나란히 할 수 있는 기회를 잡을 수가 없었습니다.

명치유신

오늘의 일본을 이해하기 위해서는 저들이 겪었던 명치유신明治維新을 살피는 것이 바른 길입니다. 명치유신이야말로 일본의 정신적, 물질적인 근대화를 이룩한 힘의 원천이기 때문입니다.

1853년, 일본의 동경만 아래쪽에 있는 우라가 항浦賀港에 미국 동인도함대東印度艦隊의 군함 4척이 나타났습니다. 일본 사람들은 이 군함이 검은 색이었다 하여 쿠로부네黑船라고 불렀습니다.

태평했던 깊은 잠을 깨운 증기선
단지 네 척 뿐인데, 잠 못 이루네.

당시 일본인들의 놀란 심정이 잘 담겨 있지를 않습니까.

함대사령관인 페리 제독은 필모어 미국 대통령의 국서를 받을 것을 도쿠가와 막부德川幕府에 요구했습니다. 당시만 해도 외국 문물에 익숙하지 못했던 일본 조야는 '개항'이냐, '수구'냐를 두고는 엄청난 이념의 혼란을 겪을 수밖에 없었습니다. 이른바 나라를 유신하여 근대국가를 만들어보자는 진보 세력과 기득권을 지키려는 막부 세력 간의 내란을 넘어서는 전쟁의 소용돌이가 16년간이나 계속되었습니다.

270여 년간이나 유지되어 온 도쿠가와 막부를 붕괴시키고 천황이 다스리는 새로운 나라를 만들려는 젊은 선각자들의 불 같은 열정이 모여서 마침내 1868년 '명치개원明治改元'을 선포하게 됩니다.

일본 근대화의 상징인 명치유신은 19세에서 34세 안쪽의 젊은 청년들이 중심이 되어 조국의 미래를 위해 뜨거운 열정을 불태우고, 또 흔쾌히 목숨을 버리는 것으로 성공하였지만 혁명의 성공만으로 미개한 나라가 근대화되는 것은 아닙니다.

명치유신 이후 일본이 나라의 제도를 어떻게 개편하였으며, 그 개편을 위해 무슨 노력을 하였는지에 대해 살펴보겠습니다.

1868년, 명치개원이 선포된 이후에도 일본 조야는 갈등과 반목으로 극도의 혼란을 겪고 있었습니다. 유신군과 유신을 반대하는 진영의 군대가 대포를 쏘면서 싸우는 무진전쟁戊辰戰爭도 이때에 일어납니다. 할리우드 블록버스터 영화라고 일컬어지는 〈라스트 사무라이〉가 바로 이 무진전쟁을 소재로 한 영화입니다.

1871년 11월, 나라가 이같이 혼돈을 거듭하고 있을 때, 유신정부의 리더인 이와쿠라 토모미岩倉具視는 정부를 이끌어가는 핵심 참의와 명치유신의 주역을 비롯한 요원 46명을 거느리고 미국과 유럽 선진국을 시찰하기로 하였습니다. 여기에 장차 일본국을 이끌어갈 유학생 59명이 포함되었으니 무려 105명으로 구성된 거대한 사절단인 셈입니다.

유럽사절단

이 사절단은 미국, 영국, 독일 비롯한 11개국을 시찰하는 동안, 영국에서는 무려 120일을 체류하면서 산업혁명을 익혔고, 독일에서도 66일간을 체류하면서 일본국의 미래를 정하는 데 도움이 되는 〈바이마르 헌법〉을 연구하는 등, 총 1년 10개월 동안 선진국을 둘러보면서 새로운 문물을 익히고 배우는 일에 열중하였습니다.

이들이 귀국한 후에 기술·보고한 1,085권에 이르는 〈특명전권대사 구미회람기特命全權大使 歐美回覽實記〉라는 방대한 보고서가 일본의 정신적, 물질적인 근대화를 이루는 기초가 되었다는 사실에 우리는 주목하여야 합니다.

유신정부의 주역들은 일본국의 선진화를 꾀하고자 서양의 제도와 문물을 받아들이려 했어도, 그것을 받아둘 용기容器가 없었습니다. 이를테면 르네상스, 내셔널, 커머셜, 스피치, 로맨티즘, 로드숄더, 달러 등 당장 필요한 서양용어를 일본어화는 작업이 시급했다는 뜻입니다.

게이오 대학을 설립한 30대의 후쿠자와 유키치福澤諭吉를 비롯한 선각의 지식인들은 이 어마어마하면서도 획기적인 작업에 도전하였습니다. 이른바 정신적 근대화의 토양을 다지는 막중한 작업이었습니다.

그리하여 르네상스는 문예부흥으로, 내셔널은 국가와 민족으로, 커머셜은 상업, 스피치는 연설, 로드숄더는 노견路肩이라는 새로운 일본어로 탄생하게 됩니다. 뿐만이 아니라 인민, 공화국, 물리, 화학, 생물

등등 어찌 그 수를 일일이 열거하겠습니까만, 오늘 우리가 쓰는 일본어식 한자어 대부분이 이때 만들어진 신조어新造語들이란 사실을 알지 않으면 안 됩니다.

로맨티즘은 마땅한 의역어가 없었던지 '로망'이라는 소리를 그대로 한자로 적었던 탓에 '로망浪漫'이 되었습니다. 화폐 단위 달러는 $와 유사한 한자인 '불弗' 자를 쓰고 도루ドル라 읽기로 하였습니다. 이 괄목할 만한 성과는 그대로 조선과 중국에 전해지면서 소위 일본어식 한자어가 대동아공영권을 건설하는 공용어가 되기에 이르렀습니다.

남의 나라의 정신적 근대화를 몽땅 받아들인 우리의 처지는 어떻게 되었습니까? 지금도 우리는 로맨티즘을 낭만주의浪漫主義라 쓰고, 소리 나는 대로 읽고 있습니다. 일본어식 로망을 우리식인 낭만으로 읽는다면 과연 그것이 로맨티즘과 관련이 있겠습니까? 또 미국의 화폐 단위를 '불' 자로 적었다 하여 아직도 이 땅에서는 '달러'를 '불'이라고 발음하는 지식인들이 허다합니다. 언론이라 하여 다를 바가 없습니다. '불'을 제목으로 뽑기까지 합니다. 세계에서 달러를 '불'이라고 발음하는 나라가 우리 말고 또 있습니까?

1868년 명치개원을 선언하였고, 1871년 무렵의 근대화과정을 겪으면서 불과 5년 뒤인 1875년에 일본 군함 운양호雲揚號가 강화도를 공략하게 됩니다. 호적법을 만들어서 병역에 쓸 인력을 파악하고, 학교를 세워서 국민들로 하여금 무식을 면하게 하고, 군대를 뽑아서 서양식 훈련을 하여 군함에 태우기까지의 기간이 불과 5년이었다는 사실을 우리는 꼭 유념하여야 합니다.

1875년 8월 20일, 일본 군함 운양호의 난동이 있었다.

난데없이 군함 한 척이 강화해협에 나타나 초지진草芝鎭 포대에 접근합니다. 빨간 해를 상징하는 일장기가 나부끼고 있어도 조선 병사들은 그 배가 일본 군함이라는 사실조차도 몰랐습니다. 초지진 포대를 지키는 조선 병사들은 그 군함이 일본 군함이라는 사실을 몰랐다 하더라도 이미 '병인양요丙寅洋擾'와 '신미양요辛未洋擾'를 겪었던 터이라 선제공격을 할 수밖에 없었습니다. 일본 군함 운양호雲揚號는 마치 기다리고 있었다는 듯 무자비한 함포사격을 퍼부으면서 신식군대인 육전대(陸戰隊, 해병대)를 영종도永宗島에 상륙시켜 방화와 약탈을 자행하면서 전단을 찾고자 했습니다. 신식병장기로 무장한 일본군의 화력과 당시 조선군의 군장비로는 일본군을 당할 수가 없었습니다.

이에 일본 정부는 조선에 대한 강경책으로 운양호를 공격한 데 대한 조선 정부의 사죄, 조선 영해에 일본국 선박의 자유항해, 강화도 근처의 항구를 열 것 등을 요구하는 통상수호조약의 체결을 강요해 왔습니다. 조선 정부는 이를 거절할 능력이 없었습니다.

해가 바뀌어 1876년 1월, 일본국 특명변리대신 구로타 기요다카黑田淸隆를 정사로, 이노우에 카오루井上馨를 부사로 한 사절단이 남양만에 도착하였고, 조선 정부는 마지못해 접견대신 신헌申櫶, 부관 윤자승尹滋承을 저들과 담판하게 하였습니다. 그때나 지금이나 조약의 내용은 힘이 있는 쪽으로 기울게 마련입니다. 그렇게 맺어진 것이 소위 강화도조약江華島條約 혹은 병자수호조약丙子修護條約이라 불리는 불평등 조약입니다.

1876년 2월 26일, 강화도조약이 체결되다.

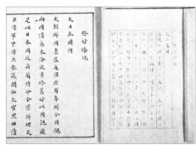

조약은 모두 12조로 되어 있
는데 중요한 골자는 다음과 같
습니다. ① 조선은 자주국가로
서 일본과 동등권을 보유한다,
② 20개월 이내에 부산 이외의
3개 항을 열고 일본 상인의 거
주·무역의 편리를 제공한다,
③ 일본은 조선의 연안, 섬, 암

강화도조약 조약문과 조약 체결 장면

초 등을 자유로이 측량하고 해도를 작성한다, ④ 일본은 조선이 지정
한 항구에 영사領事를 파견하고, 조선에 거주하는 일본 상인의 범죄는
일본 관원이 심판할 것 등입니다.

조선 백성들에게는 아무 소용도 되지 않는 내용이었고, 오직 조선
땅에서 일본인들이 활개칠 수 있도록 모든 보장을 한 일방적인 내용이
아닐 수 없습니다.

소식을 전해 들은 면암 최익현은 분노하지 않을 수가 없었습니다.
그는 살을 에는 추위를 견디며 도끼를 들고 대한문 앞에 꿇어앉아 이
른바 〈지부복궐척화상의소持釜伏闕斥和上議訴〉를 올렸습니다. '지부복
궐상소'는 몸에 도끼를 지니고 상소를 올리는 것으로 만일 상소의 내
용을 가납하지 않으려면 지니고 있는 도끼로 내 목을 치라는 뜻을 담
고 있습니다. 참지식인의 도리를 실천에 옮기는 면암 최익현의 연치

이때가 44세였습니다.

왜倭는 서양오랑캐와 마찬가지이니 결코 가까이 할 수 없음이옵니다. 이들과 수호하자 함은 나라를 파는 일이요 짐승을 끌어들여서 사람을 잡아먹게 하는 일이오니, ……강화도조약이 받아들여진다면 조선은 머지않아 망할 것이며, 조선의 쌀이 왜적에게 약탈되어 마침내 조선 백성들은 기근의 고통에서 헤어 나지 못할 것이옵니다.

상소문의 내용에 강화도조약으로 인한 망국亡國을 예언하는 구절이 있고, 이 조약으로 인해 조선의 쌀이 왜적에게 약탈되어 조선 백성들은 기근의 고통에서 헤어나지 못할 것이라는 대목은 30년 뒤를 내다보는 정확한 판단이었습니다. 이로써 당시 국제정세를 살피는 최익현의 통찰력이 얼마나 냉철했던가를 알 수가 있습니다.

강화도조약으로부터 을사늑약(1905)이 맺어지기까지의 기간이 30년입니다. 이 30년이 일본국이 조선을 식민지로 만들기 위한 기반을 다지는 기간입니다. 일본인 없이는 살아갈 방도가 없다는 생각을 팽배하게 한 기간, 친러파 이완용이 친일파로 전향하는 기간도 바로 이때입니다.

이웃나라 일본국의 명치유신은 단순히 구각을 벗어던지고 근대화된 나라를 세우자는 의지가 아니라, 정신적인 근대화를 함께 꾀하였다는 점에서 우리에게는 반면교사가 되고도 남습니다. 그동안 우리는 이웃나라 일본국의 명치유신을 거론하면서 그것이 단순한 혁명일 뿐, 정신적인 근대화를 함께 하고 있었다는 사실에 눈을 돌리지 못했습니다.

지금 우리가 참담하기 한량없는 '정신적 공황'에 시달리고 있는 것은 정신적 근대화의 과정을 밟지 못해서입니다. 이 정신적 근대화의 과정을 생략하면 아무리 소득이 높아져도 선진국이 되지 못한다는 사실을 명심해야 합니다.

활빈당

부패하고 노쇠한 청나라가 맥없이 황조 말의 혼란 속으로 빠져들고 있을 때, 오랜 세월 그 청나라에 의지하고 기대왔던 조선 왕조의 운명도 황혼기로 접어들고 있었습니다. 물론 그 원인은 세계 열강으로부터 새로운 강국으로 인정받으려는 일본 제국이 지리적으로 멀리 있는 서구 열강보다 중국과 조선에 가까이 위치하고 있다는 이점을 충분히 활용하면서 중국과 조선에 대한 상당 부분의 권한을 강탈할 수가 있으리라는 자신감 때문입니다.

5백 년이란 장구한 세월 동안을 주자학朱子學의 이념만으로 나라를 다스려왔고, 지배계급의 사상이 또한 거기에 찌들어 있었습니다. 그러므로 개화를 전제로 한 자주독립의 이념은 지배계급의 수구사상을 사생결단을 내지 않고서는 성취될 수가 없었는데, 정말 그것이 어려운 일이었습니다.

여기에도 곱씹어 볼만한 비유가 있습니다.

일본의 명치유신을 때로는 농민혁명이라고도 하는 것은 상민들도 '존황토막'이라는 기치를 받들면서 함께 싸웠기 때문입니다. 소위 막부幕府라고 불리는 270여 년 동안의 통치 세력은 일본의 이름 없는 상민들에게도 원한의 권부權府였기에 그것을 때려눕히는 일이라면 이들이 나설 수 있는 명분이 있었습니다. 그리고 막부가 무너지는 것이 곧 개항開港으로 직결되었기에 상당한 혼란을 겪으면서도 16년이라는 짧은 기일 안에 유신은 성공할 수가 있었습니다.

그러나 조선의 경우는 일본과 판이하였습니다. 개화를 위해 임금과 왕실을 때려눕힐 수가 없었고, 아무리 개화의지가 있었어도 양반과 상민이 뜻을 같이할 수가 없었습니다. 게다가 기존의 기득권을 지키려고 몸부림치는 수구 세력들이 곧 그들의 상전이었기 때문입니다.

덕망 있는 양반들은 상민들이나 농민들에게 존경을 받고 있었기에 개화의 이념을 쟁취하겠다고 존경하는 상전을 배신할 수가 없었고, 이런 미덕은 오랜 세월 전해진 조선 민중의 정서일 수도 있었으니까요.

무너져가는 청나라와 수구 세력과 개화 세력 간의 갈등의 골이 점점 더 깊어질 수밖에 없는 조선의 특수한 사정, 그 틈새를 헤집고 들어서는 일본 제국의 침략 야욕, 그 삼각함수가 20세기의 초입으로 들어선 대한제국이 풀어야 했던 운명의 시발점입니다.

그리고 2년 뒤인 1900년(광무 4), 20세기의 문턱으로 들어선 대한제국의 사정은 거듭되는 혼란 속으로 빠져들게 됩니다. 이른바 활빈당活貧黨으로 자처하는 의병단義兵團의 출몰도 그중 하나입니다.

대체 '활빈당'이라는 것이 무엇입니까? 당대의 자유인으로 이 나라 최초의 한글소설 《홍길동전》을 써서 저항문학抵抗文學의 씨앗을 뿌렸

의암 유인석

던 교산蛟山 허균許筠의 소설에 등장하는 의적義賊이 아닙니까? 그 의적의 이름을 빌려 쓰는 소위 활빈당은 조정의 무능함을 질타하면서 때로는 큰 도둑의 무리가 되기도 하였습니다. 활빈당 무리가 강원도와 삼남 지방에 창궐하는데도 조정은 속수무책이었습니다.

활빈당의 울분과 함성이 온 나라를 들끓게 하고 있을 때, 일관되게 반일을 외쳐왔던 의암毅庵 유인석柳麟錫은 5백여 명의 문도들을 거느리고 불의를 물리치는 '활빈당'임을 자처하며 거병하였습니다. 의암 유인석은 면암勉菴 최익현崔益鉉과 함께 화서華西 이항로李恒老의 문하에서 학문과 사상을 이어받은 명망 있는 유학자였습니다. 고종황제는 서둘러 그에게 중사中使를 보내 의병단의 해산을 명하였습니다. 유인석을 따르는 유림들의 소요가 뒤따르고 그 소요를 수습한다는 명분으로 외세가 개입한다면 걷잡을 수 없는 혼란이 야기될 것이라는 사실을 이미 경험한 고종황제였습니다.

유인석은 왕명을 거역하면서까지 배일背日에 나설 수가 없었습니다. 따라서 활빈당이라고 불리는 유인석의 의병단은 자진 해산했습니다. 그러나 전라북도, 충청북도, 경상북도 지역에서 외세 배격과 배일을 부르짖으며 탐관오리를 숙청하자는 또 다른 활빈당이 활거하면서 충주관찰사 김규식金奎軾, 안동관찰사 김석중金奭中 등이 부패관리로 지목되어 활빈당으로 자처하는 의병단에 의해 살해되기도 하였습니다.

3월 20일, 충청도 홍성, 연산 등지에서 활빈당 1천여 명이 다시 출몰.
4월 9일, 충청도 연풍, 괴산, 경북 문경 등지에서 활빈당 1천여 명이 출몰.

자주독립을 선언하면서 대한제국으로 변신하였고, 독립협회의 의지를 모아서 독립문을 세우기는 했어도, 이미 신생 일본 제국의 반식민지상태로 전락해 있었고, 기상이변으로 인한 흉년과 전염병 그리고 극심한 기아의 고통은 백성들의 피눈물을 짜내면서 계속되는 등 이미 국운은 회생의 기미까지도 잃게 되었습니다.

굴욕적인 경제외교와 무능한 조정의 무기력은 백성들의 살림을 날로 피폐하게 했습니다. 지배계급이나 다름없는 유림들에게서도 이제는 더 참을 수 없다는 비판의 목소리가 쏟아져 나오기 시작했습니다. 조선 시대에 있어서 진정한 지식인 집단의 구실을 톡톡히 했던 유림들입니다만, 그러나 개혁 세력에게 밀려나 있는 동안 국력은 눈에 보이게 약화되어 있을 때였습니다. 또 그 불만이 민중들의 분노로 확산되는 것은 황실과 정부, 나아가서 지배계급인 보수정객들에게도 크나큰 위협이 될 수밖에 없었습니다.

그래서 대두된 것이 나중에 광무개혁光武改革이라고 이름 지어지는 새로운 개혁정책이었습니다. 결국 서구식 제도를 과감히 도입하여 정치적으로, 경제적으로 자주독립의 기틀을 확실하게 마련하여 국제경쟁사회에 자주독립국다운 떳떳한 모습으로 편입하자는 것이 20세기로 들어서는 대한제국의 희망이었습니다.

그러나 언론, 출판, 집회 등을 통한 대중운동으로 의식개혁을 실천하여 명실상부한 자주독립 국가를 건설하려는 개혁파 인사들과 황실의 안녕과 기득권을 지키려는 수구파 세력이 서로의 생존과 편의를 위해 손을 잡는 식의 위장된 개혁의지는 결과적으로 오월동주吳越同舟와도 같은 운명을 실은 허술한 배나 다름이 없습니다. 대한제국의 운명은 마치 그런 배로 풍랑 드높은 20세기 원년의 험한 바다에 나선 격이었습니다.

발버둥치는
일본 제국

만일 조선의 안녕질서가 무너져 일본·러시아 정부가 군대를 파견하게 된다면,
양국 군대의 충돌을 미연에 방지하기 위해 양군의 중간에
서로 침범할 수 없는 공지空地를 두는 방법으로 양국 군대의 용병 지역用兵地域을 확정해둘 것.
‒ 일본과 러시아가 맺은 〈비밀협정문〉 일부

애니깽 농장

1893년, 미국의 시카고에서 무역박람회가 개최되었습니다.

놀랍게도 조선 왕조는 주한 미국 공사관의 주선에 힘입어 미화 1천여 달러 치 정도의 수공업제품을 출품함으로써 쑥스럽고 어색하게 국제무역시장에 첫선을 보였습니다.

그로부터 110여 년이 지난 오늘 우리 대한민국의 경제규모는 세계 12위를 오르내리는 참으로 놀라울 만큼의 성장을 하였고, 기업은 세계를 경영한다는 기치를 흔들면서 대망의 사다리를 한 칸 한 칸 올라가고 있습니다.

1996년 12월, 우리는 세계에서 29번째로 부자나라의 모임인 경제협력개발기구, 즉 OECD의 회원국이 되었습니다. 1997년 3월 20일, 한국은행 발표에 따르면 1996년도 국민총생산은 4천8백 4억 달러이고, GNP는 1만 5백 48달러로 되어 있습니다. 또 재정경제원 발표에 의하면 총 무역액은 2천6백 2억 달러이며, 무역적자는 2백 6억 달러, 총 외채는 1천1백 20억 달러로 되어 있습니다. 또 스위스 IMD의 발표에 따르면 한국의 국제경쟁력 순위는 중요 46개국 중 중국, 태국, 필리핀보다 처지는 31위로 되어 있기도 합니다. 그러나 10년 뒤의 사정은 전혀 다릅니다. 21세기로 들어선 한국의 GNP는 2만 달러를 넘나들면서 연간 6천억 달러 규모의 교역으로 세계 12위를 기록하는 등 괄목할만한 발전을 하고 있습니다만, 1백 년 전의 사정은 우리를 참담하게 합니다.

장사를 하기 위해 미국에 건너간 최초의 한국 상인은 1901년 1월 9일에 하와이에 도착한 유두표로 기록되어 있습니다만, 그 이전에 중국인 인삼장수를 따라 미국으로 건너간 이름 모를 우리 인삼장수도 수없이 많았을 것이라는 설도 있습니다.

그리고 1903년에 시작하여 소위 을사보호조약(乙巳保護條約)이 체결되던 1905년까지 만 2년 동안 65척의 선박 편으로 제물포(濟物浦, 지금의 인천)를 떠나 하와이로 향한 7,999명의 대한제국 백성들, 그들에게는 가난으로 인한 생활고와 상환능력이 없는 부채를 해결하기 위해 몸을 팔 수밖에 없었던 절박한 시절이기도 했습니다.

일본인들은 회사를 차려놓고 그렇게 절박한 조선인들을 불러모아 하와이의 사탕 수수밭이나 멕시코의 애니깽 농장으로 가면 빚을 갚아주고 돈을 벌게 해주겠다는 감언이설로 마치 노예를 매매하듯 인력수출을 감행하였습니다.

그렇게 피눈물을 흘리면서 고국을 떠나간 사람들 중에서 1,999명은 하와이에 도착하자마자 곧바로 미국 본토의 샌프란시스코로 다시 떠났고, 1905년 3월 6일에 1,033명의 대한제국 백성들을 싣고 역시 제물포를 떠난 배는 지구 반대편 멕시코 유카탄 반도의 베라크루스 항구에

애니깽 농장의 조선인들

닻을 내렸으니 그들은 모두 한 많은 애니깽 농장의 노동자가 될 수밖에 없었습니다.

가난 때문에 자신과 가족들의 몸을 팔아야 했던 사람들 중에서 미국이나 멕시코가 아닌 일본 땅으로 건너간 사람들도 많았습니다. 그들은 큐슈九州의 지하갱도에서, 홋카이도北海島와 사할린스크의 강추위를 견디면서 '그리운 어머니'를 손끝에서 피가 나도록 바위벽에 새기면서 죽어가기도 했습니다. 모두가 가난에서 벗어나기 위한 통한의 몸부림이었습니다.

시대를 좀 더 가까이로 당겨와서 뒤돌아볼 수도 있습니다.

스무 살 어린 나이로 월남전에 참전하여 일제 소니 라디오와 흑백 텔레비전, 그리고 캐논 카메라를 사들고 의기양양 귀환했던 우리 파월 장병들의 모습은 부러움을 샀던 때도 있었습니다.

독일에서 광부가 되고, 간호사가 되어 말조차 통하지 않는 만 리 이국땅에서 오직 달러를 벌기 위한 일념만으로 참담한 노동현장에 내몰린 젊은 남녀들의 피눈물나는 노고도 잊을 수가 없습니다. 또 열사의 땅 중동에서 뜨거운 모래먼지를 마시면서 땀 흘려 마련한 달러를 부쳐왔던 우리의 해외파견 근로자들, 그들 모두 가난을 딛고 일어나 우리도 한 번 잘 살아보자는 각오와 의지를 불태운 젊은이들이었습니다.

우리나라는 그들의 의지를 담보로 경제개발계획에 박차를 가하면서 중화학공업의 진흥과 수출입국의 의지를 내세우면서 개발도상국으로 발돋움하였고, 뒤이어 철강산업을 필두로 자동차산업을 비롯한 첨단산업에 이르기까지 실로 눈부신 발전을 거듭한 끝에 이제는 당당히 선진국의 대열로 들어서기에 이르렀고, 또한 민족의 저력을 내외에 과시하였습니다.

이렇게 19세기 말 대한제국의 실상과 21세기로 들어선 지금 우리가 살고 있는 한국사회를 비교해 본다면 엄청난 격차와 발전의 자취를 찾아 볼 수가 있습니다. 풍요해진 개개인의 삶도 그렇고, 산업의 발전에 따른 생산수단과 생산수준의 향상은 말할 것도 없으며, 문화자원의 개발과 향유를 포함한 모든 부분에서 획기적인 발전이 있었음을 아무도 부인할 수 없습니다.

그러나 눈앞에 보이는 외형상의 발전만을 산정하는 수치개념으로서가 아니라, 그 시대를 살고 있는 사람들이 당연히 누려야 하고 또 누릴 수 있어야 하는 삶의 질質을 살펴본다면 20세기의 인류가 경험하는 보편적인 수준에 비해 우리가 경험한 발전의 양상이 결코 높은 수준의 질적 향상을 동반했다고 평가하기는 어렵습니다.

우리가 19세기 말에서 20세기를 거치는 동안 경험했던 상실과 혼돈 그리고 뼈저린 고난은 참으로 엄청났습니다. 나라의 주권을 남의 나라에 빼앗기고, 타의에 의해 국토가 분단되었는가 하면 동족이 서로 살상하는 전쟁까지 치렀으면서도 아직 그 상처를 완전하게 치유하지 못하고 있습니다.

우리는 그 처연한 비극을 경험하면서도 변화의 물결에 휩쓸려야 했습니다. 때로는 우리 의지와 아무 상관없이 밀려오는 변화이기도 하였고, 또 때로는 우리 의지를 짓밟으며 덮쳐오는 혹독한 변화의 물결이었기에 그 물결이 어디에서 밀려오는지, 무슨 연유로 밀려오는지를 판단하지 못하는 오류 속을 헤매기도 하였습니다.

변화의 방향과 변화의 양상을 바로 깨닫지 못한 오류로 인해 소중히 간직해야 하는 우리 문화와 유산을 깡그리 뭉개고 잃어버리는 우를 범하면서도 잃어버리고 있는지조차 모르고 지내는 참담한 세월도 경험을 했습니다.

이제 우리는 21세기를 우리의 것으로 하기 위해서라도 어영부영 모르고 잃어버린 것들, 또 눈을 뜨고서도 강탈당할 수밖에 없었던 것들을 다시 찾아나서야 합니다. 우리가 소중히 생각했던 우리만의 문화와 전통을 하나하나 다시 찾아서 손질하고 간직하지 않고서는 우리의 미래를 장담할 수가 없다는 사실을 명심해야 할 때가 바로 지금입니다.

일본과 러시아

우리 민족에게 있어 일본이란 대체 무엇입니까?

일본의 새 총리대신이 뽑힐 때마다, 우리의 새 대통령이 선출될 때마다 양국의 정상이 만나서 새로운 한·일관계를 수립하고 발전시켜 나가겠다는 공동성명이 발표되고, 또 무슨 무슨 협력위원회를 발족시키는 등 말로는 그럴 듯하게 수식되는 한국과 일본의 관계지만 실질적으로는 아무것도 나아지는 것도 없고, 달라지는 것도 없습니다.

21세기는 태평양 시대가 전개될 것이라는 설이 점차 정론으로 정착되어가고 있습니다. 그래서 한·일관계는 더 긴밀하고 돈독해질 수밖에 없다면서도 일본은 여전히 독도獨島를 죽도竹島라 적으면서 제 나라의 영토라고 우겨대고 있고, 직선으로 그어진 영해선언으로 어업권 분쟁이 일방적으로 대두되고, 그로 인해 일본 측에 나포된 우리 어선의 선원들이 곤봉으로 얻어터지고 구둣발에 채여 피멍이 드는 등 저들의 식민지하에서 겪었던 악몽이 다시 살아나고 있는 것이 현실입니다.

어디 그뿐입니까? 전후에 태어나서 교육을 받은 젊은 수상은 일본 제국이 한국에 대해 크게 잘못한 바가 없다는 등의 말들을 입에 담고 있습니다. 참 딱한 노릇이 아닐 수 없습니다. 다른 것은 그만두고라도 조선 왕조의 정궁인 경복궁 한복판에 조선 총독부의 석조건물을 지은 것은 용서받을 수 없는 악업입니다. 일본국이라는 악연의 나라를 젖혀 두고는 20세기 한국사, 다시 말하여 민족사적인 변혁을 풀어나갈 수 없습니다.

고종황제가 러시아 공사관으로 이어한 이른바 아관파천 이후 러시 아는 조선에서의 세력 확장에 일단 성공하지만, 일본국으로서는 그것을 좌시할 수가 없었습니다. 일본국 정부는 무슨 수를 써서라도 러시 아의 세력 확장을 차단해야 했으며, 명성황후 시해사건으로 인해 실추된 위신을 회복하고 조선에서의 영향력을 되찾기 위해 고무라 주타로 小村壽太郎를 조선 주재 일본 공사로 삼아서 러시아 공사인 베베르와 조선의 문제를 담판하게 하였습니다.

그때 고종황제가 러시아 공사관에 파천해 있었던 까닭으로 고무라 공사는 신임장을 올릴 수도 없었습니다. 따라서 고무라는 조선 주재 일본 공사의 자격이 아닌, 다만 일본 정부의 파견관이라는 격하된 자격으로 베베르 공사와의 교섭에 임할 수밖에 없었습니다.

1896년(건양 1, 고종 33) 5월 14일에 베베르 공사와 고무라 주타로는 그간에 논의한 내용을 토대로 한통의 각서覺書를 교환했습니다.

1. 일·러 양국 대표자는 고종의 환궁을 진언하고, 일본 대표는 일본인 장사
(낭인)들을 엄중히 단속한다.

2. 일·러 양국 대표자는 관대하고 온화한 인물을 각료에 임명하도록 고종에게 권고한다.

3. 일본인 거류지 보호를 위해 경성에 2중대, 부산에 1중대의 일본군을 둔다. 단, 중대의 인원은 2백 명을 초과하지 않도록 하고, 러시아 정부는 공사관과 영사관을 보호하기 위해 조선 각지에 일본군의 수에 상응하는 군대를 둔다.

결국 고무라 주타로와 베베르는 '명성황후 시해사건'과 '아관파천'으로 야기된 양국 간의 처지를 바탕에 깔고 조선에서의 병력을 증강하는 일만은 서로 삼가자는 데 합의한 셈입니다. 참으로 딱한 노릇이 아닐 수 없습니다. 당사자인 조선과는 아무 상관없이 강대국끼리 자기들 입맛에 맞게 약조를 한 것이나 다름이 없어섭니다.

조선 반도에 있어서 러시아군의 증강을 차단하는 데 성공한 일본국 정부는 러시아 정부를 상대로 보다 본격적인 협약의 체결이 필요하다는 점을 절감하게 되었고, 이에 따라 러시아 황제 니콜라이 2세의 대관식에 강골의 무장인 야마가타 아리토모山縣有朋를 파견하여 밀약의 체결을 교섭하게 하였습니다.

6월 9일, 러시아의 수도 상트 페테르부르크에서 야마가타 아리토모는 러시아의 외무대신 로바노프와 비밀협정을 체결하는 데 성공하였고, 그 협정의 중요한 부분은 다음과 같습니다. ·

만일 조선의 안녕질서가 무너져 일본·러시아 정부가 군대를 파견하게 된다면, 양국 군대의 충돌을 미연에 방지하기 위해 양군의 중간에 서로 침범할 수 없는 공지空地를 두는 방법으로 양국 군대의 용병 지역을 확정해둘 것. ·

말할 수 없이 교활한 행태가 아닐 수 없습니다. 겉으로는 양쪽 모두 충돌을 미연에 방지한다는 명분을 내세우고 있지만, 실상은 무력충돌을 전제로 하고 있음이 아니고 무엇입니까. 그러므로 일본·러시아 양국은 이에 못지않은 또 다른 특단의 방법을 강구하면서 조선에서의 영향력 확보에 혈안이 될 수밖에 없었습니다.

일본과 러시아의 조선에 대한 보이지 않는 각축이 고조되어가고 있을 때 고종황제는 러시아 공사관을 물러나와 경운궁으로 이어하게 되었으니, 일본국은 쾌재를 불렀고 러시아는 당황할 수밖에 없었습니다.

이에 러시아 정부는 일본군과 충돌하기 전에 중국의 동북부인 만주 지역과 조선, 그리고 청나라의 요동 반도 등지에 확고한 기반을 구축하기 위한 이른바 극동남진정책極東南進政策의 수행에 총력을 기울이게 됩니다.

러시아 정부는 고종황제가 자국의 공사관에 파천해 있는 절호의 기회를 이용하여 압록강 연안과 두만강 연안 일대의 삼림채벌권을 약속받았을 뿐만이 아니라, 이어 압록강 하구의 요지인 용암포龍岩浦의 토지를 매수하여 포대砲臺를 설치하였으며, 건너편의 안동(安東, 지금의 단동丹東)에도 군사시설을 확충해나가고 있었고, 또한 여순항旅順港이 내려다보이는 언덕에는 시멘트 콘크리트로 된 거대한 방어진과 포대까지 설치하면서 시베리아 철도의 완공에 박차를 가하게 됩니다.

러시아 정부는 청국으로부터 동청철도東淸鐵道의 부설권을 허가받으면서 밤낮을 가리지 않는 공사를 강행하였습니다. 그 결과 시베리아 철도는 만주의 하얼빈을 경유하여 봉천(奉天, 지금의 심양瀋陽)까지 연결되었고, 여기서 다시 대련大連을 거쳐 여순항까지 연결되는 대공사를 완결하고 1903년(광무 7) 7월 1일에 개통하였습니다. 조선 반도에서의 영향력을 확보하려는 인프라를 깔아놓은 셈입니다.

한편 일본 제국도 러시아를 상대로 일전을 불사할 수밖에 없는 급박한 사정임을 상정하고 군비확장과 외교공작에 총력을 다하게 됩니다. 청일전쟁에서 승리하여 청국으로부터 받아낸 배상금 3억 5천만 원 중의 반이 넘는 2억 2천만 원과 연간세출액의 50퍼센트를 상회하는 금액을 8년간에 걸쳐 군비확장에 투입하였으니 무려 17억 원이 넘는 어마어마한 거금을 군함의 건조와 수입, 대포와 탄약의 제조 그리고 병력확보에 쓴 셈입니다. 뿐만 아니라 군비의 확장 못지않게 외교정책의 수행에도 만전을 기하고 나섰습니다.

일본국은 아프가니스탄 지역에서 러시아와 분쟁 중인 영국에 교린의 손을 내밀었습니다. 러시아의 남진을 경계하고 있던 영국 또한 이를 마다할 까닭이 없었습니다. 영국은 전비 8억 원을 일본에 융자해주기까지 하였습니다. 일본과 러시아 양국이 모두 조선 반도에서의 영향력을 향사하려는 야심 찬 계획에 나선 것이나 다름이 없습니다.

면암 최익현

1900년(광무 4) 4월.

극동의 정세가 마치 풍전등화처럼 각박하게 돌아가고 있을 때, 경기도 포천군 신북면을 떠나 호서(湖西, 충청도)의 정산현(定山縣, 지금의 청양군 목면 송암리 장구동)으로 옮겨가는 일가가 있었습니다. 얼핏 초라해 보이기는 하였어도 당대 최고의 지성(知性)으로 추앙받고 있는 면암(勉菴) 최익현(崔益鉉)의 일가족이었습니다.

최익현의 연치 이때가 68세, 백발이 성성한 모습으로 얼굴은 우수에 잠겨 있었습니다. 그의 곁에는 아홉 살 된 손자 원식(元植)이 따르고 있었고, 맏아들 최영조(崔永神)는 어머니 청주 한씨의 시중을 들면서 걷고 있었습니다. 지아비 최영조에 비해 조금 젊어 보이는 재취부인 풍천 임씨도 동행을 하고 있었는데 남자 겸복은 고사하고 단 한 사람의 하녀도 보이질 않았습니다.

면암 최익현은 큰 의리와 성스러운 충의를 몸소 지행하여 보인 유림

의 거벽이기도 하였지만, 위정척사衛正斥邪
의 화신, 민족자존을 품에 안았던 명망 높
은 인물이었습니다. 그러나 가난과 싸워
야 하는 궁반窮班이었기에 부리는 하인도
하녀도 없었습니다.

최익현은 1833년(순조 33) 12월 5일, 경
기도 포천군 심북면 가채리에서 경주 최씨
화숙공파의 27세손으로 태어났는데, 골격
은 범상치 않았고 눈빛은 별과 같았다고
전해집니다.

면암 최익현

1846년(헌종 12), 14세 때 화서華西 이항로李恒老의 문하에 입문하였
는데, 스승 이항로는 소년 최익현의 총명을 아끼고 사랑하여 입문하던
다음해에 '면암' 이라는 아호를 지어 주었습니다.

최익현은 스승의 기대를 헛되이 하지 않았습니다. 그는 스승 이항로
의 우주론宇宙論을 완벽하게 이해하였고, 대의를 위한 일이라면 뒤로
물러설 줄 모르는 직언의 기맥도 고스란히 이어받아 스승의 학통과 정
신을 대성시켰다고 평가받고 있습니다.

최익현은 스물세 살이 되던 1855년(철종 6) 2월 2일, 명경과明經科에
서 순통純通으로 급제하여 관직에 들었고, 이후 성균관전적, 사간원정
언, 이조정랑 등 언관言官의 자리를 두루 거치면서 30세의 나이로 신창
현감新昌縣監이 되어 고을 백성들로부터 칭송을 듣기도 하였습니다.

3년 남짓한 외직생활을 청산하고 성균관직강이 되어 내직으로 복귀
하였다가 36세 때 곧 사헌부장령司憲府掌令으로 옮기면서 저 유명한

〈시폐4조時弊4條〉를 통렬히 비판하는 상소를 올려 조정의 훈구 세력과 온 유림을 놀라게 하였습니다.

고종임금의 생부요, 살아 있는 대원군으로 천하의 모든 위세를 아낌없이 떨치고 있던 흥선대원군의 절대권위에 도전하는 〈시폐4조〉의 통렬한 비판은 당시의 지식인들에게 사림士林이 살아 있어야 한다는 경각심을 불러일으키는 데 크게 이바지한 충격적인 사건이었습니다.

흥선대원군의 퇴진을 거론하였다 하여 최익현은 사형수와 같은 중죄인들이나 가는 의금부의 남간南間에 갇혔다가 제주도로 유배되었고, 1년 남짓 지난 1875년 4월에 방면됩니다만, 흥선대원군의 실정을 통박하는 직필은 멈추지 않았습니다.

1876년(고종 13) 1월, 일본 제국이 조선 침략의 마각을 드러내는 소위 강화도조약이 체결될 때 최익현이 올린 〈지부복궐척화상의소〉는 조선과 일본국의 적대관계를 명확하게 드러내고 있었던 까닭으로, 조선 주차 일본군 사령부나 헌병대에서 최익현을 요주의 인물로 지목하는 것은 당연합니다. 그의 언동이 조선 민중의 궐기를 충동할 수가 있었기 때문입니다.

최익현이 경기도 포천의 사제를 떠나 충청도의 정산현으로 옮겨가는 것은 호남과 호서 지역의 유림들이 큰 스승의 안전을 도모하고, 보다 가까이에서 가르침을 받기 위해 여러 지역에서 마치 경쟁적으로 스승의 거처를 마련하였기 때문입니다. 후일에 알려진 일입니다만 그렇게 마련된 거처가 무려 20여 개의 소를 넘었다고 전해집니다.

그러나 이때 면암 최익현 일가가 주거를 옮기면서 일어나는 환란은 아무도 짐작할 수가 없었습니다.

전쟁 전야

3월이 되면서 삼남 지방三南地方의 화적火賊들이 스스로 '활빈당'임을 자처하면서 지방 토호들의 재산을 약탈하기에 이르렀는데도 (7월까지 계속됨) 정부는 속수무책이라 각지의 혼란은 걷잡을 수 없게 확대되기 만 하였습니다.

무정부 상태와 다름이 없는 혼란이 거듭되는데도 절기의 흐름은 변 함이 없었습니다. 한여름인 7월 5일에는 한강철교漢江鐵橋가 준공되었 습니다. 강제 동원된 민역民役들이 흘린 피땀으로 완공된 것이지만 한 강에 놓인 철교 위로 기차가 달리는 광경은 잠자던 조선 반도가 그 기 적소리에 깨어나는 근대화의 상징과도 연결이 될 것입니다. 그러나 한 편 그와는 달리 일본군이 전쟁준비에 박차를 가했다는 사실을 간과하 면 안 됩니다.

이로써 경부선철도의 완공에도 박차를 가할 수 있게 되었고, 마침내 서울과 인천을 연결하는 경인철도京仁鐵道가 완공되면서 11월 12일 거

경부선철도 개통식

창한 개통식도 치르게 되었습니다. 러시아에 의한 만주에서의 철도부설과 일본 제국에 의한 조선에서의 철도부설은 앞으로 치르게 될 거대한 전쟁준비나 다름이 없었습니다.

8월로 들어서면서는 황실에도 경사가 있었습니다. 고종황제의 총애를 받던 귀인貴人 엄씨를 순빈淳嬪으로 봉하고, 왕자 강堈을 의왕義王으로, 은垠을 영왕英王으로 봉하는 기쁨은 이만저만 큰 것이 아니었습니다. 그러나 고종황제는 사사로운 기쁨에 마냥 들떠 있을 수가 없었습니다.

길주吉州, 북청北靑 등지에서 다시 민란이 일면서 사회혼란은 더욱 가중되었고, 용산의 전원국典圜局에서 9월부터 백동화白銅貨를 주조한 이래 그 주조금액이 무려 2백만 원을 넘어서면서 극심한 인플레이션을 일게 하였습니다. 바로 이 인플레이션이 조선인의 상권商權을 무너뜨리면서 조선 경제를 파탄시킨 주범이 되었습니다.

12월로 들어서면서 교활한 일본인들은 고종황제의 거처를 근대화하여 황제의 위엄을 세워야 한다는 구실로 덕수궁 안에 석조전石造殿을 짓겠다고 회유하였습니다. 영국인 설계사 브라운이 만든 미니어처는 고종황제를 놀라게 하였고, 결국 그들이 계획한 대로 그달에 첫 삽질을 하였습니다. 나라는 있어도 국권이 무너진 참담한 사정이 아닐 수 없었습니다.

1902년(광무 6) 1월 30일, 마침내 일본과 영국은 일영동맹日英同盟이 체결되었음을 세계에 알렸습니다. 동양에 있는 작은 섬나라 일본이 당당 세계의 강대국으로 머리를 내미는 데 성공하는 순간입니다.

일본국의 외교공작은 여기서 끝나지 않았습니다. 그들은 또 미국의 26대 대통령인 루스벨트와 적극 교섭하여 일본과 러시아 간의 개전이 있더라도 엄정중립을 지켜줄 것을 요청합니다. 미국으로서도 러시아의 남진은 달갑지가 않았기에 루스벨트는 한 술 더 떠서 일본과 러시아가 일전을 불사할 경우 독일과 프랑스까지 러시아를 지지하지 않도록 외교적인 노력을 아끼지 않을 것임을 확약하기도 하였습니다.

1902년 3월, 고종황제는 급변하는 극동정세로 인한 불안감을 떨쳐낼 수가 없었습니다. 그는 위정척사의 화신인 면암 최익현을 가까이에 둔다면 국정의 도움과 심리적인 위안을 동시에 받을 수 있으리라 믿었습니다. 그리하여 70세의 고령인 최익현에게 궁내부특진관宮內府特進官을 제수하였으나 최익현은 역시 사양하는 상소를 올렸을 뿐 나가지 않았습니다.

1903년(광무 7)으로 접어들면서 일본국과 러시아는 일촉즉발의 위기 속으로 빠져들고 있었습니다. 따라서 세계 열강의 이목도 극동 지역으로 쏠릴 수밖에 없었습니다.

6월 23일, 일본 정부는 어전회의에서 만한滿韓문제에 관하여 러시아와 교섭 개시 및 협정안 결정.

10월 6일, 고무라 외상, 주일 러시아 공사 로젠과 회담하고 일본 측의 수정안 제출.

일본국에 의해 주도된 러시아와의 교섭은 개전을 전제로 한 것이었기에 전쟁준비를 위한 시간벌기에 불과했습니다. 따라서 일본 정부는 외교적인 교섭과 별도로 개전을 위한 마지막 준비에 박차를 가한다는 양면작전을 충실하게 수행할 수가 있었습니다.

1903년이 저물어가는 12월 28일, 일본국의 전시대본영戰時大本營에서는 제1, 2함대를 병합하여 연합함대를 편성하고 도고 헤이하치로東鄕平八郎 해군중장(다음해 6월 대장으로 승진)을 사령관으로 임명함으로써 러일전쟁의 준비에 박차를 가했습니다.

20세기 벽두, 세계사의 일대 변혁을 예고하면서 대한제국의 비극적인 운명을 예고하는 러일전쟁의 전운은 먹구름처럼 꿈틀거리며 소용돌이치고 있었습니다.

전쟁은
모순을 안고

일본국의 연합함대는 조선의 진해만(鎭海灣)을 기지로 쓰고 있었습니다.
사령관 도고 헤이하치로 해군대장은 일본 함대의 연간 사용량인 3만여 발의 포탄을
단 10일에 소진할 만큼 혹독한 실전훈련을 실시하였습니다.
따라서 연합함대의 사격술 수준은 하루가 다르게 향상될 수밖에 없었습니다.
– 러일전쟁 발발

러일전쟁과 대한제국의 운명

1904년(광무 8)의 새해를 맞은 대한제국은 청일전쟁을 겪으면서 경험했던 참혹한 과거를 다시 상기할 수밖에 없었습니다. 전쟁의 당사국은 청나라와 일본이었지만, 그 전쟁의 무대가 조선 땅이었던 까닭으로 수많은 조선의 민중들은 그들이 쏜 유탄에 목숨을 잃어야 했고, 전화로 인한 재산의 손실도 이만저만이 아니었습니다.

게다가 청나라의 패전이 불러일으키는 조선 왕조의 이념적인 갈등과 혼돈, 그 틈새를 비집고 들어서는 일본 제국의 침략 야욕은 걷잡을 수 없는 지경으로 확대되어 갔습니다.

일촉즉발의 위기를 맞고 있는 러시아와 일본 간의 전쟁도 그 승패에 따라 대한제국의 운명에 큰 변화를 몰고 올 것이 분명하였기에 숨 막히는 긴장 속에서도 조정이나 시정의 화제는 모두 러일전쟁의 발발로 쏠릴 수밖에 없었습니다.

고종황제는 친러파의 각료들로부터 일본과 러시아의 일전불사가 불가피하다는 사실을 들어서 알고 있었고, 또 시베리아 철도의 개통과 요동 반도의 요새화要塞化, 그리고 4만 7천여 명에 이르는 러시아 관동군의 위용으로 미루어 전쟁의 결과는 러시아의 대승으로 끝날 것이며, 따라서 승전한 러시아군의 힘으로 일본국은 조선 땅에서 쫓겨날 것이라고 믿어 의심치 않고 있었습니다.

1904년(광무8) 1월 12일, 일본 제국은 어전회의에서 러시아와의 개전에 대한 최종단안을 내렸습니다. 그리고 각 도시의 은행관계자들을 총리관저로 불러 전비의 확충을 위해 긴축재정이 불가피하다는 긴박한 사정을 알리는 긴급간담회를 열어서 금융계도 전시체제로의 전환을 요구하였습니다.

그로부터 열흘 남짓 뒤인 1월 23일, 대한제국은 외부대신 이지용李址鎔의 이름으로 일본과 러시아가 개전을 하게 된다면 엄정중립을 지킬 것임을 선언하였습니다. 다만 일본국의 압력과 감시가 삼엄했던 까닭으로 이 선언을 도성에서 하질 못하고, 외무대신 이지용이 기초한 프랑스어로 된 선언문을 밀사 이연춘李連春으로 하여금 청나라에 가서 일본국을 비롯한 여러 나라에 타전하게 하였습니다.

고종황제로서는 대한제국이 주권국가임을 다시 한 번 세계에 알리고 싶었던 것이었고, 따라서 대한제국의 백성들은 청일전쟁을 승리로 이끈 일본국에 대한 반감과 국모를 시해한 야만국에 대한 원한이 가시지 않았기에 일본국의 패배를 전제로 러일전쟁의 개전을 가슴 조이며 기다릴 수밖에 없었습니다.

2월 4일, 마침내 일본 제국의 어전회의에서 러시아와의 교섭을 단절하고 군사행동으로 들어갈 것을 결의하였습니다. 그리고 2월 6일, 일

러일전쟁

본 제국은 러시아와의 국교단절을 결의하고, 쿠리노 신이치로栗野慎一郎 주러시아 공사로 하여금 러시아 정부에 국교단절을 통고하게 하였습니다. 그리고 연합함대를 구주의 사세호佐世保 군항에서 출진케 하였습니다.

일본 제국이 군비의 열세를 감내하면서까지 러일전쟁을 강행할 수밖에 없었던 것은 고종황제와 대한제국 정부에 막중한 영향력을 행사하고 있는 러시아의 세력을 조선 땅에서 축출하고, 무력을 써서라도 대한제국의 모든 실권을 강탈해야 하는 급박한 사정 때문이었습니다.

또 그것은 러시아의 남진을 원치 않는 영국, 프랑스, 미국 등 열강의 비호를 받으면서 새로운 강국으로 부상할 수 있는 유일한 방법이자 절호의 기회를 놓칠 수 없었기 때문이기도 했습니다.

1만 원의 회유, 한일의정서

인천항의 물결은 잔잔하였습니다. 4년 전인 1900년에 경인철도가 개통된 것을 계기로 수많은 외국 군함과 기선들이 드나들고 정박하게 된 항구도시 인천은 서울과의 거리가 불과 43킬로미터, 따라서 조선에 공사관을 두고 있는 서양 각국은 물자의 조달과 자국민의 수송을 위해서는 인천항을 이용할 수밖에 없었습니다.

　일본 제국의 해군연합함대가 사세호 항을 떠나 북상하고 있을 때 인천항에는 공교롭게도 러시아 태평양함대 소속인 순양함 바르약 호와 포함砲艦 콜레트 호의 두 척이 정박하고 있었고, 마치 그 두 척 가운데에 낀 것처럼 일본 해군의 순양함인 치요타千代田 호가 정박하고 있었습니다.

　개전을 전제로 한 양국 간의 국교단절에 따르는 긴장감이 알려지기라도 한다면 일본 해군의 순양함 치요타 호는 러시아 군함 두 척의 포격을 받으면서 격침을 면치 못할 위급한 사정에 있었습니다. 그러나 천우신조라는 말이 있듯 어둠이 밀려올 무렵 일본 해군의 순양함 치요타 호는 두 척의 러시아 군함의 곁을 빠져나와 외항으로 나가는 데 성공하였습니다.

2월 7일, 인천항을 빠져나온 치요타 호는 남진을 하던 도중 풍도豊島 근해에서 북상하는 일본 해군의 연합함대와 만날 수가 있었고, 아울러 인천항에 러시아 군함 두 척이 정박하고 있음도 알릴 수가 있었습니다.

2월 8일, 일본군 연합함대, 여순 외항의 러시아 함대 공격.
2월 9일, 일본군 연합함대, 인천 앞바다에서 러시아 해군의 순양함 바르약 호와 포함 콜레트 호를 격침.

마침내 선전포고도 없이 러일전쟁이 시작되었습니다.

일본 제국은 이로부터 37년 뒤인 1941년에도 선전포고 없이 하와이의 진주만을 기습하면서 미국과의 전쟁을 시작하게 됩니다만, 파렴치한 일임에는 분명합니다. 아무 준비도 없는 러시아 함대를 공격하고, 두 척의 군함을 격침시킨 다음날인 2월 10일에서야 일본 제국은 러시아에 대해 비로소 선전포고를 하였습니다.

러일전쟁은 세계 전쟁사에서도 그 유례를 찾아볼 수 없을 정도의 치열한 대회전大會戰이 육지와 바다에서 거듭되곤 하였습니다. 만주 요양에서의 싸움은 러·일 양국의 전투군 만도 36만을 넘었으며 전투일수는 11일간이었고, 사하에서의 전투는 양군의 참가 병력이 43만, 전투일수는 7일간이었으며, 봉천의 전투는 양군의 참가 병력수가 무려 57만으로 증가되었고 전투일수 또한 24일간이나 계속되었습니다.

2월 13일, 파블로프 주한 러시아 공사를 비롯한 러시아 공사관 관원들은 황급히 서울을 떠나 인천으로 향했습니다. 프랑스 군함 파스칼 호로 귀국하기 위해서였습니다.

고종황제를 비롯한 친러파 인사들의 판단착오로 인한 낙망과 좌절은 이만저만이 아니었습니다. 개전이 되면 러시아군이 일본군을 제압하면서 승승장구할 것이라는 확신과는 달리 힘없이 무너지는 러시아의 무기력에 넋을 잃을 수밖에 없었습니다. 전세의 반전이 없다면 대한제국의 운명 또한 풍전등화가 아닐 수 없었기 때문입니다.

반대로 친일 세력들은 쾌재를 불렀습니다. 러일전쟁의 발발과 초기의 승전을 빌미로 조선 주재 12대 일본 공사 하야시 곤스케林權助는 조선에 파병된 일본군 사령관 하세가와 요시미치長谷川好道 육군대장을 부추겨서 조선의 황실과 정부에 대해 무력시위를 가하게 하는 한편, 대한제국의 대신들을 어르고 윽박지르며 이른바 한일의정서韓日議定書의 체결을 서두르고 나섰습니다.

1904년 1월 11일, 하야시 곤스케가 일본국 외무대신 고무라 주타로에게 보낸 보고서에 다음 구절이 있음을 볼 때, 의정서의 조인을 위한 일본 공사관의 공작이 어느 지경에 있었는지를 짐작하고도 남습니다.

지난번 송금을 부탁한 1만 원을 그에게(외무대신 이지용) 주고 때때로 동인과 본사本使가 만나 협의할 예정이었으나, 당인의 입장이 어려운 것 같아 금일 시오카와鹽川로 하여금 무조건 위 1만 원을 주고 마음대로 쓰라 하였다.

당시의 1만 원을 지금의 화폐가치로 환산하면 물경 10억여 원의 가

한일의정서

치가 될 것이라고 짐작됩니다. 일본 제국은 대한제국의 주권을 약탈하기 위한 일이라면 대신들을 협박하고 매수·회유하는 등 물불을 가리지 않았습니다. 또한 저들의 외교문서에 적혀 있는 내용으로 볼 때 당시의 무법천지를 짐작하고 남게 합니다. 또 1월 16일에 보고한 〈한일밀약에 관하여 한국용인 조정의 건〉의 문건에도 하야시 공사의 무자비했던 대조선 공작이 드러나 있습니다.

> 본인이 최근 그에게 가한 위박威迫 등으로 인하여 이근택李根澤 등의 의견도 달라졌다.

이러한 협박과 강요, 그리고 달콤한 회유를 거침없이 자행하는 일본국 공사관의 공작에 대한제국의 일부 각료들이 말려들기 시작하였습니다. 결국 하야시 공사에게 약점이 잡힌 대한제국 대신들은 그의 꼭두각시로 전락할 수밖에 없었습니다.

하야시 곤스케 조선 주차 일본국 공사는 러일전쟁이 발발한 지 13일째 되던 날인 1904년 2월 23일, 을사5조약의 예고편이나 다름없는 한일의정서를 강제로 조인하게 합니다. 의정서의 내용은 이러합니다.

> 제1조. 한·일 양 제국 간에 항구불역恒久不易의 친교를 보지保持하고 동양평화를 확립하기 위하여 대한제국 정부는 대일본 제국 정부를 확신하고 시설의

개선에 관하여 그 충고를 받아들여야 한다.

제2조. 대일본 제국 정부는 대한제국의 황실을 확실한 친의親誼로써 안전강 령康寧하도록 해야 한다.

제3조. 대일본 제국 정부는 대한제국의 독립과 영토 보전을 확실히 보장해야 한다.

제4조. 제3국의 침해에 의하거나 또는 내란으로 인하여 대한제국 황실의 안녕 혹은 영토의 보전에 위험이 있을 경우에 대일본 제국 정부는 임기臨機 필요의 조치를 취해야 한다. 대한제국 정부는 상기 대일본 제국 정부의 행동을 용이 하게 하기 위하여 십분 편의를 제공한다. 대일본 제국 정부는 앞에 적은 목적 을 달성하기 위하여 군략상軍略上 필요한 지점을 임기 수용할 수 있다.

제5조. 양국 정부는 상호의 승인을 얻지 않고는 본 협정의 취의趣意에 위반되 는 협정을 제3국과 맺을 수 없다.

제6조. 본 협약에 관련되는 미실未悉의 세조細條는 대일본 제국 대표자와 대 한제국 정부의 대신 간에서 임기 약정한다.

광무8년 2월 23일 외부대신 임시서리 육군참장 이지용

명치 37년 2월 23일 일본국 특명전권공사 하야시 곤스케

이상과 같은 내용의 한일의정서는 비밀협약을 원칙으로 하고 있었 으나, 그 내용의 불합리성에 대한 대한제국 내의 반대여론이 비등해지 면서 내용 전체가 공개되기에 이르자 정부도 조약의 내용을 2월 27일 자 관보官報에 게재하는 것으로 한일의정서의 체결을 인정, 공개할 수 밖에 없었습니다.

일본군 사령부

러일전쟁을 빌미로 수많은 일본군이 조선 땅으로 들어왔습니다. 경인 철도는 일본군과 군수물자를 수송하는 데 안성맞춤으로 이용되었습니다. 아니 그것을 위해 완공을 서두른 것이 분명하게 드러난 셈입니다.

서울에 진입한 일본군은 용산 일대를 그들의 군용지로 강제로 접수하고 사령부를 두었습니다. 그때를 시작으로 오늘에 이르기까지 용산 일대는 무려 1백여 년 동안이나 외국군(미8군 사령부)의 주둔지로 사용되고 있습니다. 도대체 어느 나라의 수도 한복판에 외국군의 사령부가 1백여 년간이나 주둔하고 있는지를 생각해보면 압니다.

서울에 주둔한 일본군 사령부는 러일전쟁을 수행한다는 구실로 대한제국 정부를 무력으로 억압하기 시작하였습니다. 한일의정서의 조인을 반대하는 조선인 세력을 짓누르면서 조인내용을 기정사실화하려는 속셈에서였습니다.

그러나 반대 세력도 만만치 않았습니다. 특히 북청물장수의 천한 신

분이었으면서도 중전 민씨의 신임을
한몸에 받아 왕실의 재정을 맡아보게
된 것을 계기로 일약 탁지부대신(요즘
의 재무장관)의 자리에까지 뛰어 올랐던
이용익李容翊의 반대가 극렬하였습니
다. 그는 고종황제를 배알할 수도 있
고, 때로는 독대獨對할 수도 있었기에
하야시 곤스케로서는 난감한 일이 아
닐 수 없었습니다.

이용익

　이때의 다급한 사정은 하야시 곤스케에게 타전된 일본국 총리대신
을 비롯한 4원로의 전문을 보아도 알 수가 있습니다.

　　이용익은 금후에 있어서도 일본에 반대할 것이므로, 이의 존재는 심히 방해되
　　는 기본이므로 차제에 일본에 만유漫遊하도록 권고하여 일본 배에 편승케 하
　　여 일본으로 출발케 할 것, 또 길영수吉永洙는 제2의 이용익이고, 이학균李學
　　均, 현상건玄尚健 등은 러시아의 간첩과 같은 자들이므로 이 3인도 이용익과
　　같이 점차 일본에 만유토록 할 것.

　결국 위의 전문에 거론된 이용익 등은 일본 공사관의 회유와 협박을
견디지 못하고 일본으로 떠날 수밖에 없었습니다.
　4월 3일에는 조선 땅에 주둔하고 있는 일본군의 정식 명칭이 정해졌
습니다. 이에 따라 조선 주차군 초대 사령관에는 하세가와 요시미치
육군대장이 임명되었습니다. 조선 주차를 공식으로 선언한 일본군 사

령부는 조선에 거주하는 일본인의 보호와 편의를 도모한다는 구실로 대한제국 정부를 위협하고 백성들을 핍박하기 시작하였습니다. 이 무렵 조선에 거주하는 일본인의 수는 인천에 1,387가구 6,991명이었고, 부산에 2,116가구 10,792명이었습니다.

송병준

6월, 일본 제국의 조선 침략 야욕이 점차 노골화되자 고종황제는 72세의 면암 최익현에게 밀지密旨를 보내 의정부찬정議政府贊政을 제수하였습니다. 최익현이 곁에 있다면 대일정책을 세우는 데 큰 보탬이 될 것이라고 믿었기 때문입니다. 그러나 면암 최익현은 한결같은 마음으로 사양상소만 올렸을 뿐 입사하지 않았습니다.

이 무렵, 친일단체의 대명사와도 같은 일진회一進會가 출범하게 됩니다만, 일진회의 출범에 다소 복잡한 배경이 있음을 유념할 필요가 있습니다. 애초에 서울에 거주하는 사람들이 모여 독립협회獨立協會와 같은 역할을 자임하고자 하여 보안회保安會라는 단체를 조직하였는데, 초대 회장에 윤병시尹炳始가 취임하면서 일본 제국의 조선 침략정책을 강도 높게 질타하면서 반일전선을 표방하고 나섰습니다.

이에 당황한 일본군이 보안회의 집회장소를 기습하는 등 회원들을 불법으로 체포, 구금하는 지경에 이르자, 보안회는 그들 나름대로 이

하영, 현영운 등이 일본국 공사 하야시 곤스케의 주구가 되어 매국에 앞장서고 있음을 강도 높게 질타하고 나섰습니다. 그리고 고종황제에게는 매국노들에게 극형을 청하는 상소를 올리면서 민중들의 환호를 등에 업게 되었습니다.

송병준

　　보안회의 회원이 날로 증가하여 제2의 독립협회로 성장할 기미가 보이자 일본 공사 하야시 곤스케는 당황하지 않을 수가 없었습니다. 하야시 곤스케는 보안회 와해공작을 서두르게 됩니다. 다시 말하면 보안회 내부의 갈등과 분열을 조장하여 단체의 성격을 암암리에 친일노선으로 전환하게 하는 음모를 꾸미고자 시도하였습니다. 그 음모를 수행하기 위해서는 친일사상에 투철한 사람이 있어야 했습니다.

　　일본 땅에 은거하고 있던 송병준宋秉畯을 급거 귀국하게 한 것이 그 음모의 시작이었습니다. 47세의 송병준은 갑신정변甲申政變 이후 일본으로 도망한 망명객의 암살을 위해 파견된 자객의 한 사람이었습니다. 김옥균을 암살하라는 지령을 받고 그에게 접근했던 송병준은 오히려 김옥균에게 감화되어 그의 추종자가 되었습니다.

　　그 일로 조선 조정으로부터 처벌을 받게 될 것이 두려워 송병준은 일단 귀국하여 살길을 모색하던 중 민영환閔泳煥의 주선과 보증에 힘입어 지은 죄를 용서받고 양지현령陽智縣令, 흥해군수興海郡守 등을 지내기도 하였으나, 명성황후 시해사건 이후 친일분자로 지목되면서 다시 일본으로 도망하게 되었습니다.

송병준은 일본 도자기를 대표하는 이도다완井戶茶碗의 본고장이자 명치유신의 발상지라는 자부심이 넘쳐흐르는 야마구치 현山口縣의 하기萩에 머물면서 노다 헤이지로野田平次郎라는 일본 이름으로 행세하고 있던 중에 조선 침략의 괴수 이토 히로부미(그 또한 하기 출신이다)의 민간인 참모의 한 사람이었던 우치다 료헤이內田良平에게 발탁되어 보안회를 붕괴시키라는 막중대임을 부여받으면서 급거 귀국하였습니다.

송병준은 일본군 사단장인 오타니 기쿠소大谷喜久藏 육군소장의 통역관이라는 직함으로 귀국하여 진고개(지금의 충무로)에 있는 일본군 장교 숙소로 쓰이는 일본식 여관에 거처를 정하고 바로 윤병시와 유학주兪鶴柱 등 보안회 간부들과 접촉하기 시작하였습니다.

일본군 사단장을 등에 업고 하야시 공사의 은밀한 지지와 후원을 받고 있었던 송병준이라면 그의 행동거지에 거리낌이 있을 까닭이 없습니다. 송병준이 보안회 와해공작에 몰두하고 있는 것도 따지고 보면 일본국의 조선 침략정책을 수행하는 일환이듯, 또 다른 곳에서도 그와 유사한 침략정책의 수행이 끊임없이 자행되고 있었습니다.

황무지 개간권과 일진회

6월, 일본 공사 하야시 곤스케는 일본인 정상배를 내세워 조선 땅에 산재한 황무지의 개간권을 요구하였습니다. 어찌 놀랄 일이 아니겠습니까. 농업 근대화의 개념조차 몰랐던 대한제국 정부는 50년 무상으로 황무지의 개간권을 일본인에게 허가하는 쪽으로 기울게 되었습니다. 일본인들이 황무지로 지정한 개간 면적은 놀랍게도 전 국토의 4분의 1이나 되었습니다.

전 국토의 4분의 1이나 되는 황무지의 개간권을 50년 무상으로 왜인들에게 넘겨주대서야 말이 되는가!

허위許蔿 등 나라를 사랑하는 지사들이 배일통문排日通文을 전국의 유림에게 돌리자 많은 조신朝臣과 유생들이 황무지의 개간권을 요구한 일본국 공사관과 정상배의 파렴치한 행위를 격렬하게 비난하고 성토

하는 상소를 올리면서 외부대신 이하영李夏榮의 이름으로 일본국의 황무지 개간권 요구를 거부한다는 공식성명을 발표하였습니다. 그야말로 천만다행한 일이었습니다.

그러나 여전히 조선 침략정책은 자행되고 있었습니다. 특히 일본에서 돌아온 송병준의 활약은 일본 공사 하야시 곤스케를 만족하게 할 만큼 대단하였습니다. 그의 활약상을 보안회와 관련하여 추려보면 다음과 같이 됩니다.

8월 18일, 송병준은 보안회의 주축들과 유신회維新會라는 새로운 단체를 발족하였다.
8월 20일, 회명을 일진회一進會로 변경하고 이른바 '4대강령'이라는 것을 발표하였다.

일진회의 4대강령의 내용은 다음과 같았습니다.

1. 황실을 안녕하게 한다.
2. 정부를 개혁한다.
3. 인민의 재산을 보호한다.
4. 군정軍政과 재정財政을 정비한다.

강령의 내용은 문장의 배열이나 의미하는 바가 약간 다를 뿐, 일본의 조선 침략정책과 조금도 다를 바가 없습니다. 다시 말하면 일진회의 행동강령이 친일노선으로 선회하고 있음을 암시하고 있습니다.

이러한 송병준의 활동에 동조하고 나선 사람이 경상도 상주 출신인 이용구李容九였습니다. 그는 동학의 교주 최시형崔時亨의 고제로 이름을 떨치고 있었으나, 이때에 이르러 송병준과 손을 잡게 된 것은 동학의 분열을 획책하면서 친일노선을 강화해준 것이나 다름이 없습니다. 이때 이용구의 나이 33세였습니다.

— 송병준 선생, 정말로 노고가 컸어요. 우리 대일본 제국은 선생의 노고를 잊지 않을 것이며, 또 반드시 포상할 것이오.

일본 공사 하야시 곤스케는 송병준에게 최상의 만족감을 표할 수밖에 없었습니다. 그에게는 한일협정서韓日協定書라는 또 하나의 침략문서에 조인을 서둘러야 하는 발등에 떨어진 불이 있었기 때문입니다.

하야시 곤스케는 대한제국의 외부서리 윤치호尹致昊를 일본국 공사관으로 불렀습니다. 지난번 한일의정서가 조인, 체결되면서 여론이 악화일로로 치닫게 되자 외부대신의 자리에서 물러난 이지용의 후임으로 윤치호가 외부서리로 기용되어 있었기 때문입니다.

—각하, 서둘러 조인해주셔야 할 외교문서입니다.

외부서리 윤치호는 협정서의 초안을 살펴보면서 안색이 백지장으로 변해가고 있었으나 하야시 곤스케는 촌각의 여유도 주지를 않았습니다.

- 잠시도 뒤로 미룰 수 없는 중차대한 문건임을 대한제국의 각료들에게 인지
시켜 주시오!

조선 주차 일본군 사령부는 실전을 방불케 하는 군사훈련을 감행하
면서 대한제국 정부를 압박하였고, 하야시 곤스케는 친일각료를 회유
하고 닦달하는 것으로 한일협정서의 조인분위기를 이끌어 갔습니다.

한일협정서

마침내 8월 23일, 대한제국의 재정권과 외교권을 박탈하는 또 하나의 침략문서인 한일협정서가 조인되었습니다.

소위 '외국인 용빙협정'이라고도 불리는 한일협정서는 모두 3개 조로 되어 있습니다.

제1조. 대한 정부는 대일본 정부가 추천하는 일본인 1명을 재정 고문으로 하여 대한 정부에 용빙하고, 재무에 관한 사항은 일체 그 의견을 물어 시행한다.

제2조. 대한 정부는 대일본 정부가 추천하는 일본인 1명을 외교 고문으로 용빙하고, 외교에 관한 사항은 일체 그 의견을 물어 시행한다.

제3조. 대한 정부는 외국과의 조약 체결, 기타 중요한 외교의 중요 안건, 즉 외국인에 대한 특권 양여와 계약 등의 처리에 관해서는 미리 대일본제국 정부와 상의해야 한다.

대한제국 정부가 일본국 정부가 추천한 일본인 고문을 용빙하고 그들에게 재정과 외교에 관한 사항을 물어서 시행한다면 주권국가의 위신과 체모는 참담해질 수밖에 없습니다. 아무리 그렇다고 하더라도 일단 조인된 외교문서는 효력이 발생될 수밖에 없지 않겠습니까.

그 협정의 내용에 따라 10월 17일, 일본국 대장성(大藏省, 우리나라의 재무부)의 주세 국장이었던 메가타 다네타로目賀田種太郎를 재정 고문으로, 12월 27일에는 일본주재 미국 공사관에 근무하던 미국인 스티븐스가 외부 고문으로 각각 부임해옴으로써 대한제국의 재정권과 외교권을 모두 일본 정부에 넘긴 것이나 다를 바가 없게 되었습니다.

뿐만 아니라, 간교한 일본국은 조약에도 명시되지 않은 경찰 고문에 일본국 경시청의 경시 마루야마 시게토시丸山重俊, 궁내부 고문 전 조선 주재 일본 공사 가토 마스오加藤增雄, 군부 고문에 노즈 시즈다케野津鎭武 중좌를 강제 임명하여 혹시라도 있을지도 모르는 조선 정부의 독단을 감시하면서 견제하도록 하였습니다. 일본 제국의 조선 침략이 얼마나 간교하고 집요했던가를 확연하게 드러내 보이고 있습니다.

아무튼 한일협정서의 구체적인 내용이 알려지면서 일본 제국에 대한 조선 민중의 저항은 날로 거세질 수밖에 없었습니다. 분노한 민중들은 친일주구들에게 폭탄을 투척하기도 하였고, 때로는 일본군의 통신시설을 절단하고 습격하는 등 항거와 저항의 양상이 날로 거세지고 있었으나, 러일전쟁에서의 승기를 내세우는 일본군의 보복도 걷잡을 수 없게 되었습니다.

9월 4일, 일본군 요양을 점령하였다.

9월 12일, 오전 10시, 용산에서 마포로 이어지는 언덕에서 김성삼金聖三, 이춘흥李春勳, 안순서安順瑞 등 조선인 세 사람을 공개로 총살형에 처했다.

일본군의 통신시설을 훼손하였다는 죄명이었지만, 그 구체적인 증거를 제시하지는 못하였습니다.

9월 29일, 고종황제는 총신 민영환을 시종무관장侍從武官長에 제수하였다.

러일전쟁으로 인한 극동정세가 심상치 않은 변화를 보이고 있었기에 고종황제는 신임할 수 있는 총신을 가까이에 두고자 하였습니다.

이 무렵 러시아 황제 니콜라이 2세는 태평양 제2함대와 제3함대를 일컫는 통칭 발틱 함대로 하여금 일본 근해의 제해권을 장악케 하여 만주에 있는 일본군의 보급로를 차단하리라 다짐하고 발트 해의 리바우 항을 출발하게 하였습니다.

한편 일본의 대본영大本營에서는 리바우 항을 떠난 세계 최강의 발틱 함대가 아프리카의 희망봉을 돌아서 인도양을 지나고, 조선 해협에 당도하는 시기를 다음해(1905)의 1월 상순쯤으로 상정하고, 연합함대로 하여금 실전훈련에 만전을 기하도록 명하였습니다.

일본국의 연합함대는 조선의 진해만鎭海灣을 기지로 쓰고 있었습니다. 사령관 도고 헤이하치로 해군대장은 일본 함대의 연간 사용량인 3만여 발의 포탄을 단 10일간에 소진할 만큼 혹독한 실전훈련을 실시하였습니다. 따라서 연합함대의 사격술의 수준은 하루가 다르게 향상될 수밖에 없었습니다.

11월 10일, 경부철도가 완공되었다(1905년 1월 1일부터 영업을 개시).

12월 5일, 여순항이 내려다보이는 소위 203고지라고 불리던 러시아군의 요새가 일본군에게 점령되고, 다음날부터 일본 육군은 여순항에 갇힌 러시아 함대를 무차별 포격하였다.

러일전쟁은 막바지로 치닫고 있었습니다.

비록 승기는 일본 쪽으로 기울고 있었다 해도 막대한 전비의 부담이 신생 일본 제국의 재정 상태를 파국직전으로 몰아가고 있었습니다. 사실 일본국은 외국으로부터 도입된 차관으로 전비를 부담하고 있을 정도였습니다. 러시아군의 반격은 고사하고 저항만 길어져도 일본국에게는 큰 부담이 될 정도로 최악의 사태로 가고 있었습니다.

일본국은 미국 대통령 루스벨트를 동원하여 휴전을 탐색하는 등 전쟁의 종결을 위해 은밀한 외교전까지 수행해야 하는 형편이었어도 조선 정책만은 날로 강경일변도로 치달았습니다.

국가의 무력함이
어찌 이 지경인가

조선을 책해 인질과 조공을 바치게 하고,
북쪽으로 만주 땅을 분할하고, 남쪽으로는 대만과 필리핀 제도를 손에 넣어
점점 진취다세를 보여야 한다.
- 요시다 쇼인 〈정한론〉 일부

《매천야록》

운명의 해인 1905년(광무 9)이 밝았습니다. 지난해 한일의정서가 체결되면서부터 대한제국의 사정은 최악의 사태로 접어들고 있었습니다. 황제가 있어도 국권을 행사할 수가 없었고, 정부가 있어도 국익을 도모할 수가 없었다면 나라의 존재조차도 도모하기 어려운 형편입니다.

서울 일원의 치안경찰권은 어느 사이엔가 일본군 헌병대로 넘어가 있었고, 화폐조례법의 공포로 일본 화폐의 무제한 통용이 허가되었다면 조선의 경제는 파탄지경을 헤매고 있는 게 당연합니다.

1월, 고종황제가 면암 최익현에게 돈 3만 전과 쌀 3석을 하사하여 그의 고매한 인품을 치하하고자 하였으나, 최익현은 정중히 이를 사양하며 되돌려 보냈다.

조선 경제의 핵심 지역인 종로의 상권이 무너지면서 일본인 상인들은 야금야금 종로의 상가를 침범하기 시작하였습니다.

서울시전의 상인들이 맨주먹으로 궐기하여 일본 상인들의 종로 진출의 금지를 경무청에 요구하였고, 이에 따라 경무청은 종로에 상점을 열었던 일본인 상인들로 하여금 일단 모두 철수하도록 하였습니다.

2월 3일, 일본국 경시청 제1부장 마루야마 시게토시丸山重俊를 한국 정부의 경무 고문으로 용빙한다는 계약이 성립되었다.

매천 황현

일본이 조선의 경찰권까지 장악하겠다는 저의를 드러낸 셈입니다.

면암 최익현은 일본 제국의 침략 야욕을 경계하고 배척하는 극렬한 상소를 올렸습니다. 이에 격분한 조선 주차 일본군 사령관 하세가와 요시미치 대장은 최익현을 연행하여 일본군 사령부에 구금할 것을 명했습니다. 이때의 광경을 황현黃玹의 《매천야록梅泉野錄》은 다음과 같이 적고 있습니다.

최익현이 서울 집에 머물고 있을 때, 어느 날 늦잠을 자고 있는데 아침 일찍 창 밖에서 떠들썩한 소리가 들리더니 10여 명의 일본군 헌병들이 문을 잡아채고 달려 들어오면서 말하기를,

"우리 사령부에서 공을 오시라 하니, 공은 우리와 함께 가셔야 합니다."

하였다. 최익현이 말하기를,

"너희 사령관이 누구냐?"

라고, 하였더니 일본군 헌병들은

"장곡천 대장이십니다."

하였다. 최익현은 대노하며 힐문하였다.

"나는 한국의 대관大官이다. 너희 사령관이 말할 것이 있으면 내게 와서 말할 것이지 어찌 함부로 부르느냐?"

이번에는 일본군 헌병들이 비아냥거리기를

"사령관께서 부르는데 웬 말이 많은가."

라며, 마루에까지 올라 결박할 기세를 보이니 최익현은 탄식하며 말하기를,

"국가의 무력함이 어찌 이 지경에 이르렀는가. 내가 일찍 죽지 아니한 것이 한스럽구나. 비록 그렇지만, 흉욕을 만났으니 차라리 스스로 가서 통쾌하게 욕이나 하자."

라고 한 후, 또다시 말하였다.

"반드시 너희들이 결박 지을 것 없다. 내가 마땅히 가겠다."

일본 헌병들은 인력거를 불렀으나 최익현은 단호히 거부하였다.

"나는 내 가마가 있는데 어찌 너희 수레를 타고 가겠느냐!"

하고, 드디어 세수를 하고 수건으로 닦은 다음 술을 두어 잔 든 후, 가마를 타고 가니, 그의 아들 영조永祚도 따라갔다. 가마 뒤에는 많은 사람들이 따랐는데 명동 사령부에 이르니, 나머지 사람들은 문 밖에서 저지하고 단지 최익현 부자만을 들여 보냈다.

하세가와 대장은 최익현에 대한 유림의 지지와 위정척사로 일생을

살아온 그의 행적을 극구 찬양하면서 일본국의 조선 정책은 조선을 위해 불가피한 것이라는 등의 망언을 입에 담으면서 회유하고자 하였으나, 오히려 최익현의 정연한 논리와 호통에 무안만 당하였습니다.

하세가와 대장은 최익현의 구금이 장기화되는 것은 또 다른 화근을 불러들일 뿐 아무 실익이 없겠다는 사실을 깨닫고 3일 뒤에 포천 향제로 강제 압송하였지만, 《매천야록》은 그 후의 일까지도 소상히 적어놓고 있습니다.

최익현은 포천에서 사잇길로 서울에 다시 들어와서 또한 장차 진소陳疏하려 하니 일본인은 그것을 살펴 알아차리고 그가 머무르고 있는 여관을 수색하여 새문 밖에서 서강에 이르기까지 여관에서 소동을 벌였고, 곧 화차火車에 싣고 정산 전리로 돌려보냈다. 대체로 최익현이 포천에서 정산으로 옮겨서 산 지 이미 해가 지나고 그가 비록 두 번째 일본인에게 축출을 당했어도 일본인을 몹시 경탄(敬憚, 공경하고 꺼림)하였다.

신문에서도 최익현의 인품을 논하여 충장우직忠壯愚直, 충직감언忠直敢言, 경불외사動不畏死라는 제목으로 연재하였으며, 그의 가세家勢와 사우연원師友淵源 및 평생의 언행, 출처, 대절大節 등을 채집하여 한 편의 책자를 만들어 《최익현의 약사》라 하였는데 서로 전하여 읽었다.

면암 최익현이 일본군 헌병대에 구금되자 조선 주차 일본군 헌병대장 고야마小山三己도 그와 더불어 일본국의 조선 정책에 관해 격론을 벌여보려 했으나 최익현의 충의를 꺾거나 다스릴 수 없는데다가 유림들의 반발이 두려워 이틀 뒤에 충청도 정산향제로 강제 압송하였습니다.

포츠머스 조약

3월이 되면서 배고픔과 빚더미에서 헤어나지 못하는 조선 백성들은 자신은 물론 가족들의 몸을 팔면서 조상들의 선영이 있는 고국 땅을 떠나가기도 하였습니다. 지구 반대편에 있는 멕시코의 애니깽 농장을 향해 1,033명의 조선인이 피눈물을 쏟으면서 인천항을 떠나야 하는 아픔도 러일전쟁의 와중에 있었습니다.

5월 5일, 러시아 발틱 함대가 싱가포르 남단을 통과했다는 정보가 있었고, 26일에는 상해 남쪽의 해상을 지나고 있다는 정보가 일본 제국 대본영에 전해졌습니다.

마침내 5월 27일 오후 1시 45분, 대마도 해협에서 발틱 함대와 조우한 일본국 해군의 연합함대는 불과 30분 만에 발틱 함대의 주력함 3척을 대파하고, 그날 일몰 때까지 압도적인 전세를 유지하면서 다음 날인 28일 미명에 이르기까지 발틱 함대 38척 중 반수 이상을 격침, 대파하였고, 5척을 장포하는 등 대승을 거두었습니다. 실로 세계를 놀라게 하는 대승이고도 남았습니다.

그렇습니다. 평소 이순신 장군을 존경했다는 일본국 연합함대 사령관 도고 헤이하치로 대장은 이순신 장군이 왜군을 물리쳤던 바로 그 해역에서 세계 최강임을 자랑하는 러시아 발틱 함대를 일거에 궤멸하고 살아 있는 군신으로 추앙받는 제독이 되었다면 아이러니가 아닐 수 없습니다.

6월 1일, 발틱 함대를 궤멸하여 세계를 놀라게 하였던 여세를 몰아 일본국은 전쟁을 종결하는 강화회담에 박차를 가하게 됩니다. 주미 공사 다카히라 고고로高平小五郎는 미국 대통령 루스벨트에게 일본과 러시아의 강화회담을 주선해줄 것을 요청하였고, 루스벨트 대통령은 일본의 승전을 확신하면서 러시아 황제의 의향을 타진하는 등 러 · 일 양국에 강화회담을 권고하기에 이르렀습니다.

아직 전쟁은 치열하게 전개되고 있었으나 세계의 여론은 이미 일본국에 유리하도록 흘러가기 시작하고 있었습니다. 전비로 인해 국가경제가 파탄직전에 이르렀던 일본 제국은 비로소 안도의 한숨을 내쉬면서 전쟁의 종결에 박차를 가했습니다.

7월 7일, 일본국은 강화회담을 교섭하는 와중에도 그들의 육군 제13사단을 남사할린에 상륙하게 하였습니다. 또 다음 날인 8일에는 대박大泊을 점령하였고, 24일에는 그 여세를 몰아 북사할린에 상륙하여 러시아군의 항복을 받아냈습니다.

부족한 전비를 무릅쓰면서까지 사할린에 상륙을 감행하는 등 확전을 도모할 수밖에 없었던 것은 러시아와의 강화회담에서 유리한 조건을 차지하기 위한 처절한 몸부림이었습니다. 급기야 8월 10일, 포츠머

국가의 무력함이 어찌 이 지경인가 • 137

스에서 러일강화회담이 시작되었습니다. 미국의 루스벨트 대통령은 강화회담의 성사를 위해 일본국 정부에 금전적인 배상요구를 포기할 것을 권고하였고, 일본국 정부는 이를 수락하였습니다. 그럴 수밖에 없었던 것은 이미 일본국과 미국은 포츠머스 회담이 시작되기 열흘쯤 전(7월 29일)에 비밀협정에 합의하고 있었기 때문입니다.

즉 미국의 육군장관 태프트가 대통령특사 자격으로 필리핀을 시찰하기에 앞서 잠시 일본에 들렸을 때, 총리대신 가츠라 타로桂太郎와 회담을 하게 되었는데, 그 회담 석상에서 소위 '가츠라-태프트 협정'으로 일컬어지는 비밀협정에 이미 합의하고 있었습니다.

그 내용의 첫째는 일본국은 미국이 필리핀을 통치하는 것을 인정하며, 둘째는 극동 지역의 평화는 일본, 미국, 영국의 협력에 의해 유지되어야 할 것이며, 셋째는 미국은 일본국의 조선 지배를 인정한다는 것이었습니다. 그러므로 일본국은 금전적인 배상을 포기하고서라도 조선의 지배권만은 확실하게 보장받아야 할 필요가 있었습니다.

9월 5일, 러일전쟁의 종결에 합의한 포츠머스 조약이 체결되었다.

고무라 주타로와 러시아 전 재무장관 비테가 합의한 중요 골자 중에는 '조선에 있어서의 일본국의 정치·경제·군사상의 우월권을 인정한다'라는 대목이 있습니다. 이는 일본국의 조선 침략정책이 국제 간의 공인에서 자행될 것이라는 예고편과도 같은 것이었습니다.

이 무슨 터무니없는 수작인가.

그렇습니다. 대저 강대국의 논리라는 것이 그런 범주에서 벗어난 일이 없었음을 세계사世界史는 여러 차례 기록하고 있음을 우리는 잘 알고 있습니다.

당시 하와이에 거주하고 있던 윤병구尹炳球 등은 포츠머스 조약에 포함된 조선에 관한 조항이 무효임을 미국 국무성과 백악관에 엄중히 항의하였으나, 루스벨트 대통령은 가츠라-태프트 협정의 내용을 알고 있었으므로 끝내 묵묵부답 아무 대답도 하지를 않았습니다.

그것은 또 1882년에 체결되었던 한미수호조약의 무효를 의미하는 것이었으며, 조선 반도에 있어서의 모든 우월권이 일본국에 있다는 사실을 다시 한 번 공인한 것이나 다름이 없었습니다.

그리고 두 달여가 지나는 동안 일본국 정부는 대한제국을 완전히 지배할 수 있는 계책을 확정하였으니, 이른바 제2차 한일협약, 다시 말하여 소위 '을사보호조약'이라 불리는 문안작성을 완료하였습니다.

그 문안은 10월 28일에 일본국 각의에 상정되어 의결되었습니다. 일본국 정부는 대체 누가 그 어마어마한 계책을 조선 정부에 통고하여 실행에 옮길 수 있는지를 고심하지 않을 수가 없었습니다. 정치적인 수완도 있어야 하지만 그보다는 대단한 결단력과 추진력을 갖춘 인물이어야 했기 때문입니다.

포츠머스 조약을 성사시키고 돌아온 외무대신 고무라 주타로는 그런 엄청난 계책을 책임 있게 완수할 수 있는 사람은 이토 히로부미밖에 없다는 사실을 천황에게 고했습니다. 그때 이토 히로부미는 네 번에 걸쳐 내각수반(총리대신)을 역임한 뒤 추밀원樞密院의 의장이 되어 있었습니다.

메이지천황이 이토 히로부미의 정치적인 수완과 추진력을 모른대
서야 말이 되질 않습니다.

- 그동안 어려운 일만을 도맡아온 경에게는 심히 미안한 일이나, 조선 정책을
매듭짓는 특명전권대사의 대임을 맡아주시오.

이토 히로부미는 상체를 굽히면서 다짐에 다짐을 거듭하였습니다.
자신에게 맡겨진 소임이 얼마나 중차대한 것인가를 알고 있었기 때문
이기도 하였지만, 실로 오랜 세월 꿈꾸어왔던 일이기도 하였기 때문입
니다.
이토 히로부미는 19세의 어린 나이로 고향 하기萩에서 스승인 요시
다 쇼인吉田松蔭의 서당인 쇼가손주쿠松下村塾에서 학문을 익히며 미래
의 꿈을 키웠습니다. 바로 그 요시타 쇼인이 이른바 〈정한론征韓論〉의
실체였습니다. 그는 어린 제자들의 가슴에 불을 질렀습니다.

조선을 책해 인질과 조공을 바치게 하고, 북쪽으로 만주 땅을 분할하고, 남쪽
으로는 대만과 필리핀 제도를 손에 넣어 점점 진취다세를 보여야 한다.

이 같은 스승의 가르침을 가슴에 품고 있었던 이토 히로부미로서는
조선을 일본국의 식민지로 만들어야 하는 소임을 위해 목숨을 내던져
도 아깝지 않을 일입니다. 이토 히로부미는 대한국황실위문특파대사
大韓國皇室慰問特派大使라는 거창한 직함을 내세우며 조선으로 떠나게 됩
니다. 그를 수행한 사람들의 면면도 만만치가 않았습니다.

추밀원 서기관장 도츠쿠 게이로쿠都築馨六와 같은 행정가와 육군소장 무라타村田惇, 육군대좌 사이시지西四辻公堯 등을 대동한 것은 군사 작전을 방불케 하는 구성이 아닐 수가 없었고, 이들이 동경을 떠난 것이 11월 2일임을 상기한다면 소위 '을사늑약'의 체결을 얼마나 서두르고 있었는가를 알 수 있습니다.

이토 히로부미와 배정자

11월 9일, 부산에 도착한 이토 히로부미 일행은 꼭 1년 전인 1904년 11월 10일에 완공되어 금년 1월 1일부터 영업을 개시한 경부선열차에 몸을 실었습니다. 조선 주차 일본군 사령관 육군대장 하세가와 요시미치 대장이 동승하여 특파대사 일행의 안전을 보장한다는 확신과 함께 조선에 주둔하고 있는 일본군의 상황을 보고하였습니다.

    – 조선에 주차하고 있는 일본군의 총병력은 1만 8천이며, 이는 러일전쟁 직후 조선의 모든 주차병력을 새롭게 편성하여 전시태세를 갖추고 있으므로 어떠한 비상사태에도 충분히 대처할 수가 있을 것으로 확신합니다.

    – 그런 수준으로 대일본국의 조선 정책을 완벽하게 수행할 수 있다고 보는가?

    – 당치 않습니다. 이후 안전한 조선 정책의 수행을 위해서는 적어도 16만 명까지 확충되어야 할 것으로 압니다.

    – 16만……!

이토 히로부미는 고개를 끄덕여서 하세가와 대장의 기개에 동의를 표했습니다.

특파대사 일행은 경부선철도의 종착지인 남대문 정거장에서 내렸습니다. 이토 히로부미는 역사를 나서면서 두 눈을 크게 떴습니다. 용산 지역에 주차하고 있던 일본군의 기병대와 보병대가 착검이 된 소총을 들고 삼엄한 경계에 임하고 있었기 때문입니다.

이토 히로부미

－이만하면 ⋯⋯!

이토 히로부미는 비로소 하세가와 대장에게 따뜻한 시선을 보내면서 보일 듯 말 듯한 미소를 입가에 담았습니다. 자신의 안전을 확신하는 모습이기도 했지만, 대한제국 정부를 협박하는 데도 부족함이 없겠다는 확신이었습니다.

특파대사 일행은 정동貞洞에 있는 손탁호텔에 여장을 풀었습니다. 손탁호텔에 대해서는 약간의 부연설명이 필요합니다.

대원군에 의해 주도되었던 쇄국정치의 빛이 바래면서 조선 땅에도 미국인 선교사들과 외교사절이 상륙하기 시작했지만, 워낙 완고하고 가난했던 이 땅에 그들에 의해 서양문물이 발붙이기는 대단히 어려웠던 시절이었습니다.

이 무렵 홀연히 나타난 벽안의 서양 여성이 주한 러시아 공사 베베르의 처제 손탁Sontag이었고, 그녀는 손탁孫澤이라는 한국명을 쓰면서 중전 민씨의 총애를 받게 되어 창덕궁에 출입을 하게 되었습니다.

청나라나 일본국의 개화과정을 살펴보면 대개 개화파들이 서양문물을 먼저 접하게 되고 따라서 그들에 의해 서양문물이 전파되는 것이 통례로 되어 있습니다만, 조선의 경우는 그와 반대로 서양의 생활 풍습이 가장 먼저 왕실에 전파되었다는 특징이 있습니다. 물론 손탁에 의해서 그런 과정을 밟게 된 것은 말할 나위도 없습니다.

화려한 양장 차림의 손탁이 끓여 올리는 커피에 맛 들인 고종황제나 중전 민씨가 손탁을 멀리할 까닭이 없습니다. 또 손탁에 의해서 전해 들는 유럽의 문물 이야기는 고스란히 고종황제의 식견으로 자리 잡게 됩니다. 그리고 유럽 여성들의 사치스러운 꾸밈은 중전 민씨에게 호감과 부러움을 사게 하고도 남았습니다.

마침내 중전 민씨는 손탁에게 정동 29번지에 있는 왕실 소유의 대지 184평을 하사하였고, 손탁은 여기에 2층 양옥으로 된 새집을 짓고 손탁호텔을 개업하게 되었습니다. 서양문명에 눈뜨기 시작한 조선의 개화파들은 손탁호텔에서 운영하는 '정동클럽'을 사교장으로 이용하게 됩니다. 이를 계기로 서양의 외교관들은 조선의 고관을 만나기 위해서, 또는 조선 정세를 귀동냥으로라도 알기 위해서는 정동클럽으로 몰려들게 됩니다. 정동클럽은 개장과 동시에 조선 정치의 중심으로 등장하게 되었습니다.

그 손탁호텔의 특실, 이토 히로부미의 거처에 묘령의 조선 여인이 찾아들었습니다. 화려한 양장 차림인 그녀의 모습은 아름답기 그지없었습니다. 경상남도 진주에서 반가의 여식

손탁호텔

으로 태어났다는 배정자裵貞子였습니다.

이토 히로부미는 두 팔을 벌리며 정겹게 달려드는 그녀를 감싸 안았습니다.

－사다코貞子, 보고 싶었다. 기다리고 있었느니라!
－저도요, 이날이 오기를 얼마나 기다렸는지 몰라요.

배정자의 교태는 초로의 이토 히로부미를 사로잡는 데 부족함이 없었고, 이토 또한 여성 편력에는 일가견이 있었던 탓으로 그녀 못지않은 열정을 토해내고 있었습니다.

이토 히로부미는 빈한한 농민의 아들로 태어났던 까닭으로 명치유신의 성공에 대공이 있었다 해도 무사계급인 사족上族의 딸과 결혼하기는 어려웠을 것이라고 짐작됩니다. 그런 탓인지는 몰라도 그의 처는 우메코梅子라고 불리는 기생이었고, 일본에서 방영되는 TV드라마를 보고 있노라면 외박하고 돌아오는 이토에게 손찌검을 가하는 우메코의 기세등등한 모습을 지켜 볼 수도 있습니다.

그런 이토 히로부미와 조선 여인 배정자가 어떤 연유로 그토록 가까

운 사이가 되었는지는 확실치가 않지만, 대체로 이토가 세 번째로 내각총리대신의 중책을 맡았을 때 처음 만난 것으로 알려져 있습니다. 그때 배정자와 이토는 이소㙊에 있는 별장에서 동거하고 있었고, 그 사실은 일본국 조야에 널리 알려진 공공연한 비밀이기도 하였습니다.

그 후 이토는 동경의 기쿠마치麴町에 배정자의 새 거처를 마련해주고, 본격적으로 일본인의 생활과 풍습을 익히게 하면서 따로 개인교사를 두어 그녀에게 영어, 프랑스어, 심지어 중국어까지 교습하게 하였습니다. 그런 점으로 미루어본다면 필시 밀정으로 쓰려 한 것이 아닌가 싶기도 합니다.

사람들이 배정자의 정체를 의심이라도 하면 이토 히로부미는 그 특유의 너털웃음을 토하면서 양녀養女라고 얼버무렸다고 여러 기록이 전하고 있습니다.

러일전쟁이 발발하면서 배정자는 조선으로 돌아왔으나 고향으로 내려가지 않고 서울로 진출하였습니다. 그때만 해도 조선 여인이 화려한 양장 차림을 하고, 때로 인력거를 타고 나다닌다는 것은 상상도 할 수가 없었습니다. 그러나 하야시 공사의 은밀한 지원을 받으면서 손탁호텔의 사교장인 정동클럽에 출입하는 배정자의 세련된 교양미는 사교계의 여왕으로 군림하는 데 부족함이 없었습니다.

배정자는 수많은 외국사절은 물론 조선국 고위관료와도 교유를 넓히면서 이미 정동클럽을 자유롭게 출입하고 있었으므로, 같은 건물인 손탁호텔에 여장을 푼 이토 히로부미와의 재회는 지극히 자연스러운 만남이며 또 이미 계획된 일이나 다름이 없었습니다. 그러나 많은 사람들은 이 놀라운 사실을 목격해도 배정자를 일러 이토 히로부미의 정부이자 스파이라고 함부로 입에 담을 수가 없었고, 또 그것을 입증할 수 있는 실증적인 사료가 없는 것이 유감일 뿐이었습니다.

11월 10일, 이토 히로부미는 일본 공사 하야시 곤스케와 수행원을 거느리고 덕수궁으로 들어가 고종황제를 배알하였습니다. 이때 고종황제는 덕수궁의 별전인 수옥헌漱玉軒에서 기거하고 있었습니다.

고종황제와 이토 히로부미가 얼굴을 마주 대하는 것은 이번이 세 번째, 처음 만난 것은 7년 전인 1898년 8월이었습니다. 그때 이토 히로부미는 세 번째 내각총리대신이 되어 조선을 방문하게 되었는데, 경부선철도의 부설권을 따내기 위해서였습니다. 물론 그는 고종황제를 회유하고 강압하면서 소기의 목적을 달성하고 돌아간 일이 있었습니다.

두 번째 방문은 소위 제1차 한일협약이 조인된 지난해 3월이었습니다. 그때도 제1차 한일협약의 조약내용에 대하여 대한제국의 황실을 위로한다는 구실의 특파대사였으나, 실상은 조약의 내용이 대한국 조야에 어떻게 비치고 있는지를 정탐하려는 속셈이었습니다.

그러므로 이토는 다양하고 많은 조선인과의 접촉을 위해서 기방을 출입하였고, 기생들과 접촉하면서는 조선의 전통과 문화에 대한 강렬한 인상을 받게 되었습니다. 그것은 조선에 대한 또 다른 관심일 수도 있었는데, 아마도 이러한 인상과 관심이 배정자에게 쏠렸을 것이라고 보는 사람도 있습니다.

그리고 이번이 세 번째 방한입니다.

이토 히로부미는 명치천황이 보낸 친서를 고종에게 올리면서 본심을 털어놓았습니다.

- 폐하. 이번 제가 대한국을 방문하여 폐하를 알현하는 것은 저희 일본국과 대한국의 긴밀하고 돈독한 협력관계를 열어나갈 새로운 협약을 체결하기 위해 섭니다.

- 협약이라니. 이미 지난해 봄에 새로운 협약이 체결되지 않았는가?

- 그러하오나 이번에 체결될 새로운 협약이야말로 양국의 관계를 더욱 돈독하게 할 것이라고 확신합니다.

- 대체 무슨 내용의 협약이란 말인가?

고종황제는 상기된 목소리로 반문하였으나, 이토 히로부미는 5일쯤 뒤에는 조약의 내용을 열람할 수가 있을 것이라고만 대답하고 퇴궐하는 등의 무례를 저질렀습니다.

11월 15일, 이토 히로부미는 다시 덕수궁으로 들어가 고종황제를 배알하였습니다.

이날 고종황제는 이토 히로부미에게 일본국의 대한정책에 대해 불만을 토로하였습니다.

- 일본국은 우리 대한국의 독립을 보장하겠다고 여러 차례 확약한 바가 있으나, 작금의 행태로 보아서는 그와 반대되는 쪽으로 가고 있질 않는가!

이토 히로부미는 잠시 묵묵히 앉아있다가 오만방자한 목소리로 입을 열었습니다.

- 폐하께서 염려하시는 바는 알고도 남으나, 한 가지 여쭈어 보고자 합니다.

고종황제는 긴장하지 않을 수가 없었습니다. 비록 농민의 아들로 태어났다고는 하더라도 명치유신을 이끌어낸 주역 중의 한 사람이었고, 영국과 독일에 체류하면서 〈바이마르 헌법〉을 원용한 최초의 일본국 헌법憲法을 기초하였으며, 유신정부의 내각총리대신을 네 번씩이나 역임한 그야말로 풍부한 정치적 경험으로 모진 격랑을 헤치면서 오늘의 부강한 일본 제국을 만들어낸 장본인이었기 때문입니다.

　－폐하께서는 누구의 도움으로 옥좌에 계시며, 또 대한국은 어느 나라의 후원을 받으면서 국권을 유지하고 있는지를 정녕 모르신다는 말씀이십니까!

고종황제는 소름끼치는 전율감에 젖을 수밖에 없었습니다. 이토의 말투는 물어보는 것이 아니라 추궁이나 협박을 하듯 찔러오고 있었기 때문입니다. 이토 히로부미는 하얗게 바래지는 고종황제의 용안을 살피면서 문제의 조약문안을 제시하였습니다. 그리고 협박하듯 다시 부연하였습니다.

　－본 문건은 우리 일본 정부가 검토에 검토를 거듭한 끝에 작성된 제2차 한일협약의 문안입니다. 서둘러 체결해야 할 결정안이라면 이제 남은 것은 폐하의 결단뿐이 아니겠습니까. 다만 폐하께서 이를 허락하지 않을 수도 있을 것으로 압니다다만, 그로 인해 일본 정부에서 또 다른 단안을 내리게 된다면 물론 대한국의 장래는 보장될 수가 없을 것으로 압니다. 따라서 폐하께서는 서둘러 용단을 내리는 것으로 모든 불이익을 털어내야 할 것으로 압니다.

고종황제는 창백하게 바랜 용안을 추스를 길이 없었습니다. 이토의 협박이 간특하고 무례하였으나, 지금 그를 나무라고 나선다면 또 무슨 험한 꼴을 당할지도 모르기 때문입니다.

고종황제는 안간힘을 쓰듯 입을 열었습니다.

─ 이같이 중요한 일을 어찌 짐이 혼자서 결정할 수가 있겠는가. 정부의 대신들과 의논하는 것은 물론 여러 백성들의 뜻을 물은 연후에 단안을 내릴 것이니 그리 아시오.

이토 히로부미는 거침없이 반발하였습니다.

─ 폐하, 정부의 대신들과 의논하신다는 말씀에는 하자가 없으나, 대한국은 군주의 나라인데 백성들의 뜻을 묻다니요. 폐하의 단안으로 모든 것이 정해지는 것이 귀 대한국의 법도인 것으로 압니다.

고종황제가 다음 말을 찾지 못하면서 당황하자 이토 히로부미는 더욱 거칠게 고종황제를 몰아세웠습니다.

─ 만에 하나라도 폐하께서 이 문안을 백성들에게 알려서 대일 감정을 자극할 의향이라면, 지난번 동학란과 같은 일대혼란이 야기될 것인데, 그것을 수습하는 과정에서 일어날 인명피해에 대한 책임을 폐하께서 지실 수 있겠소이까?
─ 아⋯⋯!

고종황제는 신음을 토하면서 눈을 감았습니다.

동학란으로도 불리는 갑오년의 농민항쟁은 생각만 해도 가슴 아픈 일이 아닐 수가 없습니다. 자력으로 그 난국을 수습할 수 있는 힘이 없었기에 청국군과 일본군이 개입하게 하였는데 그로 인해 얼마나 엄청난 고초를 자초하였습니까.

고종황제는 감았던 눈을 떴습니다. 그리고 오만한 동태로 자신을 쏘아보고 있는 이토 히로부미를 향해 단호한 옥음을 토해냈습니다.

―설혹 내가 목숨을 버리는 한이 있어도 이 조약은 승인하지 않을 것이오.
―폐하!

이토 히로부미는 부르르 몸을 떨면서 소리쳤습니다. 무려 4시간 동안이나 설득과 협박을 강행했는데도 고종황제의 비답이 뜻밖으로 강경했기 때문이었습니다. 만일 고종황제가 뜻을 굽히지 않는다면 조선 정부의 각료들을 억박질러서라도 조인을 매듭지어야 하는 것이 자신에게 주어진 책무임을 이토 히로부미가 모를 까닭이 있겠습니까.

―폐하, 바라옵건대 후회를 남겨서는 아니 될 것입니다!

덕수궁을 물러나는 이토 히로부미의 마음도 가볍지가 않습니다. 권총을 뽑아 고종황제의 가슴팍을 쏘시면서 소리칠 수도 있었겠지만, 그나마 황제의 면전임을 고려했던 자신의 모습을 후회하기도 하였습니다만 그나마 가슴으로 밀려드는 자신감이 있었기에 일단 한숨 돌렸다는 생각도 들었습니다.

손탁호텔로 돌아온 이토 히로부미는 조선 주재 일본 공사 하야시 곤스케를 불러 강제조인에 대한 대책을 하나하나 추궁해 갔습니다.

하야시 곤스케의 대답은 명쾌하였습니다.

─각하의 의중은 충분히 전달되었을 것으로 압니다. 이제 남은 일은 대한 정부 대신들과 만나시어 일의 마무리를 지으시면 될 것이옵니다.

─마무리라 하였는가?

─그렇습니다. 대한국 외부대신을 일본국 공사관으로 불렀습니다. 차후에라도 그를 한번 다독여 주셨으면 합니다.

하야시 곤스케 공사의 정치적 수완은 거침없이 발휘되고 있었습니다. 그는 조선 정부의 각료들로 하여금 이토 히로부미와 면담하게 하고 그 면담을 빌미로 각개격파를 시도하고 있었습니다. 이때 대한제국의 외부대신이 이지용에서 윤치호로, 다시 윤치호에서 박제순朴齊純으로 옮겨와 있음에서 보듯 이미 외교권은 크게 흔들리고 있었습니다. 그리고 마침내 외부대신 박제순이 일본국 공사관으로 불려왔습니다.

하야시 곤스케는 그에게 '조약문안'을 밀어놓으면서 강압적인 어투로 말했습니다.

─오늘 이토 각하께서 황제폐하께 충분히 말씀드린 바 있는 조약문안이오. 조인을 서둘러 주었으면 합니다.

외부대신 박제순은 어리둥절해진 표정으로 그 문건을 받아들었는데, 하야시 공사는 전혀 상대를 개의치 않은 일방적인 통고를 토해내고 있었습니다.

　-외부대신께서는 말할 나위도 없고, 다른 대신들께도 검토를 당부하여 16일에 있을 우리 이토 각하께서 주도하시는 설명회에 참석하여 각자의 의견을 개진해주시면 됩니다.
　-이보시오, 하야시 공사.
　-각하, 우리 일본국은 각하의 정치적인 수완에 큰 기대를 걸고 있어요.
　- ……!
　-이토 각하께서도 그리 말씀하셨습니다.

대한제국에는 여덟 사람의 각료가 있었습니다. 일본 공사 하야시 곤스케는 그간에 접촉한 결과에 비추어 그중 다섯 사람이 이번 조약에 찬성할 것이라는 심증을 굳히고 있었고, 물론 외부대신 박제순을 그 다섯 대신의 선봉에 서야 할 사람으로 지목하고 있었습니다.

을사5조약

11월 16일. 손탁호텔 앞은 대한제국의 대신들이 타고온 인력거로 북적
거렸습니다만, 인력거에서 내리는 각료들의 표정은 한결같이 침통해
보였습니다. 이토 히로부미는 참정대신 한규설韓圭卨을 비롯한 대한제
국의 대신들에게 음흉하고 다부진 목소리로 조약이 성립되어야 할 당
위성을 설명하였으나, 채 설명이 끝나기도 전에 참정대신 한규설의 격
분으로 가득한 반대의 목소리가 터져 나왔습니다.

    ─이 무슨 해괴한 짓거린가? 대체 언제부터 일본국의 특파대사까지 나서서 대
    한제국의 각료들을 회유하게 되었는가?
    ─참정대신 각하, 이것은 회유가 아니라…….

일본 공사 하야시 곤스케가 참정대신 한규설의 곁으로 빠르게 다가
가면서 조용히 들어주기를 간청하려 하였으나, 한규설의 카랑카랑한

목소리는 이미 이토 히로부미에게로 향하고 있었습니다.

　－특파대사, 말을 하시오. 엊그제는 대한국 황제폐하의 탑전을 어지럽히더니,

오늘은 대한국 대신들을 윽박지르려 들다니, 대체 어느 나라의 법도가 이같이

무례하다는 말인가!

이토 히로부미는 고개를 돌리면서 한규설의 시선을 피할 수밖에 없
었습니다. 또 무슨 험담이 쏟아져 나올지 몰랐기 때문입니다.

　－다들 돌아갑시다. 행여 백성들이 알까 두렵소이다!

참정대신 한규설이 몸을 일으키며 소리치자 나머지 일곱 대신들도
그를 따를 수밖에 없었습니다. 하야시 곤스케는 창백해진 얼굴로 뚜벅
뚜벅 이토 히로부미에게로 다가가서 허리를 꺾었습니다.

　－각하, 면목 없습니다. 내일 안으로 모든 것을 끝내겠습니다.

　－허허허, 딱한 공사로구먼, 공사는 이만한 반발도 없이 조선을 집어삼킬 수가

있다고 보았는가.

　－송구합니다, 각하.

그리고 운명의 날인 11월 17일을 맞았습니다.

하야시 곤스케 공사는 대한제국의 여덟 대신들을 다시 일본국 공사
관의 오찬에 초대하였습니다. 물론 개중에는 초대가 아니라 강제 연행

된 사람도 있었으나 아무도 항의하는 사람은 없었습니다.

대세의 흐름을 간파한 듯한 비통한 분위기였습니다.

—어제 있었던 일에 대해 대일본국 정부의 입장을 다시 한 번 전달하겠습니다.

하야시 곤스케 공사의 변설은 협박과 회유가 뒤섞인 것이었습니다. 대한제국의 여덟 각료들은 누구도 입을 열지 않았습니다. 비록 찬성을 약속한 대신들이라고 하더라도 참정대신 한규설의 면전에서 그것을 발설할 수가 없었습니다. 이에 하야시 곤스케는 조약문안의 설명을 애써 장황하게 늘어놓으면서 분위기의 전환을 시도하였으나 메아리도 없는 넋두리나 다를 바가 없었습니다.

그런 어처구니없고 일방적인 강요가 3시까지 이어졌어도 아무 성과가 없자 급기야 하야시 곤스케는 마각을 드러내기 시작하였습니다.

—여러분께서 아무 말씀도 아니 하신다면, 협의장소를 궐 안으로 옮길 수밖에 없습니다.

—궐 안으로 옮기다니?

—황제폐하께서 친히 참석하신 어전회의에서 본 안건을 심의할 수밖에 없지 않겠습니까!

하야시 곤스케는 고종황제가 친림한 대한제국의 어전회의에서 협약의 내용을 심의, 의결하겠다고 선언하였습니다. 교활한 하야시 곤스케는 이날을 위해 만반의 준비태세를 갖추어놓고 있었습니다.

물론 뒷날에 쓰인 것이지만 하야시 곤스케의 〈회상기回想記〉에는 이 날의 정경을 다음과 같이 적어놓고 있습니다.

조선 정부의 각 대신을 여하간에 아침부터 일본 공사관에 참집하도록 하여 그 석상에서 내가 교섭을 시작하겠으나, 적당한 때에 임석을 바라게 될 것입니다. 그러나 오전 중에는 진척이 없다고 보아야 할 것입니다. 이렇게 협의가 안 될 것이므로 점심을 먹은 후 아무래도 임금 앞에 나아가 친재親裁를 얻는 것이 낫지 않을까 합니다. 이때 물론 나도 동행할 작정입니다. 진행여하에 따라서 는 그 자리에 당신께서도 오셔야 될 것입니다. 물론 이 경우 궁중에 곧 알현 드 릴 수 있도록 모든 일을 꾸며놓고 있겠습니다.

물론 이토 히로부미와 사전에 협의가 있었음을 보여주는 내용이지 만, 그와 같이 중차대한 일을 실행하기 위해서 병력의 동원은 물론 대 한국 대신들의 동요까지도 철저하게 차단할 필요가 있다는 사전준비 가 있었음이 〈회상기〉에 적혀 있음을 볼 때, 하야시 곤스케의 용의주 도한 계책이 어느 경지에 있었는지 미루어 짐작할 수가 있습니다.

또 하나의 일은 하세가와 대장에게 부탁하여 그들을 지켜보게 하는 일입니다. 그것은 예정대로 각 대신이 집합한다 할지라도 협의내용은 한국 측으로서는 대단히 큰 문제이므로 각 대신이 말하기를 싫어할 것입니다. 일단 공사관을 나와 궁중으로 들어간다 할 때에 도중에서 도망할 사람이 있을 것도 예상하여 야 합니다. 그러므로 헌병 몇 명을 미리 배치하여 도중에서 도망하지 못하도 록 감시해야 합니다. 명목은 호위라고 하여야지요.

또 하나 중요한 것은 국새國璽입니다. 아침부터 외부성에 사람을 보내어 그 국새 보지관保持官을 감시해야 합니다. 또 하나 하세가와 대장에게 부탁해야 합니다. 그것은 어떻게 되어도 상관없을 것 같으나, 조약체결이 된 후 대신 중 한두 사람이 자살하는 일이 생기지 않을까 하는 우려입니다. 일어난대도 염려할 것 없는 일이기는 하지만, 될 수 있으면 이런 일이 없도록 손을 써야 합니다.

모든 것은 하야시 곤스케의 계책대로 진행되어가고 있었습니다. 일본국 공사관에 모인 대한제국 대신들의 비협조에 하야시 곤스케는 언성을 높였고, 때를 같이하여 일본군 사령관 하세가와 요시미치 대장이 달려와 위협을 가하자 참정대신 한규설의 울분에 젖은 반론이 제기되는 등 사태의 진전이 악화일로로 치닫자 하야시 곤스케는 애초의 계획대로 입궐을 서둘 수밖에 없었습니다. 대한제국의 대신들은 하야시 곤스케의 강명과 일본군 헌병들에게 떠밀려 인력거에 올라야 했고, 또한 헌병들의 삼엄한 감시를 받으면서 덕수궁으로 향하게 되었습니다.

먼저 입궐해 있던 이토 히로부미는 고종황제를 배알하고 어전회의를 주재해줄 것을 간곡히 청하기도 하고 또 위협하기도 하였으나, 고종황제는 "대신들과 의논하라."라는 짤막한 비답만 내렸을 뿐 끝내 회의에는 참석하지를 않았습니다. 이후에 하야시 곤스케가 쓴 〈회상기〉와 일본의 다른 기록에도 눈으로 본 듯 소상하게 기록되어 있습니다.

나는 미리 이번 회의 중에 깊은 궁중이라 무슨 일이 벌어지는가를 시시로 알아야 하므로, 미리 사람을 배치해두었다. 그 밀사密使가 어둔 밤에 이런 보고를 하여왔다.

"지금 임금이 궁내대신을 이등伊藤 씨의 숙사에 가도록 분부하였다. 그 목적은 지금 왕궁 내에서 협의하고 있는 문제를 2, 3일 연기하여 달라는 임금의 희망을 이등 공에게 전하라는 분부인 것 같소." 여기서 나는 이등 씨가 이 석상에 오시는 것은 지금이 적당한 시기라고 결심하고 곧 시데하라 군을 불러 이등 씨에게 전하였다. 이등 씨는 미리 의논해둔 대로 황궁 협의회 석상에 나왔다.

장곡천 대장을 데리고 헌병의 호위를 받으며 나온 이등 씨는 대신 한 사람, 한 사람에게 협약에 대한 찬부를 물었다. 참정대신 한규설, 탁지부대신 민영기閔泳綺, 농상공부대신 권중현權重顯 등이 반대하였을 뿐 다른 대신들은 찬성하였다.

이토 히로부미의 강압적인 동태에 심히 격분한 참정대신 한규설은 자리를 박차고 일어서며 이날의 협의가 무효임을 선언하고 밖으로 달려 나갔습니다. 한규설은 휘청거리는 걸음으로 고종황제의 거처로 달려가는 듯하였으나, 곧 안쪽에서 여관女官들의 비명소리가 들려왔습니다. 극도로 흥분한 한규설이 엄비嚴妃의 방으로 달려들었기 때문이었습니다. 한규설이 실수임을 깨닫고 돌아서 나오기는 하였으나 곧 실신하고 말았습니다.

이상은 일본 사람들이 기록한 여러 문건에서 발췌한 내용입니다만, 한국의 기록을 살펴보노라면 더욱 비통함을 느끼게 됩니다.

이등박문이 서울에 도착하니, 서울 장안이 흉흉하여 변고가 있을 것임을 의심하고 내부대신 이지용李址鎔, 외부대신 박제순, 군부대신 이근택李根澤, 학부대신 이완용李完用, 농상공대신 권중현 등의 동태를 주목하고 있었다. 또 친일 역관인 구완희具完喜, 박용화 등은 일본군을 이끌고 궁궐 담장을 포위하고 대포를 매설하였다.

이등박문은 어마어마한 기세로 공사 임권조를 앞잡이로 하고, 군사령관 장곡천을 옆에서 시위케 하고, 을사5조약의 체결을 강행하려고 했다.

17일에는 그들의 강요를 받아 어전회의를 열게 되었는데, 이등은 군사령관 헌병사령관과 수십 명의 헌병을 대동하고 참석하여 위협하면서 개별 심문으로 가를 따질 때, 한규설 참정대신은 적극 반대하였다. 그러나 문제의 다섯 대신은 찬성하였으므로 이등은 8분의 5 찬성이라는 과반수론을 선포하여 불법하게도 '을사5조약'을 체결하였다. 한규설은 이 조약에 반대하였다는 이유로 파면되어 고향으로 돌아갔다.

이상의 기록 등으로 미루어본다면 이토 히로부미가 서울에 도착한 11월 9일부터 이른바 을사5조약이 강제 조인되던 18일 새벽까지의 10여 일간은 국권의 흥망을 가늠하는 숨 막히는 긴장의 연속이었음을 알 수가 있습니다. 그러나 그 결과는 너무도 비참한 것이어서 5백 년 동안 굳건하게 왕통을 유지해온 대한제국의 외교권이 일본 제국의 수중으로 들어가게 되고, 대한제국의 정부는 있으되 모든 정령의 시행은 통감부統監府에서 실행하게 됨으로써 나라의 주권을 상실하게 되고 말았습니다. 이렇게 체결된 을사조약乙巳條約의 전문은 다음과 같습니다.

한국 정부 및 일본 정부는 양 제국을 결합하는 이해공통利害共通의 주의主義를 공고히 하고자 한국의 부강의 실實을 인認할 시에 이르기까지 이 목적으로써 다음의 조관條款을 약정함.

제1조. 일본 정부는 재동경 일본 외무성에 의하여 금후 한국의 외국에 대한 관계 및 사무를 통리지휘統理指揮하겠고, 일본국의 외교 대표 문제에 있어서 영

사령事는 외국에 있는 한국의 신민臣
民이라는 점에서 보호한다.

제2조. 일본 정부는 한국과 타국과의
사이에 현존現存하는 조약의 실행을
완전히 하도록 서로 노력하고, 한국
정부는 금후 일본 정부의 중개仲介에
불유하고 국제적 성질을 갖는 어떠한

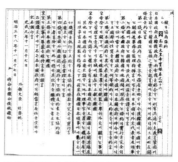

조약이나 혹은 약속을 아니 함을 약約한다.

제3조. 일본 정부는 그 대표자로 하여금 한국 황제폐하 궐하에 한 명의 통감統
監을 두되, 통감은 전형 외교에 관한 사항을 관리하기 위하여 경성에 주재하고
친히 한국 황제폐하를 내알內謁하는 권리를 갖는다.

일본 정부는 또 한국의 각 개항장에 따른 일본국 정부가 필요하다고 인정되는
지역에 이사관理事官을 두며, 이사관은 통감의 지휘하에서 종래 재한국 영사
에게 속하였던 일체 직권을 집행하고 아울러 본 협약의 조관條款을 완전히 실
행하기 위하여 필요하다고 할 만한 일체의 사무를 처리 한다.

제4조. 일본국과 한국과의 사이에 현존하는 조약은 본 협약의 조항에 저촉되
지 않는 것에 한하여 모두 그 효력을 계속할 것으로 한다.

제5조. 일본 정부는 한국 황실의 안녕과 존엄을 유지할 것을 보증한다.

상의 증거로 하각下各은 각 본국 정부로부터 상당相當하는 위임을 받아 본 협
약에 기記 각 조인한다.

광무9년 11월 17일 외부대신 박제순

명치 38년 11월 17일 특명전권공사 하야시 곤스케

〈시일야방성대곡〉

11월 18일의 날이 밝았습니다.

　덕수궁의 정문인 대한문(大漢門, 당시는 대안문 大安門으로 불리고 있었다) 광장이 술렁거리기 시작하였습니다. 분노한 유림들이 몰려들었기 때문입니다. 그들은 알게 모르게 지난밤 수옥헌에서 있었던 '매국조약'의 체결과정을 전해 들었던 모양으로 더러는 통한의 눈물을 쏟고 있었고, 더러는 분노로 일그러진 얼굴을 하고 있었습니다.

　〈황성신문皇城新聞〉의 주필인 유근柳瑾도 지난밤에 있었던 경천동지할 사건의 전말을 입수하는 순간 치밀어오르는 분노를 견딜 수가 없었습니다. 그는 황급히 몸을 일으켜 사장 장지연張志淵에게 달려가 보고하였습니다.

　－이런, 못된 것들!

〈시일야방성대곡〉

장지연의 분노도 하늘을 찔렀습니다.

그는 떨리는 손으로 붓을 들었습니다. 그리고 저 유명한 〈시일야방성대곡是日也放聲大哭〉을 써내려가기 시작하였지만, 불과 480자의 짧은 글인데도 채 완성하지 못하고 쓰러지고 맙니다. 그 안타까운 광경을 지켜보고 있던 유근이 장지연의 울분을 이어받아 나머지 부분을 완성하였습니다.

유근은 장지연과 함께 〈황성신문〉을 창간하였던 동지이기도 하였지만 후일 장지연의 셋째아들 재윤과 유근의 딸 숙희淑姬가 결혼하게 되어 사돈이 될 만큼 가까운 사이기도 하였습니다.

그렇게 완성된 사설은 11월 20일 자의 〈황성신문〉에 게재되어 조선 민중들로 하여금 통한에 사무친 울분을 토하게 하였고, 그로부터 1백여 년이 지난 오늘을 사는 우리들의 심금까지 울리고 있습니다.

〈시일야방성대곡〉의 전문은 이러합니다.

전날 이등박문이 우리나라에 왔을 때 백성들은 모두 말하기를, '이등이 평소에 동양 삼국을 정족鼎足처럼 안전한 태세로 올려놓는 일을 스스로 주선했던 사람이니, 그의 내한은 필시 우리의 독립을 공고히 할 방침을 권고하기 위함일 것이다'라고 하여 항구로부터 서울로 들어오기까지 관민 상하가 모두 환영하였다. 세상일이란 참으로 알 수 없도다. 천만 뜻밖에도 그 다섯 가지 조건이 어디서 나왔다는 말이더냐. 이 다섯 조건은 비단 우리나라뿐만이 아니라 동양 삼국을 분열시킬 징조를 만드는 것인즉, 이등의 원래 뜻은 어디로 가버렸단 말인가.

더욱이 우리의 대 황제폐하는 강경한 성의聖意로 이를 끝까지 거절하였으니, 이 조약이 성립되지 아니함은 이등 자신이 너무도 잘 알리라.

그러하거늘 아아, 저 개돼지만도 못한 소위 우리나라의 대신이라는 자들은 영리만을 바라고, 거짓 위협에 겁을 먹고 우물쭈물하다가 결단을 내리지 못한 채 스스로 매국노가 됨으로써 4천 년 강토와 5백 년 종사를 남에게 바치고 2천만 동포로 하여금 남의 노예가 되도록 하였구나!

저 개돼지만도 못한 외부대신 박제순 이하 여러 대신은 꾸짖을 가치조차 없거니와 명색이 참정대신이란 자는 정부의 우두머리로서 어찌 부否 글자 하나로써 책임을 모면하고자 하였느냐. 김상헌金尙憲같이 문서를 찢어 통곡하지도 못하였으니 구차하게 살아서 세상에 서 있은들 무슨 면목으로 강경하신 황제폐하를 다시 뵈올 것이며 무슨 면목으로 2천만 동포를 다시 대하겠느냐.

오호 통재라. 우리 2천만 노예가 되어버린 동포여! 살 것이냐, 죽을 것이냐. 단군, 기자 이래 4천 년 국민정신이 하룻밤 사이에 갑작스레 멸망한단 말이냐. 분하도다, 분하도다. 동포여, 동포여!

장지연은 그날로 일본인 관헌들에게 체포되었고, 〈황성신문〉은 폐간될 수밖에 없었습니다. 〈대한매일신보大韓每日新報〉도 이른바 을사보호조약 체결의 전모를 상세하게 알리면서, 특히 영국의 〈데일리 뉴스〉지의 특파원이면서 대한매일신보의 사장이었던 어니스트 베델(한국명 배설裵設)을 비롯한 조선인 기자 양기택, 박은식, 신채호 등은 특별 기사까지 써서 독자들의 울분을 자극하고 궐기를 부추겼습니다.

베델은 외국인이라는 치외법권을 이용하여 대한매일신보사를 설립하고 배일론排日論을 전개해나가면서 신문사의 문 앞에 '일본인은 들어올 수 없음日人不可入'이라고 쓴 팻말을 달아매기까지 하였던 사람입니다. 이 같은 베델의 배일론을 전해들은 고종황제도 〈대한매일신보〉에 큰 기대를 걸게 되었고, 조선인 경영자로 참여하였던 임개정林豈正, 안태국安泰國 등을 어전에 불러 후원하기까지 하였습니다.

각 급 학교의 학생들도 교문을 폐쇄하고 대한문 광장으로 달려와 매국조약의 폐기를 절규하면서 통곡하였고, 종로와 용산 등지의 상인들도 약속이나 한 듯이 상점의 문을 닫고 대한문 광장으로 달려나와 학생들의 절규에 동참하며 피눈물을 쏟았습니다.

시간이 흐르면서 백성들은 매국조약이 체결되기까지의 모든 과정을 알게 되었습니다. 다시 말하여 여덟 사람의 대신 중에서 다섯 사람만이 찬성을 하였다는 사실을 알게 되었습니다. 그 위급한 사정에서도 반대 의사를 분명히 한 참정대신 한규설을 비롯한 두 대신의 우국충정이 추앙되는 것만큼 매국조약에 찬성한 다섯 대신에 대해서는 참혹한 욕설이 난무할 수밖에 없었고 또 그것은 돌이킬 수 없는 분노를 동반하게 되었습니다.

외무대신 박제순, 내무대신 이지용, 농상공부대신 권중현, 학부대신 이완용, 군부대신 이근택 등 이들 다섯 사람을 백성들은 '매국5적賣國五賊' 혹은 '을사5적乙巳五賊'이라고 부르며 질타하였습니다.

그 다섯 사람이 자초한 오명污名은 그로부터 1백여 년이 지난 오늘에 이르기까지도 지워지지 않고 있으며, 그 자손들까지도 숨 한번 크게 쉬지 못하고 살아가게 하는 것이 곧 역사의 준엄함이 아니고 무엇이겠습니까.

을사5적을 응징하자는 논의는 지체 없이 시작되었습니다. 기산도奇山度, 이종대李種大, 김석항金錫桓, 이건석李建奭 등 11명은 을사5적의 암살을 계획하였으나 불행하게도 거사 전에 발각되어 전원이 일본 관헌에 체포되어 뜻을 이루지 못하였고, 일본 관헌은 이들의 배후를 조사한다는 구실로 혹독한 문초를 가했습니다. 이건석은 그 문초를 견디지 못하고 옥사하기까지 하였으나, 이들의 뒤를 따르는 충정의 결기는 식지를 않았습니다. 이완용과 이근택의 저택에는 방화와 폭탄세례가 끊이질 않았고, 그들의 신변을 보호한다는 구실로 일본군 경호원들이 호위하는 꼴불견도 오래도록 계속되었습니다.

외교권의 박탈

● ● ○

11월 22일, 이른바 을사늑약이라고도 일컬어지는 침략조약의 강제 체결에 성공한 이토 히로부미는 교활하게도 수원성을 둘러본다는 구실로 계산된 나들이에 나섰습니다.

수원은 정조임금에 의해 만들어진 조선 땅에 있는 유일한 인공도시였고, 수원성의 성벽과 누각은 다른 그것들에 비해 곡선이 많은 독특한 아름다움을 간직하고 있습니다. 전하는 말에 따르면 축성에 임한 신료들이 그 아름다움으로 인해 많은 인력과 자원이 소모된다면서 다른 성곽이나 다름없이 직선으로 쌓을 것을 진언하였을 때, 정조임금은 '아름다운 것이 곧 강한 것이다' 라고 말했다는 일화가 있습니다.

―허어, 이 성곽과 누각은 조선에 있는 다른 것에 비하기 어려운 아름다움이 있질 않나.

이토 히로부미는 정조임금에 대한 깊은 성찰은 없었지만, 수원성의 아름다움에 감탄을 아끼지 않았습니다.

－바로 보셨습니다. 각하. 약2백여 년 전에 축성되었다고 합니다만, 그때 이미 서양식 기중기의 원리를 이용하였다는 기록이 있는 것으로 압니다.
－허어, 서양식 기중기를…….

서양식 기중기의 원리를 응용했다는 것은 물론 다산茶山 정약용丁若鏞이 창안한 '거중기'를 말합니다.

이토 히로부미는 조선 민족의 명석함에 놀라면서도 내색할 수는 없었습니다. 계산된 수원나들이라 오래 머물 필요도 없었습니다. 이토 히로부미는 수원성의 구경을 마치고 귀경하는 기차에 올랐습니다. 그는 창밖으로 흐르는 조선 농촌의 풍경을 지켜보면서 무엇을 생각했을까요. 아마도 얼마 아니 있으면 자신이 초대 조선 통감이 되어 조선에서의 모든 권한을 행사하게 된다는 자부심에 젖었을지도 모릅니다.

수원성에서 보았듯이 장구한 역사와 찬란한 문화를 간직하고 있는 조선의 인민들을 어떻게 다스려야 하는 문제에 대해 시름 가득한 한숨을 쏟아내고 있을 때 열차는 어느덧 영등포 정거장에 진입하면서 속도를 늦추고 있었습니다.

기차가 멈추고 잠시의 시간이 흐르자 곧 뜻하지 않았던 일이 일어났습니다. 물끄러미 창밖을 내다보고 있던 이토 히로부미를 향해 돌덩이가 날아들었기 때문입니다. 기차의 유리창이 박살나면서 파편이 사방으로 튀었습니다.

─돌을 던진 자를 체포하라!

조선 주차 일본군 사령관 하세가와 대장이 황급히 달려와 이토 히로부미의 주변을 살폈습니다. 그의 외투 위에 깨진 유리 파편이 하얗게 널려 있었으나 다친 곳은 없었습니다. '각하!'라고 외치는 하세가와 대장의 목소리는 기어들어가는 듯하였고, 이토 히로부미는 눈을 감은 채 미동도 하질 않았습니다.

돌을 던진 사람은 현장에서 잡혔습니다. 김태근金台根이라는 농민이었습니다. 그는 혹독한 고문을 당하면서도 떳떳하게 말했습니다.

─돌덩이 하나로 원수를 죽일 수 없다는 사실은 너무도 잘 알고 있지만, 그렇게라도 하지 않고서는 견딜 수가 없었다!

조선인이라면 누구도 같은 마음일 것입니다.

그 같은 보고를 받으면서 이토 히로부미는 보일 듯 말 듯한 웃음을 입가에 담았다고 전해지지만, 내심으로는 형언할 수 없는 전율감에 젖었을지도 모릅니다. 그도 그럴 것이 이로부터 4년 후 그 전율감은 현실로 드러나 결국 그는 하얼빈 역에서 안중근安重根 의사의 총탄에 쓰러지게 되기 때문입니다.

미국인 호모 헐버트가 고종황제의 밀서를 미국 대통령 루스벨트에게 전한 것도 이날의 일이었습니다. 헐버트의 조선명은 할보轄甫입니다. 지난 10월경, 그때 고종황제는 애매하긴 했지만 일본인들에 의한 어떤 음모가 꾸며지고 있다는 정보를 입수했습니다. 헐버트를 비롯한

일본에서 갓 귀국한 이기李沂, 나인영羅寅永, 오기호吳基鎬 등이 그런 정보를 고종황제에게 전한 것으로 되어 있습니다.

헐버트는 애초에 관립 양학교官立洋學校인 육영공원育英公院의 영어 교사로 초빙되었습니다. 그의 본업은 선교사였으나 언어와 역사에도 조예가 깊은 그야

헐버트

말로 박학다식한 사람이기도 했습니다. 헐버트는 조선에서 일하게 되면서 〈코리언 리뷰〉라는 정보지를 간행하기도 하였습니다. 그로 인해 헐버트의 대궐 출입은 잦은 편이었습니다.

　－허허허, 헐버트의 자유분방함이 놀라운지고.

고종황제는 헐버트를 볼 때마다 그의 미국적인 사고방식과 자유분방한 언동을 가상히 여겼으므로 당연히 그와의 대좌를 즐겼고, 특히 러일전쟁의 발발이 일본인들의 비열한 횡포에서 비롯된 것임을 강조하는 헐버트의 기개와 태도가 마음에 들었습니다.

고종황제는 을사5조약의 체결은 무력을 앞세운 불법적인 폭거이며 따라서 무효일 수밖에 없다는 서찰을 써서 미국 대통령 루스벨트에게 전해달라고 헐버트에게 맡겼는데, 그 서찰의 내용은 이러합니다.

짐은 총검의 위협과 강요에 의해, 최근 한일 양국 간에 체결된 이른바 을사보호조약이 무효임을 선언한다. 짐은 이를 승인한 바도 없으며, 차후에도 목숨을 걸고 이에 동의하지 않을 것이다.

이 같은 고종황제의 밀서는 청나라를 거쳐 워싱턴에 있는 헐버트에게 타전되었고, 헐버트는 이를 서둘러 미국 국무장관을 통해 루스벨트 대통령에게로 보냈습니다.

그러나 어찌 된 일인지 아무리 기다려도 루스벨트 대통령의 반응은 없었습니다. 루스벨트 대통령이 고종황제의 서찰을 읽지 않았다는 설, 읽기는 했어도 앞에서 거론한 가츠라-태프트 협정에 위배되는 언동을 삼갔을 것이라는 등 설만 요란할 뿐입니다. 이리하여 고종황제의 '워싱턴 밀사사건'은 도로에 그치고 말았습니다.

이윽고 일본 정부는 '을사보호조약'이 체결되었음을 세계의 여러 나라에 통고하였습니다. 미국은 기다렸다는 듯이 서울에 있는 미국 공사관의 철수를 명했습니다. 미국 공사 몰간이 본국의 훈령에 따라 공사관의 철수를 서둘자 독일, 영국, 프랑스, 덴마크 등의 공사관도 철수를 서두를 수밖에 없었습니다. 외교권이 박탈된 나라에 공사관을 둘 수가 없다는 것이 그들의 명분이었습니다.

이로써 대한제국과 수호조약을 맺은 모든 외교국과의 사무는 일본국 외무성을 통해서만 이루어지게 되었으니 외교권의 박탈이란 이를 두고 하는 말입니다.

토지가 있습니까,
인민이 있습니까

폐하에게 지금 국가가 있습니까, 토지가 있습니까, 그리고 인민이 있습니까?
이제 국가도 없고 토지도 없고 인민도 없다면,
두려워할 것은 저항 없이 나라를 물려주는 치욕뿐입니다. …… 비유컨대 숨이 끊기려는 사람에게는
백약이 받지를 않으니 한 번 독삼탕이나 써 보는 것이 여한이나 없겠습니다.
- 면암 최익현의 〈상소문〉 일부

이어지는 분사

대망의 20세기는 그 개막과 함께 대한제국의 국운을 암담하게 하였음은 앞에서 언급한 바와 같습니다만, 1905년 11월 18일 새벽에 강제 체결된 이른바 '을사늑약'은 조선 민중들을 통탄하게 하였고 또 분노하게 하였습니다.

대한문 광장에 몰려든 민중들의 항의시위는 날로 더해갔습니다. 글을 아는 유림들은 살을 에는 추위 속에서도 대한문 앞 맨바닥에 꿇어앉아 통곡을 멈추지 않았으며, 또한 직간과도 다름이 없는 상소문을 올렸습니다. 뿐만 아니라 학생들은 교문을 박차고 달려나와 체결된 조약이 원천무효임을 소리높이 외쳤습니다.

전 의정부참찬 이상설李相卨은 매국조약에 관여한 모든 대신들을 적신賊臣이라고 불렀고, 그들의 참살을 강력히 요구했으나 고종황제로부터는 아무 비답도 들려오지 않았습니다. 그러나 그와 같은 상소의 내용이 백성들에게 알려지면서 소위 '을사5적'을 응징하려는 폭탄투척이 있었고, 더러는 일본군의 시설을 습격하기도 하였습니다.

원임대신이자 특진관인 조병세趙秉世가 77세의 노구를 이끌고 대한문 광장의 시위에 동참하였습니다. 그의 뒤로 이근명李根命을 비롯한 다수의 우국지사들이 따랐습니다. 이들은 미리 마련한 상소를 올리고 뼛속 깊이 스며드는 한기를 견디며 고종황제의 비답을 기다렸습니다.

이들이 올린 상소 또한 매국5적을 격렬히 규탄하는 내용이었고, 일본 공사 하야시 곤스케를 비롯한 서양 각국의 공사들에게 보내는 격렬한 항의문도 포함되어 있었습니다. 나라가 위기에 처하면, 아니 사회가 갈피를 잡지 못하는 혼란에 빠지면 먼저 원로元老가 나서서 수습에 앞장서는 것이 미덕이자 리더십의 본분입니다. 그 까닭은 자명하지를 않습니까? 바로 그들이 나라로부터는 후한 국록을 받았고, 백성들로부터는 존경을 받았기 때문입니다.

원로의 반열이나 지도자의 위치에 있는 사람들이 모범을 보이지 않는 시대처럼 암담하고 삭막한 시대는 없습니다. 지금의 우리 시대가 바로 그런 암담하고 불행한 시대일 것입니다.

이미 우리는 21세기를 열어갈 대통령을 선출하는 대선의 혼돈을 두 번씩이나 겪었습니다. 대통령 선거에 내보낼 후보자를 선출하기 위해 여러 정당에서는 홍역을 치른 듯 숱한 곤혹을 치르는 광경을 지켜보아야 했습니다. 경선에 나선 여러 후보자들이 유권자들에게 보여준 시대착오적인 행태는 목불인견 바로 그것이었습니다.

후보자들에 의해 쿠데타로 집권하여 수많은 젊은이들에게 헤아릴 수 없이 많은 고통을 안겨다 주면서 유신으로 정권을 연장하고, 일인

독재를 꿈꾸다가 부하가 쏜 총탄으로 목숨을 잃은 박정희 대통령의 망령이 되살아나는 끔찍한 일도 있었습니다.

숨도 제대로 쉴 수 없었던 군사독재 시절, 혹독한 고문으로 목숨을 잃은 사람, 살아 있어도 매질로 병신이 된 사람, 행방불명이 된 사람, 대학에서 쫓겨난 교수와 학생들, 당사자는 고사하고 그들의 가족들이 시퍼렇게 살아 있는데, 대통령이 되겠다고 유세에 뛰어든 후보자들은 자신들이 박정희와 키가 같다느니, 성격이 같다느니, 모습이 비슷하다느니 하는 터무니없는 말들을 마치 경쟁을 하듯 떠벌리더니 급기야는 그를 모시고 일했다는 것을 무슨 자랑처럼 들먹이는 지경에까지 이르렀습니다.

박정희 대통령이 이루어놓은 조국 근대화의 업적을 깎아내릴 생각은 추호도 없었습니다만, 다만 그로 인해 그의 과실이 희석될 수는 없기 때문입니다. 백 번을 양보해 '박정희 대통령의 근대화정신을 이어가겠다!' 라는 포부까지는 나무랄 생각은 없다고 하더라도, 대통령에 출마한 후보가 자신의 모습이 텔레비전 화면으로 전국에 방송된다는 것을 알면서 그의 사진 밑에서 넙죽 큰절을 사람도 있었습니다. 뿐만이 아닙니다. 어떤 후보자는 유치하게도 박정희 대통령의 헤어스타일을 하고서 카메라 앞에 나서기도 하였습니다. 그리고도 그들은 광주의 망월동묘지에 가서는 마치 독재와 싸운 전사인양 박정희 대통령을 그리워하던 자신의 언동을 까뒤집는 꼴불견을 연출하였습니다. 모순 덩어리의 시대가 아닐 수 없습니다.

당내의 경선이 끝나도 그 결과에 승복하지 않는 사람, 다시는 정치를 하지 않겠다면서 은퇴선언 기자회견까지 하고서도 버젓이 다시 출마하는 사람도 있었고, 5년에 한 번 있는 대통령 선거에 3번 연속 출마를 한 사람도 있었고, 그렇게 당선된 사람도 있습니다. 무엇보다도 부끄러웠던 것은 그런 일이 버젓이 진행되는데도 그것을 탓하지 않은 것은 고사하고, 그들에게 표를 던졌던 국민들이 건재하다는 사실입니다.

문맹률 83퍼센트의 암담했던 시절에서 벗어났고, 초근목피의 가난에서도 벗어난 우리들입니다. 겨울이면 털옷을 껴입고, 여름이면 비키니 수영복으로 전신을 드러내질 않습니까. 어디 그뿐입니까? 친구들과 함께 패를 짜서 외국으로 골프여행을 갈 정도로 우리는 풍족하게 살고 있습니다.

대통령은 뭐하는 사람이며, 국무총리는 또 뭐하는 사람입니까? 장관은요? 또 대학의 교수들은 뭐하는 사람들입니까? 입을 가지고 있으면서도 지식인 노릇을 하지 않고, 글을 쓸 줄 알면서도 날로 암담해지는 현실의 일은 얼버무리기만 하고, 현실의 어려움과는 아무 상관도 없는 귀신 나락 까먹는 소리만 늘어놓고 원고료만 챙긴대서야 어찌 말이 됩니까.

문득 공자께서 하신 말이 생각납니다.

나라에 정도正道가 서 있을 때 녹을 받는 것은 영광스러운 일이지만, 나라에 정도가 서 있지 않을 때 국록을 받는 것은 수치스러운 일이다.

그렇습니다. 총리나 장관을 지내던 사람들은 자신이 국록을 받을 때 백성들은 어떻게 살고 있었는지, 비록 자신이 주장하지는 않았어도 잘못된 정령政令은 내려지지 않았는지, 그런 일이 있을 때 자신은 무엇을 하고 있었는지에 대해 늘 떳떳해야 하는 것이 국록을 받는 사람들, 아니 지식인의 본분이어야 하지를 않겠습니까.

이 같은 우리의 현실에 비한다면, 77세의 조병세가 노구를 이끌고 대한문 광장으로 달려 나와 통한의 눈물을 쏟는 것이 참으로 존경스럽고 부러운 일이 아닐 수 없습니다. 고종황제는 조병세를 비롯한 특진관들의 충정이 고마워서인지 이들의 인견을 허락하였습니다. 그러나 고종황제에게는 이들을 위로하는 말밖에는 아무것도 할 수가 없었습니다. 일본군 사령부를 등에 업은 일본국 공사관의 또 다른 보복이 있을까 두려웠기 때문입니다.

아니나 다를까, 고종황제를 배알하고 덕수궁에서 물러나오던 조병세의 일행에게는 뜻하지 않았던 불행이 밀어닥쳤습니다. 일본군 헌병들이 그들을 연행하기 위해 기다리고 있었기 때문입니다.

-대한국 정부의 고관이니라. 당장 물러서지 못하겠느냐!

조병세의 호령소리가 쩌렁쩌렁하게 울렸으나, 일본군 헌병들의 일갈은 실로 맹랑하였습니다.

-너희가 일본군의 허락 없이 황제를 만났으니 중벌을 받아 마땅할 것이니라!

대한제국 정부의 고관이 일본의 허락을 받고 황제폐하를 배알한대서야 이게 어디 말이 됩니까. 그러나 조병세 일행은 더 이상 항거할 수

조차도 없었습니다. 일본군의
횡포가 도를 더하고 있었기 때
문입니다.

일본군 사령부로 강제 연행
된 조병세 일행은 그로부터 이
틀 후 석방되기는 하였으나,
일본군 헌병에게 시달린 정신
적, 육체적인 고통으로 인해
조병세의 노구는 지칠 대로 지
쳐 있었습니다. 그에게는 5백
년 왕조의 앞날이 보이질 않았

민영환

습니다. 눈앞은 캄캄절벽, 오직 절망뿐이었습니다.

12월 1일, 조병세가 많은 양의 아편을 먹고 자진하였다.

대한문 광장으로 나가 상소문을 올린 날로부터 닷새째 되는 날이었
습니다. 그의 분사는 수많은 민중들의 가슴에 충격과 울분을 안겨주었
습니다.

분사는 계속되었습니다. 특히 시종무관장侍從武官長 겸 육군부장陸軍
副將인 민영환閔泳煥의 자결은 고종황제를 비롯한 수많은 사람들을 통
곡하게 하였습니다. 그는 미국을 비롯한 영국, 독일 등 7개국의 공사를
역임했을 만큼 세계정세에 밝았으며 고종황제의 지극한 사랑과 깊은
신임을 받고 있었기 때문이었습니다. 물론 후일의 일입니다만, 민영환

이 순국한 자리에서 참대가 솟아올라 그의 대쪽 같은 충절이 죽지 않았음을 만세에 알렸다는 고사가 전해지기도 합니다.

또한 경연관 송병선, 전 참찬이자 갑신정변의 주역이었던 홍영식의 형인 홍만식洪萬植, 학부주사 이상철李相哲, 평양의 이름 없는 병사 전봉학全奉學도 스스로 목숨을 끊어 매국조약의 체결에 항거하였습니다.

그런 분사가 계속되는 와중에서도 한 인력거꾼의 자결은 진실로 우리의 가슴을 뜨겁게 하고도 남습니다. 그는 많은 사람들이 지켜보는 앞에서 조약체결의 부당성을 절규하면서 스스로 목숨을 끊었기 때문입니다.

물론 고종황제도 그들의 분사를 안타까이 여겼습니다. 후일에 공개된 《덕수궁이태왕실기德壽宮李太王室記》에 보면 당시 고종황제의 아픈 내심이 상세히 기록되어 있습니다. 우선 민영환의 자결을 안타까이 여겨 모든 장례비용을 국고에서 지출하게 했으며, '충정忠正'이라는 시호를 내려 그의 순국을 애도하였습니다.

또한 조병세에게도 '충문忠文'이라는 시호를 내렸고, 그 밖의 분사에 대해서도 벼슬을 추증하는 등 예우를 아끼지 않았으나, 그 기록이 12월 24일을 끝으로 더 이어지지 않고 있음을 볼 때 일본인 관헌의 감시와 협박이 고종황제에게까지 미치고 있었음을 알 수가 있습니다.

날로 조직화되고 무자비해지는 일본군과 일본국 공사관의 동태가 대한문 광장에 운집한 학생과 유림들에게 전해지면서 조선 백성들도 보다 조직화된 항일 투쟁이 필요하다는 사실을 절감하게 되었습니다.

위정척사의 화신이요, 반일 선비의 대명사 면암 최익현이 망국조약인 을사5조약의 체결을 보고만 있었대서야 말이 되지 않습니다. 그는 을사늑약의 무효화와 매국5적의 처단을 요구하는 상소를 써 들고 도성으로 향했습니다. 12월 3일의 일이었습니다.

실로 한탄스럽고 원통합니다. 난신적자가 그 어느 때인들 없으리오만, 어찌 이번같이 도장을 마음대로 찍고 조약을 맺은 저 박제순, 이지용, 이근택, 이완용, 권중현 같은 자들이 있겠습니까.

당초에 왜적들이 이 신약을 기어코 성립시키려고 온 것이라면 우리 정부로서는 반드시 그것을 모를 리가 없었을 것입니다. 이미 알고 있으면서도 그것을 온 나라 동포들에게 보여 필사지의必死之義로써 밝히지 못하고, 아무도 모를 야반에 회의를 열어 진행하였다는 것 자체가 도적들이 하는 형세라고 하겠습니다.

신 조약 체결 때 폐하께서 비록 일인들에게 협박을 당하였다 하여도 책상을 치며 한번 천위天威를 떨치시고 또 참정 이하 제 대신들이 전 선정先正 김상현金尙憲이 화의서和議書를 찢었듯이 한사코 물리쳐, "비록 내 목은 가져갈 수 있어도 이 조약은 이룰 수 없다."라고 버티었더라면, 제아무리 군사를 거느리고 윽박지르는 저들이라도 우리를 가히 어쩔 수 있겠습니까. 하물며 각국 공사관이 바라보는 이목들이 있고 우리들 동포 인사들이 떨쳐 일어남이 있는데 저들이 또한 어찌 우리 모두를 죽여 없앨 수 있겠습니까!

설사 저들이 아무리 흉악한들, 그리고 군대를 앞세워 강요한들 우리가 응낙하지 않으면 어찌하지 못할 것입니다. 군위君位가 아직 바뀌지 않았고, 인민이 아직 망하지 않았으며, 각국 공사들이 아직 돌아가지 않은 이때 조약의 서書는 폐하와 참정의 인가를 얻지 못한 것이니, 이는 맹약盟約이 아니라 위약僞約임을 일본 공사관에 즉시 통보하고 만국 공사관에 빨리 통보하여 신 조약의 무효화와 일본의 죄상을 만천하에 알려야 합니다.

통한으로 가득한 우국의 충정이요, 국익이란 무엇인가에 대한 지식인의 사명감이 아닐 수가 없습니다. 면암 최익현의 충의는 여기서 그치질 않았습니다.

사흘 뒤인 12월 6일, 팔도의 사민土民에게 고하는 글을 써서 1천5백만 대한 민중의 가슴에 우국의 정기를 뜨겁게 달아오르게 하였습니다.

당당한 대한민주大韓民主의 백성이 구차하게 고개 숙여 저 원수 일본 밑에서 하루 삶을 구한다면 어찌 죽음보다 나으랴. 우리나라는 토지도 인민도 모두 자립이요, 자주였다. …… 이에 감히 포고로써 호소하노니 나라 안 온 동포들이여, 바라건대 이를 죽어가는 한낱 늙은이의 말이라 흘려버리지 말고 부디 우리 모두 스스로 힘내고 굳게 다져서 우리의 인종마저 바꾸려는 저들의 악랄한 간계를 끝내 막아낼지어다.

면암 최익현이 줄기차게 주장하고 실행한 것은 위정척사의 신실학新實學정신이었습니다. 그가 오랫동안 끊임없이 주장하고 우려했던 일들이 눈앞의 불행으로 나타나고 있었기에 울분은 더해질 수밖에 없었습니다.

면암 최익현의 글은 조선 민중들의 가슴에 우국충정의 불길을 당겼습니다. 나라의 운명을 걱정하는 청년들은 매국5적과 친일주구들의 집에 폭탄을 던지고 방화하며 또 그들을 습격하였습니다만, 성과보다는 그 자체에 만족할 수밖에 없었습니다.

최익현은 12월 14일에 다시 통한에 사무친 배일 상소를 올려 고종황제의 심금을 울렸습니다.

폐하에게 지금 국가가 있습니까, 토지가 있습니까, 그리고 인민이 있습니까? 이제 국가도 없고 토지도 없고 인민도 없다면, 두려워할 것은 저항 없이 나라를 물려주는 치욕뿐입니다. …… 비유컨대 숨이 끊기려는 사람에게는 백약이 받지를 않으니 한 번 독삼탕이나 써 보는 것이 여한이나 없겠습니다. 이같이 죽을 것을 뻔히 알면서도 결단을 하지 못해 뒷날에 유한을 남기는 것이 어찌 또한 거듭 슬픈 일이 아니겠습니까.

최익현의 호소는 지식인의 사명감이 무엇인지를 명료하게 보여주고 있습니다. 무력하게도 장차 왜적에게 나라를 내주게 될 것이라면 무력으로라도 저들과 최후의 항쟁을 겨루는 것이 국왕 된 도리요, 신민 된 도리임을 직언하고 있는 내용이지만, 고종황제의 결단을 얻어낸다는 것은 무력항쟁보다 더 어려운 일이 아니고 무엇이겠습니까.

최익현은 탄식할 수밖에 없었습니다.

─ 나 또한 민영환, 조병세, 홍만식, 송병선처럼 목숨을 끊기는 어렵지 않으나, 사람마다 목숨을 끊는다면 장차 나라의 회복은 누가 한단 말이냐. 내 이미 늙고 병든 몸이 오직 한스러울 뿐이로다.

정산본제로 돌아온 면암 최익현은 3세 때 어머니와 사별한 장손 원식의 관례冠禮를 서둘렀습니다. 손부孫婦를 맞아들이기 위해서였습니다. 눈에 넣어도 아프지 않는 손자에게 배필을 맞아주지를 않고서는 큰일에 나설 수가 없었기 때문입니다. 손부는 방년 16세의 안동 김씨로 맞았습니다. 면암 최익현은 기쁘기 한량없었기에 나이 어린 손부를 애지중지하였습니다.

12월 20일, 조선 통감부韓國統監府의 설치령이 포고되다.

이제 대한제국의 운명은 불행하게도 통감정치 시대로 접어들게 되었습니다.

노구를 던지리로다

새해가 밝았습니다. 1906년은 국가적으로도 또 면암 최익현에게도 그야말로 운명의 새해였습니다. 대한제국으로서는 일제에 의한 통감정치의 시행으로 주권을 상실하게 되는 해가 될 것이며, 면암 최익현에게는 생애를 마감하는 충정을 불태우는 해가 될 것이기 때문입니다.

최익현의 연치 어언 74세, 스스로 백수(白首)라고 표현했을 만큼 백발은 성성하였습니다만 그의 열화 같은 나라 사랑은 더 뜨겁게 타오르고 있었습니다. 한 치 앞도 내다볼 수 없는 극동정세의 변화도 대한제국 정부의 무력함을 더하는 큰 요인이었습니다. 통감정치의 실행을 빙자한 일본 제국의 간악한 조선 정책도 갈피를 잡지 못하는 민심을 곤두박질 치게 하였습니다.

일본을 유람하고 돌아와서 보성전문학교(普成專門學校, 지금의 고려대학교)를 설립한 바 있는 이용익(李容翊)이 러시아의 연해주에서 암살되었다는 소식이 들려와서 민심을 어지럽히더니, 마치 그 분풀이에 나서듯

군부대신 이근택이 자객의 습격을 받았으나, 구차하고 모진 목숨은 온갖 수모를 겪으면서도 끊어지지 않았습니다.

임시 통감서리로 임명된 일본군 사령관 하세가와 요시미치 대장은 대한제국 정부의 외부(外部, 지금의 외무부)를 폐지하고 그 대신 의정부에 외사국外事局을 두어 허울뿐인 외교문서를 보관하게 함으로써 실질적인 외교권을 박탈하였고, 해외 한국인에 대한 보호권도 일본국 외무성에 이관하는 등 대한제국 정부의 기구를 축소하여 통감의 영향력을 높여 나갔습니다.

조약문에 명시되기는 하였지만, 외교권의 박탈이 현실의 일로 전개되자 백성들은 비로소 을사5조약의 실체가 무엇인지를 알게 되었습니다. '폐하에게 지금 국가가 있습니까. 토지가 있습니까. 그리고 인민이 있습니까' 바로 면암 최익현의 상소문에 적힌 구절입니다. 어찌 이리도 절절한 구절이 현실의 일이란 말입니까.

2월이 되자 면암 최익현은 다시 정산본제를 나와 경기도 진위振威 등을 돌면서 대중집회를 주도하였습니다. 뒤늦게라도 을사늑약의 부당성을 널리 알리자는 결기였습니다. 그리고 도성으로 올라가 결사항전을 채근하는 직소를 올릴 예정이었으나, 이를 탐지한 일본 헌병들은 최익현을 강제 연행하여 다시 정산본제에 연금하였습니다. 때가 불리하다고 판단한 면암 최익현은 병이 중태라 칭하고 내당에 들어가 기거하면서 일단 일본군의 감시를 피하기로 하였습니다.

호남의 거유 전우田愚가 최익현의 정산본제를 방문한 것이 이 무렵이었습니다. 전우는 유림들이 창의唱義하지 않을 수 없음을 극력 피력하였습니다. 그러나 최익현은 전우의 결기를 간곡히 만류하였습니다.

－나와 간재(艮齋, 전우의 호)의 처지는 다르다. 나는 관직 출신이니 죽음으로써 보국報國하여야 하나, 간재는 미 출처사(未出處士, 벼슬하지 않은 선비)니 결기할 필요 없이 후진들에게 도통(道統, 학문)을 전하여야 할 것이다.

바로 여기에 면암 최익현의 중심사상인 공존공승共存共勝의 이념이 그의 주변에서부터 실행되고 있었음을 알 수가 있습니다.

3월 2일, 초대 통감 이토 히로부미가 취임하다.

이로써 대한제국의 운명은 더욱 풍전등화와 같이 되고 말았습니다.

초대 통감 이토 히로부미는 대한제국 정부로 하여금 일본의 흥업은 행興業銀行으로부터 1천만 원의 차관을 얻도록 강요하여 서울에 거주하는 일본인들의 편의시설 등에 투자하게 하였습니다. 대한제국 정부로 하여금 차관을 들여오게 하고 그 돈으로 조선 주재 일본인들의 편의시설을 꾸미게 한 것이 조선 통감 이토 히로부미가 첫 번째로 한 일입니다. 이른바 통감정치의 개막은 조선 민중들의 희생을 전제로 시작되었다는 뜻입니다.

이에 전 참판 민종식閔宗植은 충청도 홍산鴻山에서, 정용기鄭鏞起는 경상도 지역에서, 신돌석申乭石은 경북 영해寧海에서 의병을 조직하여 거병하는 등 반일 항쟁도 불길처럼 타오르기 시작하였습니다.

윤4월 7일, 최익현은 일본 정부에 주는 글을 발표하여 일본 제국의 침략 야욕을 질타하였습니다.

교만한 탐욕은 흥興에서 망亡으로 옮기는 계단이다. 자고로 남의 나라와 민족을 함부로 침략하고 능욕하다가 끝내 화란禍亂을 당하지 않은 예를 보지 못하였다. 천리天理를 말하더라도 복선화음福善禍淫은 불역不易의 정론이다. 귀국이 앞으로 동양의 패권을 잡으려면 신의를 지켜라. …… 이 글은 한갓 우리나라만을 위한 것이 아니요, 귀국을 위함도 될 것이며, 동양전국을 위하는 길이 될 것이다.

이 밖에도 다케조에竹添進一郎, 오시마大島圭介, 미우라三浦梧樓, 하야시林權助, 하세가와長谷川好道 등 조선 침략의 선봉에 섰던 원흉들의 죄상을 낱낱이 지적하는 16개 항목을 열거하면서 일본 정부의 간교함을 문죄問罪한 내용도 포함되어 있습니다. 또 일본 정부가 조선에 대해 불신불의不信不義한 동태를 계속한다면 마침내 조선, 청국, 일본의 세 나라의 신뢰는 무너질 것이며, 그리되면 일본은 반드시 열강에 의해 패망할 것이라는 예언도 포함되어 있었습니다.

제2차 세계대전의 결과를 감안한다면 실로 무서운 통찰력이 아닐 수가 없습니다. 그러나 최익현이 올린 여러 상소에 대한 고종황제의 비답은 끝내 없었습니다. 최익현은 자신의 소임을 행동으로 옮길 수밖에 없다고 다짐하게 됩니다.

일본 제국의 무도한 침략 야욕과 간악한 통감정치의 부당함을 명백하게 드러내기 위해서라도, 조선 백성들을 깨우쳐서 민족정기를 결집하기 위해서라도 무력봉기는 불가피하였습니다. 그리고 최익현은 자신의 노구를 그 싸움터에 던지리라 다짐하였습니다.

무성서원

정부는 있어도 다스림이 없는 대한제국이었습니다. 황실은 있어도 나라가 없는 꼴이나 다름이 없었습니다. 모든 정령政令은 조선 통감부에서 발령되었고, 대한제국의 정부와 대신들은 그것을 실행하는 기구로 전락되었다면 꼭두각시나 다름이 없습니다. 뜻이 있는 사람들은 치욕감으로 몸을 떨다가 마침내 항일 투쟁전선에 몸을 던지게 되었습니다. 그것이 나라가 위급지경에 이르렀을 때 지식인이 취할 태도知行라고 확신하였기 때문입니다.

정산본제에 연금되어 있던 면암 최익현은 일본군 헌병대의 감시의 눈초리가 무디어진 틈을 이용하여 마음에 다짐하였던 결기를 행동으로 옮겼습니다. 1906년 2월 21일, 최익현은 74세의 노구를 이끌고 가묘家廟에 하직을 고하였습니다. 그리고 아끼던 참빗 등 일용품을 금지옥엽과도 같은 손부에게 맡기면서, "할아비 보듯 하라."라는 작별의 말을 남기고 정산본제를 떠났습니다.

정부인貞夫人 한씨는 자부 임씨와 손부 김씨에게 자신의 심회를 조용히 털어놓았습니다.

— 대감께서 유배지에 계실 때 나는 언제나 토방에 홀로 앉아 그 어른의 고초를 함께 하면서도 송구한 마음을 감추기가 어려웠는데, 이번 일은 대감께서 몸소 충정하는 길에 나서시었으니 내가 토방에 들 일은 아니질 않느냐. 나로 인한 심려는 말도록 하여라.

그렇습니다. 정부인 한씨는 지아비 최익현이 귀양지에 부처될 때마다 토방에 홀로 앉아 지아비의 고초를 함께 체험할 만큼 조선의 참여인이었습니다. 그러나 이번에는 얼굴에 화색을 드러내며 지아비의 장도를 기원했습니다.

면암 최익현은 미복 차림으로 전라북도 태인泰仁을 향해 빠른 발걸음을 옮겼습니다. 태인에 임병찬林炳瓚이 있기 때문입니다. 임병찬은 본시 군리郡吏였는데, 동학군을 토벌하는 대공을 세웠다 하여 낙안군수樂安郡守에 제수되었다가 친상을 당하여 시묘侍墓살이를 하고 있었습다.

최익현은 노구를 이끌고 몸소 그를 찾아갔습니다. 임병찬에게 있어서 최익현의 출현은 천명이 당도한 것이나 다름이 없었습니다.

— 본시 나라에는 삼통三統이 있으니, 부통父統, 군통君統, 사통師統이라. 부통은 이체理體로 존재하니 체통體統이 되는 것이요, 군통은 이법理法으로 존재하니 법통法統이 되는 것이며, 사통은 도리理道로 존재하니 도통이 아닌가. 그대에게는 지금 나라가 무너졌으니 이미 법통이 사라졌음이요, 부모의 친상을

당했으니 체통이 또한 사라졌다. 이 두 가지를 다시 살리기 위해서는 체통을
지키는 효를 법통을 지키는 충으로 옮겨가야 하지를 않겠는가.

실로 최익현 사상의 집약이랄 수 있는 〈삼통위일三統爲一〉과의 만남
이 아닐 수가 없었습니다.

- 시생, 선생님의 도통(道統, 사제의 도리)을 따르겠습니다.

임병찬은 그날로 시묘살이를 중단하고 최익현의 고제가 되었습니
다. 특히 호남 지방에는 최익현의 문도가 많았습니다. 따라서 두 사람
이 많은 문도들에게 거병의 당위성을 호소한다면 또 다른 유림들도 따
를 것임도 확신하였습니다.

6월 4일, 최익현과 임병찬은 태인의 무성서원武城書院으로 달려가 80
여 명의 유림들과 강회講會를 열고, 거병의 불가피함을 강론하였습니
다. 이때 결의된 행동 지침이 향약서고조약鄕約誓告條約입니다.

이때 올린 최익현의 기병소起兵疏는 이러합니다.

신은 사사로이 옛사람들을 살펴보니 나라가 망하는 날을 당함에 몸을 감춘 사
람도 있으니 중국 고대 은殷 왕조의 미자微子가 그러하였으며, 죽은 사람도 있
으니 범경문范景文 등이 그러한 사람이며, 적을 토벌하다 완수하지 못하고 죽
은 사람도 있으니 한나라의 적의翟義와 문천상文天祥이 그러합니다.

신은 불행히 오늘의 변을 보고 이미 숨어 있을 곳이 없으니 옳다면 오직 대궐
에 들어가서 진소陳疏하고 폐하의 앞에서 스스로 목숨을 끊는 것뿐입니다. 그

러나 폐하께서 능히 하실 수 없음을 잘 알고 있어 빈말로 번거롭게 소란을 피우는 것보다 한갓 글을 갖추어 올리는 것이 좋을 것 같습니다. 또한 인심이 아직도 국가를 잊지 않은 것을 보면 스스로 강제(溝濟, 전답 사이에 있는 도랑)을 경영하며 또한 경정涇情을 가까이하여 이로써 숨어서 살다가 동지 약간과 함께 적의와 문천상과 같은 일을 도모한 지 또한 4, 5삭이 되었습니다.

단지 신은 본디 계략과 지모가 없으며 노환이 겹친 데다 그만두는 자가 10명이면 8, 9명이나 되어 이로써 천연遷延을 면치 못하게 되었으며 앉아서 세월만 보냈습니다. 이제 간신히 계획이 조금 정해지고 인사들도 모여서 이에 윤4월 12일에 전 낙안군수 임병찬을 파견하여 나아가 전주를 거점으로 거병을 장려하여 차제에 북상하여 이등박문과 장곡천호도 등의 여러 왜놈들을 불러 모아서 함께 단판을 지어 늑약(勒約, 을사5조약)을 취한 것을 소멸시키고 다시 나라의 자주권을 행사할 수 있도록 하며, 백성들의 씨를 바꾸는易種 화란을 면케 하는 것이 신의 바라는 것이며 대저 우리나라 사람으로 그들의 노예가 되는 것이 좋다고 날뛰면서 대의를 원수같이 보는 자는 죄도匪徒의 호칭을 붙이고 헐뜯으며 시끄럽게 구는 자는 신이 진실로 구휼할 틈을 주지 않겠습니다. …… 그러나 만일 하늘이 우리나라를 돕지 않고 이 뜻을 이루지 못한다면, 놈들에게 유린당하기 전에 신이 먼저 놈들과 싸워 죽는다면 악귀가 되어서라도 기어코 원수 놈들에게 이 땅에 용납하지 못하게 하겠습니다.

무성서원에 동참한 80여 명의 문도와 유림들은 피 끓는 결기를 새롭게 하며 서고조약을 행동으로 옮겼습니다. 수를 헤아릴 수 없는 무기와 탄약은 상여로 옮겨지고, 불과 보름 동안에 의병의 수는 무려 열 배에 가까운 8백여 명으로 늘어났습니다.

고국의 흙을 깔고

● ● ◉

면암 최익현을 따르는 8백여 명의 의병군은 큰 갓을 쓰고 도포를 입은 사람도 있었고, 총을 든 사람, 창칼을 든 사람 등 행색은 말이 아니었어도 충정만은 세차게 타오르고 있었기에 그들 의병군은 정읍井邑, 곡성谷城, 순창淳昌 등을 중심으로 크게 위세를 떨칠 수가 있었습니다.

6월 10일, 정부에서는 남원진위대南原鎭衛隊와 전주진위대全州鎭衛隊를 파견하여 최익현의 체포와 의병군의 섬멸을 명하였다.

통감부에서 두려워했던 것은 최익현의 명망과 인품이었습니다.

일찍이 이토 히로부미도 "조선군 10만은 두렵지 않으나, 진실로 최익현 한 사람은 두렵다."라고 피력한 바가 있었습니다.

만에 하나 면암 최익현의 명망을 따르겠다는 명분으로 전국의 유림들이 동요한다면 걷잡기 어려운 혼란이 야기될지도 모르는 일입니다.

– 최익현의 의병을 궤멸하기 위한 일이라면 어떤 수단과 방법을 동원해도 무방하다!

또한 일본군 사령부는 최익현의 의병군을 토벌하기 위해 일본군의 장비는 지원할 수 있어도 병력의 지원은 허락하지 않았습니다. 그들은 교활하게도 조선인끼리의 동족상잔을 획책하고 나섰습니다.

1906년 6월 12일, 최익현의 의병군과 정부군의 교전이 있었다.

최익현은 자신의 의병군을 토벌하기 위해 동원된 병력이 조선군 진위대임을 확인하고는 바로 의병군에게 퇴각을 명하였습니다.

– 우리가 거병한 것은 왜병을 물리치는 것이었지 동족의 가슴에 총을 쏘기 위한 것이 아니었다!

최익현의 의지는 결연하였습니다. 그는 정부군에게 군사_{軍使}를 보내 '동족끼리의 살생은 이로울 게 없다' 라며 설득을 시도하였습니다. 그러나 일본군 사령부의 지원을 받고 있는 정부군은 최익현의 충정을 무시한 채 의병군을 습격하여 최익현이 아끼고 사랑했던 약관의 서기書記 정시해鄭時海를 살해하였습니다.

– 내가 너를 죽였음이니라.

최익현은 정시해의 시신을 부여안고 통한의 눈물을 흘렸습니다만, 포로가 된 더 많은 문도들의 고초도 그의 괴로움을 더하게 하였습니다. 전라남도관찰사 한진창韓鎭昌은 잡혀온 의병군 포로들을 혹독하게 문초하였습니다. 그들의 목숨을 담보로 최익현의 투항을 종용하려는 속셈에서였습니다.

─젊은 의병들은 나라를 사랑했을 뿐인데, 어쩌 그들의 충정을 함부로 죽게 하리……!

면암 최익현은 지체 없이 의병군의 해산을 명했습니다. 그러나 임병찬 등 참모들은 의병군 해산의 부당함을 진언하면서 총공격으로 대적할 것을 적극 주장하였으나, 최익현은 동족과 싸울 수 없음을 재삼 강조하면서 의병군의 해산을 결행하였습니다. 그런 와중에서도 정부군의 맹렬한 공격은 끊임없이 계속되었고, 마침내 정부군은 의병군의 진영으로 난입하였습니다.

─최익현을 찾아라!

정부군의 광태는 목불인견이었습니다. 그들은 오직 최익현을 찾기 위해 혈안이 되어 있었습니다.

최익현은 74세의 노구를 이끌고 그들의 앞으로 나섰습니다.

─최익현 여기 있느니라. 너희가 나를 잡고자 한다면 당장 총격을 중지하고,

더 이상 무도한 살생을 멈추어야 할 것이 아니겠느냐!

충의로 일관된 당당한 일갈이 아닐 수 없었습니다. 정부군은 백발을 날리며 소리치는 최익현의 명에 따라 총격을 멈추고 그의 처분을 기다릴 수밖에 없었습니다.

"가자, 너희가 원하는 곳으로 갈 것이니라."라는 말을 남기고 면암 최익현은 정부군의 진영으로 발걸음을 옮겼습니다. 임병찬을 비롯한 13명의 참모들도 통한을 삼키며 스승의 뒤를 따랐습니다.

이때의 광경을 황현은 《매천야록》에 다음과 같이 적었습니다.

최익현은 평소 중망이 있었고 충의가 일세에 뛰어났다. 그러나 군대를 부리는 데 익숙하지 못하고 나이 또한 늙어서 일찍이 기모奇謀가 있어 승산을 계획했던 것이 아니라, 수백 명의 오합지졸은 모두 기율이 없었고 유생종군자는 큰 관을 쓰고 넓은 옷소매의 의복을 입어 마치 과거장에 나가는 것 같았으며 총탄이 어떤 물건인지 알지도 못했다.

6월 12일, 최익현과 임병찬을 비롯한 13인의 신병은 서울로 압송되어 조선 주차 일본군 사령부에 구금되었다.

막상 최익현을 구금한 일본군 사령부도 난감한 노릇이 아닐 수가 없었습니다. 최익현의 방면을 요구하는 유림들을 다독일만한 명분도 없었고, 만에 하나라도 조선의 유림들이 떼 지어 몰려와서 최익현의 석방을 요구하며 난동을 부린다면 여론만 악화될 것이 아니겠습니까.

'최익현의 신병을 일본 땅으로 옮긴다면?' 절묘한 대안이 아닐 수 없었습니다. 조선 주차 일본군 사령관 하세가와 요시미치 대장은 조선 통감 이토 히로부미와 최익현을 대마도로 보내는 것을 상의하였습니다.

　평소 10만의 조선군보다 최익현 한 사람이 두렵다고 말했던 이토 히로부미가 이 절묘한 안을 거부할 까닭이 없었습니다. 마침내 약식 재판을 치르고, 그 판결에 따른다는 형식을 빌려 면암 최익현의 신병은 일본 땅 대마도對馬島로 옮겨지게 됩니다. 조선 통감부나 일본군 사령부로서는 최선의 궁여지책이 아닐 수 없었습니다.

　다시 황현의《매천야록》에 적힌 바를 살펴보기로 합니다.

7월 초8일(음력) 계묘癸卯에 일본인은 최익현을 구금하여 대마도에 구류하였다. 최익현과 임병찬 등은 사령부에 구금된 지 두 달이 지났으나 반항하며 굴복하지 않아서 일본인은 드디어 등급을 나누어 죄안罪案을 정하고, 김기술 이하 9명은 태쯤 1백을 때려 석방하고, 고석진高石鎭과 최제학崔濟學은 4개월을 더 수감하고, 최익현, 임병찬 등은 모두 대마도 위수영에 구류키로 하니 문인, 자제, 진신, 장보(章甫, 유생을 가리킴) 등 영송자 30여 명이 통곡하며 실성했다. 최익현은 웃으며 말하기를, "제군들은 이같이 할 필요가 없다. 죽지 못한 것이 오히려 부끄럽다." 하고 흔쾌히 수레에 올라타고 가니 최익현의 자제 영조永祚와 임병찬의 자제 응철應喆은 부산항까지 따라갔으나 일본인이 칼을 휘둘며 쫓아서 그들은 통곡하며 돌아왔다.

　8월 17일, 최익현과 임병찬 등 일행은 부산포에 당도하였습니다. 여기서도 최익현의 우국충의는 여지없이 드러났습니다.

―자네, 물 한 동이 받아왔으면 좋겠네.

임병찬이 스승의 명을 따르기 위해 자리를 비운 사이에 최익현은 초량의 길바닥 맨땅에 앉아 대님을 풀었습니다. 그리고 맨손으로 초량의 흙을 보듬어 버선 밑바닥에 깔았습니다. 설혹 일본 땅에 끌려가더라도 적지의 흙을 밟지 않겠다는 굳은 결기를 다짐하는 것이며, 또 임병찬으로 하여금 물 한 동이를 받아오게 한 것은 일본 음식을 거부하리라는 단식의 결기를 다지고 있었기 때문입니다.

저녁 때가 되자 이들을 태운 배는 초량을 출발하였습니다. 면암 최익현은 대마도로 가는 뱃전에 서서 멀어지는 고국산천을 바라보았습니다. 살아서는 다시 보지 못할 고국산천임을 그는 알고 있었습니다.

단식과 유소

8월 18일 진시, 면암 최익현은 임병찬 등과 함께 원한의 땅 대마도의 이즈하라嚴原에 도착하였습니다. 이 뱃길은 예로부터 풍랑이 심하였는데 이날만은 평온하였다고 일본 측 사료에 적혀 있을 만큼 큰 관심사였습니다.

이즈하라의 일본군 수비대는 착검한 헌병들을 동원하여 최익현을 그들 위수영 경비대의 임시 관저로 사용하고 있던 잠업교사蠶業敎師의 집에 구금하였습니다.

일본군 경비대장이 불손한 태도로 말했습니다.

　―여러분은 일본의 음식을 먹게 되었으니 마땅히 일본의 명령을 따라야 한다.

면암 최익현은 가가대소하며 대답하였습니다.

－지금 이미 이 지경에 이르러 너희들의 음식을 먹고 너희들의 명령에 따르지
않는 것도 의義가 아니니, 지금부터는 단식하고 먹지 않는 것이 좋겠다.

그제야 임병찬을 비롯한 그의 고제들은 물 한 동이를 마련한 스승의
높은 뜻을 알게 되었습니다.

9월, 이때 이미 최익현은 세상과 하직할 것을 결심한 듯 고종황제에
게 올리는 유소遺疏를 쓰고 있었습니다.

죽음에 임한 신 최익현은 일본 대마도 경비대 안에서 삼가 서쪽을 향하여 머리
를 조아려 절을 올리고 상소를 올리옵니다. 의거한다는 말씀은 대략 갖추어서
이미 금년 윤4월, 일을 시작할 때 상소로 올렸사옵니다. 그 상소를 받아보셨는
지 여부는 신이 아직 알지 못하고 있사옵니다. 다만 신의 거사가 무상하여 마
침내 사로잡히는 욕을 당하였고, 그리하여 금년 7월 초8일 일본 대마도의 이
른바 저들의 경비대 안에 잡혀와 갇혀 있는 중이옵니다. 그들은 간교한 말로
써 설득했었습니다. 그러나 적정은 실로 헤아릴 수 없으니 저들은 반드시 신
을 죽이고야 말 것이옵니다. 다시 엎드려 생각하옵건대 신이 이곳에 들어온
이래 한 술갈의 밥, 한 모금의 물도 모두 저들의 손으로부터 나온 것인즉, 설사
저들이 신을 죽이려 하지 않는다 하여도 신은 차마 그것을 먹고 입과 배로써
더럽힘을 받을 수가 없사옵니다. 그러므로 먹기를 거부함으로써 고인故人들
이 스스로 죽음을 택했듯이 선왕께 헌신하던 의를 택하기로 하였사옵니다.
신의 나이 이제 74세, 죽은들 그 무엇이 애석하겠사옵니까. 다만 역적을 토벌
하지 못하고 왜적을 멸하지 못하였으며, 국권을 회복하지 못하고 강토를 찾지
못한 4천 년 화하정도華夏正道가 시궁창에 빠졌는데도 붙잡지 못하고 3천 리

적자赤子들이 어육이 되었는데도 구하지 못하였으니 이것이 바로 신이 비록 죽는다 해도 눈감을 수 없는 점이옵니다. 그러나 신이 생각하옵건대 왜적에게는 반드시 망하고 말 징조가 있으니 그것은 이제 멀어 봐야 수년 밖에 남지 않았사옵니다. 다만 우리가 대응하는 방법이 그 도리를 다하지 못할 것을 우려하옵니다. …… 바라건대 폐하께서는 국사가 어찌할 수 없게 되었다고 하지 마시고, 건강乾剛의 덕을 분발하시고, 성지聖旨를 확립하여 퇴미한 것을 떨치시고, 인순因循에서 깨어나 참아서 안 될 일은 참지 마시고 믿어서 안 될 일은 믿지 마시고, 허위虛威를 지나치게 겁내지 마시고, 아첨하는 말을 달게 듣지 마시고, 더욱 자주의 계획을 굳혀 영원히 의뢰하는 마음을 끊으시고, 세상의 형평을 살펴 그 가운데서 할일을 선택하오소서.

면암 최익현은 부산의 초량에서 마련해온 조선의 물만 마실 뿐, 일체의 식음을 거부하였습니다. 임병찬 등 그의 고제들도 스승의 뜻을 따를 것을 결의하였습니다. "선생님, 저희들도 따르겠사옵니다."라며 임병찬, 이식, 유준근柳濬根, 안환식安桓植, 남구진南奎振 등이 간곡하게 청했습니다.

최익현의 대답은 단호하고 완강하였습니다.

- 자네들은 내 뼈를 수습하여 조선 땅으로 돌아가야 할 것이며, 뿐만이 아니라 다시 거병하여 왜적을 물리치기 위해서라도 굳건한 모습으로 살아남아야 할 것일세!

이같이 비장한 최익현의 저항은 일본군 수비대장을 비롯한 관련자들을 전전긍긍케 하였습니다.

보고에 접한 조선 주차 일본군 사령관 하세가와 요시미치는 황급히 통감부로 달려가 이토 히로부미에게 이 사실을 고했습니다. 이토 히로부미는 당황하지 않을 수가 없었습니다. 그럴 수밖에 없는 것이 최익현으로 하여금 다시 조선 땅을 밟게 할 수도 없거니와 그렇다고 대마도에서 죽게 할 수도 없었기 때문입니다.

- 면암을 굶어서 죽게 해서는 안 된다. 수단과 방법을 가리지 말고서라도 단식을 중단시키라.

일본군 사령관 하세가와 요시미치 대장은 바로 정산본제에 사람을 보내 최익현의 장자 최영조를 불러올렸습니다.

- 모든 지원을 아끼지 않겠소. 면암 선생의 단식을 중단하게 해주시오. 그것이 자식 된 도리일 것이오.
- 보약을 지어가도 되겠소?
- 괘념하지 않겠소.
- 문도와 동행도 허락하시오.

하세가와 요시미치는 최영조의 요구를 들어주지 않을 수가 없었습니다. 사정이 지금과 같다면 최익현을 설득할 수 있는 사람은 오직 그의 맏아들인 최영조밖에 없었기 때문입니다.

9월 일, 최영조와 문인 오봉영吳奉泳, 임응철林應喆 등이 대마도에 도착하여 최익현을 문병하고, 조선에서 가지고 온 탕제를 권하였다. 그리고 5일 후 일단 귀국하였다.

10월 16일, 보병 경비대 안에 새로 지은 건물로 최익현의 거처를 옮겼다.

10월 19일, 최익현의 병환이 심했다. 처음에는 감기로 편찮다가 점점 위중하게 되었는데 경비대장이 군의軍醫와 약을 보냈으나, "이것으로서 자진自盡할 것이니 일본 약물은 일체 쓰지 않는 것이 좋다."라고 거절하였다.

11월 5일, 최영조을 비롯한 문인 노병희魯炳憙, 고석진高石鎭, 최제학崔濟學 등이 다시 대마도에 와서 간병하였다.

11월 17일(양력 1907년 1월 1일), 인시에 순국殉國하였다. 전보電報로 서울과 본제에 알렸다.

최익현이 절식임사絶食臨死하게 되었을 때 임병찬 등 제자들에게 마지막 남긴 시는 다음과 같습니다.

일찍 일어나 북두를 우러르고 임금님 계신 곳에 절하면 起瞻北斗拜瓊樓
흰머리 오랑캐의 옷자락에 분한 눈물 쏟아져 흐른다네. 白首蠻衫憤悌流
만 번을 죽는다 해도 부귀는 탐하지 않으리. 萬死不貪秦富貴
평생을 읽은 글이 노나라의《춘추》라네. 一生長讀魯春秋

'일생장독노춘추一生長讀魯春秋'라는 마지막 대목에 유념해야 할 것입니다. 글자만을 풀이하면 '평생을 읽은 책이 노나라의《춘추》라고 될 것입니다만, 최익현의 참뜻은《춘추》를 장독하였던 탓에 신하의 소

임을 다할 수가 있었고, 자식 된 도리, 부형의 도리, 스승의 도리를 다
할 수 있었다는 후회 없는 일생이 담겨 있는 절편이 아닐 수가 없기 때
문입니다. 결국 역사의 가르침을 평생의 지표로 삼았다는 뜻이 됩니다.

11월 18일, 입관하여 수선사修善寺에 옮겨 모셨다.
11월 20일, 조선으로 운구하였다.

통곡의 바다

● ● ◉

겨울바다는 싸느랗게 식어 있었습니다. 저무는 동짓달의 찬바람도 아랑곳하지 아니하고 수많은 인파가 몰려들었습니다. 모두가 슬픔에 잠긴 얼굴이었습니다. 마침내 면암 최익현의 유해를 모신 배가 보였습니다. 누군가가 소리 내어 흐느끼기 시작하자, 삽시간에 통곡소리가 온 바다를 뒤덮고 말았습니다.

면암 최익현이 살아 있음에 '천하동생天下同生'이요, 그가 세상을 떠났기에 '천하동사天下同死'라는 말을 실감하게 되는 장면이 아닐 수 없습니다.

11월 21일, 진시辰時에 부산의 초량에 내려, 상부사(商務社, 요즘의 상공회의소)에 안치되었다. 명정銘旌은 '대한국 정헌대부 의정부찬성 면암 선생 최공지구 大韓國正憲大夫議政府贊成 勉菴先生崔公之柩'라고 적었다.

면암 최익현의 시신이 부산포로 돌아서 향리로 운구될 때까지의 광경을 황현은 자신의 《매천야록》에 다음과 같이 적었습니다.

21일 영구가 부산에 이르니 우리 상민들은 파시하고 통곡하되 친척이 죽은 것같이 슬퍼하였다. 남녀노유가 모두 뱃전을 잡고 매달려 울어서 곡성이 넓은 바다를 진동시켰다. 상인들은 그 회사에 호상소를 마련하고 상여를 꾸몄으며, 하루 머물러 있다가 출발하니 상여를 따라오며 펄펄뛰며 우는 자가 수천수만이었다. 산승山僧·방기坊妓·걸인 등 속의 사람들까지 존광尊筐을 가지고 와서 뒤섞여서 저자를 이루었고, 만장을 모아 몇 필의 말에 실려서 왔으니 종일토록 10리를 지나지 못했으며, 입으로 부음이 급속히 전해져서 인사들이 모여들었다.

동래에서 출발하던 날에는 상여가 몇 번이나 떠나갈 수 없어서, 일본인은 사람이 많아서 변이 있을까 두려워하여 방호를 매우 엄하게 하였으나 마침내 능히 몰아서 오지 못하게 하지 못했다.

상여가 상주에 이르니 일본인은 괴로워하여 상여를 물리치고 기차에 싣고 순식간에 고향집에 도착하였다. 그러나 상주에 오기까지 3백 리 길을 10일간이나 허비하였다. 항간의 곡성은 온 나라 안에 퍼졌고, 사대부로부터 길거리에서 뛰어노는 어린이와 달리는 군졸에 이르기까지 모두 눈물을 흘리며 서로 조상하되, "면암이 죽었구나." 하였다.

국초 이래 죽어서 슬퍼함이 이같이 성황을 이룬 적은 없었다고 한다. 그러나 홀로 조정에서만은 은전이 없었으니 적신들이 나라의 일을 담당하였기 때문이다.

최익현이 죽기 수일 전 밤에 서울 동쪽에서 큰 별이 보이더니 바다 가운데로 떨어졌고 얼마 지나지 않아서 부음이 이르렀다. 영구가 동래항에 이르자 갑자기 처량한 비가 내리더니 쌍무지개가 물가에서 일어났다. 장례를 치를 때 큰비가 쏟아지더니 소상과 대상에 모두 고우苦雨가 온종일 쏟아져서 사람들은 더욱 이상하게 여기고 슬퍼하였다.

11월 22일, 유해가 안치된 초량 상무사에서 유교의식에 따라 성복成服하였다. 11월 23일, 발인하였다. 대거大擧, 영차靈車와 짐꾼은 모두 상무사에서 전담하였다.

상여를 뒤따르는 사람이 더욱 많아지고 집집마다 흰 기를 걸었으며 지나는 곳마다 사람들이 곡하며 맞이하여 첫날 겨우 10리를 가는 노정이었습니다. 최익현이 대마도에서 순국하였을 때 이즈하라의 경비대장이 부의賻儀로 혼전 2백 원을 보내와서 장자 최영조가 여러 차례 거절하였으나 대장이 성을 내면서 바다를 건너는 일을 방해하겠다고 해서 부득이 받아두었다가 발인하는 날에 우편으로 돌려보내는 촌극도 있었습니다.

창원에 이르자 10여 명의 병사들이 마항馬港에서 길을 차단하고 협박하면서 상여를 기차에 싣고자 하니 종자從者들이 정색으로 거절하자 일본군도 도리 없다는 듯 물러서는 지경이었습니다만, 그들은 예사롭게 바라볼 수만은 없었습니다. 대개 상여가 이르는 곳마다 사민士民이 무리를 이루니 혹 다른 일이 생길까 염려한 때문이었습니다.

창녕읍에 이르자 일본군 헌병소위 히라타平田錢次郎가 지휘하는 일단의 병사들이 조선 주차 일본군 사령관 하세가와 대장의 명령이라면서 길을 막자 종자들이 밤새도록 팽팽히 맞서 싸우기도 하였습니다. 곁에서 보고 있던 사람이 '이날 싸움은 10만 군대보다 강하여 왜적이 조선을 경영한 지 30년에 처음으로 저의 뜻대로 하지 못하였다' 라고 흐뭇해 한 일도 있었습니다.

이때부터 일본 헌병 수십 명이 교대로 따라와 연도에서 조상하고 치전하는 사람들을 쫓아내는 일에 열을 올리게 되었습니다.

12월 7일, 정산定山 본택에 도착하였다.

경유지 : 구포강-김해-창원-창녕-현풍-성주-개령-김산-왕간-영동-옥천-최덕-공주-정산.

4월 1일, 노성魯城 월오동면月午洞面 지경리地境里 무동산舞童山 아래 계좌癸坐 언덕에 장사지내다.

면암 최익현의 지고한 삶과 장렬한 최후는 외국인 인사들에게까지 애석의 도를 넘는 조의를 표하게 하였고, 조선 지식인의 굳건한 모습을 세계에 알리기도 하였습니다. 매천 황현을 비롯한 나라 안의 많은 유림과 선비들은 앞을 다투어 애간장을 녹이는 만사輓詞를 써서 적지에서의 순국을 애도하였고, 멀리 중국의 원세개袁世凱도 장중한 조사를 보내어 그의 선비 됨에 찬사를 아끼지 않았습니다.

특히 면암 최익현이 끝까지 원수로 지목했던 조선 통감 이토 히로부미까지도 다음과 같은 조사를 지어 그의 지조 높은 인품을 백이, 숙제에 비하면서 존경의 뜻을 표시하였습니다.

한왕께 절하고 공의 앞에 호곡하니 起揮韓王又哭公

바람에 젖은 눈물은 하늘에서 쏟아지네. 臨風麗淚雨蒼空

이름난 산 어디에다 유택을 정할거나 名山何處占幽宅

백이숙제의 땅에 앉아 공자의 땅을 바라보네. 坐以夷西向魯東

　면암 최익현이 주장한 대의大義정신은 아我와 비아非我가 함께 이기는 공존공승의 고귀한 사상으로 갈등과 반목을 일삼아온 현대인들에게는 큰 교훈이 될 것이며, 나라의 사정이 위난지경에 이르렀을 때 원로元老나 지식인들이 취해야 할 도리가 무엇인지를 명명백백하게 보여준 귀감이고도 남았습니다.

　실로 리더십의 원형이 담긴 인물이 아닐 수 없습니다.

차후의 모든 책임은
폐하께 있소이다

내가 이토 히로부미를 죽인 것은 한국독립전쟁의 한 부분이요,
또 내가 일본 법정에 서게 된 것도 전쟁에 패배하여 포로가 되었기 때문이다.
나는 개인 자격으로 이 일을 한 것이 아니라, 한국의군 참모중장의 자격으로
조국의 독립과 동양의 평화를 위해서 한 것이니 만국 공법에 의해 처리하도록 하라!
— 안중근의 법정 진술에서

최초의 야구경기

조선 통감 이토 히로부미는 대한제국의 정치력, 행정력을 무력하게 하는 일이라면 물불을 가리지 않았습니다. 조선 유림이 간직한 윤리 · 도덕의식을 와해하기 위해서는 새로운 지식으로 무장한 집단이나 개인을 양성하여 구시대의 유물과 대결하도록 시도하였다면 간교한 소행이고도 남습니다. 일테면 조선 사대부의 리더십을 무력화하는 이중정책의 일환으로 보아도 무방합니다.

1906년 2월, 훈련원 터에서 이 나라 최초로 야구경기가 열렸다. YMCA팀 대덕어학교德語學校의 대결이었다.

물론 선교사들에 의해 소개되는 서구의 스포츠 문화였지만, 움직임을 최소화하던 당시의 양반 사회에 미치는 변화는 엄청났습니다.

―허어, 머슴에게 대신 시킬 일이지, 웬 땀을 저리 자청해서 흘릴고…….

　테니스 경기를 지켜보던 어느 사대부의 독백은 그래서 시사하는 바가 큽니다. 조선 사회에 엄청난 변화를 몰고 올 사달이기 때문입니다.

　그리고 4월에는 최규동崔奎東에 의해 중등학교가 설립되었고, 엄 귀비嚴貴妃에 의해 명신明新여학교(진명進明여학교의 전신)가 세워졌으며, 민영휘閔泳徽에 의해 휘문의숙이 세워지는 등 신교육의 바람이 불었습니다. 신교육의 열풍은 당연히 새로운 문화를 동반하게 되면서 기존 정통 사회의 가치기준을 무너트리게 됩니다.

　6월 16일, 천도교天道教에서 〈만세보萬歲報〉를 창간하였습니다. 사장은 개화 초기의 선각자 역관譯官 오경석吳慶錫의 아들인 오세창吳世昌이었습니다. 오세창은 아버지 오경석의 유지를 받들어 금석학의 대가로 성장하였고, 서예가書藝家로서도 명성을 날리고 있었습니다. 물론 뒷날의 일입니다만, 3·1 운동 때 33인의 일원으로 참여한 선각자였습니다.

　1907년 벽두에 대마도에서 순국한 면암 최익현의 유해가 부산항으로 돌아옴으로써 주춤거리던 항일의 기세에 촉매제가 되었습니다.

　2월로 접어들면서 서상돈徐相敦, 김광제金光濟 등이 대구에서 국채보상운동國債報償運動을 발기하자 그 호응이 전국에 파급·확산되었습니다. 국채보상운동은 재정상태가 열악한 대한제국 정부가 짊어진 외채를 백성들의 힘으로 상환하자는 고귀한 국민운동이었습니다. 사대부의 협력은 물론이며 특히 부녀자들이 비녀, 가락지 등 아끼는 장신구까지 뽑아 던지는 모습은 눈물겹기까지 하였습니다.

　간악한 조선 통감부는 새로운 외채를 들여와 대한제국 정부의 열악

국채보상운동에 대한 〈황성신문〉의 기사

한 재정상태를 더욱 악화되게 하는 것으로 국채보상운동에 나섰던 조선 동포들의 가슴에 피눈물을 뿌리게 하였습니다. 조선 동포들은 반발하지 않을 수가 없었습니다. 이른바 을사5조약에 찬성한 다섯 대신을 응징하자는 여론도 다시 들끓어올랐습니다. 나인영羅寅永, 오기호吳基鎬 등은 오적암살단五賊暗殺團을 조직하여 오적 대신들의 집에 폭탄을 투척하기도 하고, 노상에서 습격하는 등 그들의 응징에 적극 나서긴 하였으나 불행하게도 모두 미수에 그치고 말았습니다.

7월 22일, 이인직李人稙의 《혈의 누(血의 淚)》가 〈만세보〉에 연재를 시작하였다.

얼마나 놀라운 일입니까. 우리 신문학新文學의 효시라고 불리는 이인직의 〈혈의 누〉가 이때 쓰였다면 새로운 문물이 교차되는 혼미한 시대라고 하더라도 새 것을 향해 달려가는 선각의 지식인들이 있었음을 알게 됩니다. 새로운 형식의 소설은 나라를 찾겠다는 직접적인 구국운동救國運動이 되는 것은 아닙니다만, 물질적, 정신적 혼란기라 하더라도 새로운 곳으로 향해 흘러가는 작은 물길이 있다는 점만은 확연히 알게 됩니다.

만국평화회의 밀사 파견

6월 29일, 네덜란드의 수도 헤이그에서 러시아의 황제 니콜라이 2세가 소집한 제2회 만국평화회의萬國平和會議가 열리게 되었습니다. 미국인 목사 헐버트와 고종황제의 생질인 조남승趙南昇이 정보를 입수하고 대표의 파견을 고종황제에게 은밀하게 진언하였습니다.

－폐하, 을사5조약이 일본 제국의 무력에 의해 강제 조인되었음을 세계 만방에 알리는 절호의 기회입니다.

고종황제로서도 설레는 가슴을 주체할 수가 없었습니다. 심중에만 묻어두었던 통한의 설움을 세계에 알리고, 그것을 계기로 일본 제국의 침략 야욕을 물리칠 수만 있다면 그보다 더 바람직한 일은 다시없을 것입니다.

―따르리라. 기울어진 국운을 바로 잡는다는 각오로 대표를 보내되 맡은 소임을 다하도록 하라.

이에 의정부참찬 이상설李相卨, 전 평리원감사 이준李儁, 전 주러 공사관 참사관 이위종李瑋鐘 등 세 사람이 고종황제의 신임장을 가지고 고국산천을 떠나 먼저 러시아의 수도에 이르러 전 주러 조선 공사 이범진李範晋의 도움으로 러시아 황제에게 다음과 같은 내용의 친서를 전할 수 있게 됩니다.

짐은 금일의 경우 갈수록 어려워져 사방을 둘러보아도 이것을 호소할 곳이 없소이다. 다만 폐하에게 이것을 말씀드립니다. 폐방 진흥의 여하는 전부 폐하의 고념顧念에 달려 있습니다. 지금 다행히 만국평화회의가 개최되고 있습니다. 그 회의에서 폐방이 겪고 있는 일이 실로 이유없음을 설명할 수 있을 것으로 압니다. 한국은 이미 노일개전 전에 각국에 중립을 선언하였습니다. 이는 세계가 다 알고 있는 바입니다.

현재의 정세는 깊이 분개하여 마지않습니다. 폐하께서는 폐방의 이유없이 화를 입고 있는 점을 특념하시어 극력하시와 짐의 사절로 하여금 폐방의 형세를 그 회의 개최에 즈음하여 설명하도록 하여 만국 공연公然의 물의物議를 일으킨다면, 곧 이로 인하여 폐방의 원권原權을 수회收回할 수 있을 것입니다. 과연 그렇게 되면 짐과 우리 한 전국은 감격하여 폐하의 혜택을 잊지 못할 것입니다. 전 주한 귀국 공사의 회거回去에 즈음하여 우리가 바라는 바의 깊은 마음을 진술하여 그 공사에게도 부탁하였습니다. 널리 살펴주시기를 바랍니다.

세 사람의 대표 중 이위종은
전 주러 공사 이범진의 아들이
기도 합니다. 이들은 러시아
황제의 지원을 믿으면서 현지
로 출발하였습니다.

헤이그에 도착한 밀사 일행
은 만국평화회의에 참석한 각
국의 의원들에게 면회를 신청

고종황제가 헤이그 특사들에게 내린 위임장

하였으나, 이미 을사보호조약으로 일본의 조선 지배를 인정하고 있었
던 미국과 영국 등은 고종황제가 파견한 대한국 밀사와의 면회는 고사
하고 대표성까지도 인정하려고 하지 않았습니다.

고종황제의 밀사들은 '진인사대천명盡人事待天命'의 심정으로 각국
의 대표들을 일일이 찾아다니면서 날로 어려워지는 대한제국의 참담
한 실정과 무력에 의한 일본 제국의 침략 야욕을 규탄하면서 협력을
요청하였으나, 일본국 공사관의 방해공작으로 분루를 삼킬 수밖에 없
었습니다.

네덜란드 주재 일본 공사 시마시오島鹽가 이때의 사정을 기록하여
일본 외무성에 발송한 보고서의 내용에 따르면, '작은 나라의 대표들
은 대개 조선이라는 점에 대하여 동정하고 있었으나 대국들은 전혀 받
아들이지 않았다'라고 적고 있습니다.

고종황제의 밀사들은 자신들에게 의해 대한제국의 어려운 사정이
다소 알려지기는 하였어도 소기의 목적을 달성할 수 없다는 사실에는
통감하지 않을 수가 없었습니다. 밀사들은 평화회의장에 들어갈 수조

이준, 이상설, 이위종으로 구성된 헤이그 특사

차도 없었습니다. 그들은 회의가 개최되는 날이면 회의장의 입구를 지키고 서서 각국 대표들에게 유인물을 나누어주는 등 최선의 노력을 다하고 있던 중에 이준이 분사하게 됩니다. 결국 헤이그 밀사사건은 엄청난 후유증을 불러일으키고 말았습니다.

네덜란드 주재 공사의 보고서를 검토한 일본국 정부는 마치 기다리고 있었다는 듯 즉시 각의를 열어 다음과 같은 방침을 정하고, 이를 조선 통감 이토 히로부미에게 통고하였습니다.

바로 이 문건에 조선의 합방계획이 들어 있다는 사실에 주목해야 할 것입니다.

한국 황제의 밀사파견에 관련하여 묘의廟議 결정한 대한對韓 처리 방침 통보의 건.

총리대신으로부터 외무대신에게 보내는 통문 57호.

귀 전보의 건에 관하여 원로제공元老諸公과 각료와도 신중히 숙의한 끝에 다음의 방침을 결정한 후 이 재가를 얻었음. 즉 제국 정부는 현하의 기회를 놓치지 않고, 한국 내정에 관한 전권을 장악할 것. 그 실행에 있어서는 정황情況을 참작할 필요가 있으므로, 이것을 통감에게 일임키로 함.

만약 전기 희망을 완전히 달성할 수 없는 사정이 있을 때에는 적어도 내각 대신 이하 중요 관헌의 임명은 통감의 동의를 얻은 후 이를 행하고, 또 통감의 추천한 본방인本邦人을 내각 대신 이하 중요 관헌에 임명할 것.

전기 주지主旨에 따라 아(我, 일본) 지위를 확립하는 방법은 한국 황제의 결정에 의하지 않고, 양국 정부 간의 협약으로 행할 것.

본건은 극히 중요한 문제인 까닭으로 외무대신이 친히 한국에 나아가 통감에게 설명할 것. 이상.

본건은 폐하로부터 각하(이토 히로부미)에 대하여 특별한 말씀이 있어 자세한 것은 외무대신으로 하여금 전달하게 함. 동 대신은 오는 15일 출발, 귀지에 직행할 것임.

불과 1백여 년 전의 일이지만, 저들의 오만하고 불손한 동태에는 울분을 터뜨리지 않을 수가 없습니다. 문서에 적힌 대로 일본국의 외무대신은 황급히 조선으로 달려가 조선 통감 이토 히로부미를 만나 일본국 정부의 분위기를 전달하고, 조선의 '처리요강'이 적힌 문건을 전달하였습니다.

제1안. 한국 황제로 하여금 그 대권에 속하는 내부 정무의 실행을 통감에게 위임토록 할 것.

제2안. 한국 정부로 하여금 내정에 대한 중요 사항은 모조리 통감의 동의를 얻어 시행하고, 또 시정 개선에 대하여 통감의 지도를 받을 것을 약속받을 것.

제3안. 군부대신, 탁지부대신은 일본인을 임명할 것.

얼마나 교활하고 방자한 내용입니까. 일본 제국은 헤이그 밀사사건을 빌미로 대한제국의 파멸을 기도하고 나섰습니다. 그리고 '제2요강

안' 이라는 문서를 제시하여 더 엄청난 조선 정책을 하달하였습니다.

한국 황제로 하여금 황태자에게 양위하도록 할 것.
장래의 화근을 근절하기 위하여서는 이런 수단을 택하는 것도 부득이한 일이다. 단 본건의 실행은 한국 정부로 하여금 실행토록 하는 것이 득책임.
국왕과 정부는 통감의 부서副書 없이 정무를 실행할 수 없음(통감은 부왕副王도. 또는 섭정의 권한을 가져야 함).
각성(各省, 道를 가리킴) 중 중요한 부는 일본 정부가 파견한 관료로 하여금 대신 또는 차관의 직무를 수행케 할 것.

실로 엄청난 음모가 아닐 수 없습니다. 비록 외교권이 박탈되고, 통감부의 감시를 받고 있었다고는 하더라도 장장 5백 년 동안 왕통을 이어온 대한제국 황실과 정부는 국권의 상실이라는 엄청난 위기를 맞게 되었습니다.

고종황제의 강제 퇴위

실탄을 사용하는 일본군의 군사훈련이 극성을 떨기 시작하였습니다. 대한제국의 각료들과 도성 안 백성들은 심상치 않은 일이 일어나고 있음을 눈치 챌 정도였습니다.

아니나 다를까, 7월 3일이 되자 조선 통감 이토 히로부미는 연습 함대의 장교들을 대동하고 고종황제를 배알하였습니다.

— 폐하, 심히 불미스런 말씀 여쭙고자 합니다!

이토 히로부미의 어투에 살기가 섞여 있었기에 고종황제는 헤이그 밀사사건이 표면화되고 있음을 감지할 수가 있었습니다. 이윽고 이토 히로부미는 본국 정부에서 보낸 전보문의 사본을 보이며 고종황제를 비난하였습니다. 그리고 보다 강경한 대한정책을 입에 담는 무례와 오만도 서슴지 않았습니다.

- 밀사 파견과 같은 음험한 방법으로 일본국의 보호권을 거부하느니 차라리 일본국에 대해 선전포고를 하는 것이 더 당당하질 않겠습니까. 차후 이에 대한 모든 책임을 폐하에게 있음을 명심하소서!

'선전포고'라니요. 이만저만한 폭언이 아닙니다. 고종황제는 입술을 물면서 힘없는 나라의 황제가 겪어야 하는 울분을 달랠 수밖에 없었습니다. 이토 히로부미의 이 같은 오만방자가 세간에 알려지면서 도성안의 민심은 다시 흉흉해지기 시작하였으나, 일본국 정부와 이토 히로부미의 내심을 가장 정확하게 파악하고 있었던 친일 세력들은 쾌재를 부르고 나섰습니다.

더구나 일진회一進會의 고문 우치다 료헤이內田良平에게는 몽매에도 기다리던 절호의 기회가 아닐 수 없었습니다. 그는 수하와도 같았던 송병준宋秉畯, 이용구李容九 등을 불러 고종황제의 '폐위론'을 기정사실화하고 나섰습니다.

- 황제의 퇴위를 진언하시오.
- 퇴위라니요?
- 그보다 더한 문책도 있다는 사실을 명심하시오!

송병준, 이용구 등은 친일 각료들에게 우치다 료헤이의 뜻이 곧 이토 히로부미의 뜻임을 분명히 하면서 무엄하게도 고종황제의 퇴위를 진언할 것을 강력히 주장하고 나섰습니다. 정국은 급속히 냉각될 수밖에 없었습니다.

7월 14일, 고종황제의 밀사 이준이 네덜란드의 헤이그에서 순국하였다.

7월 17일, 급기야 친일주구들인 이완용, 송병준 등 각료들은 무엄하게도 어전에서 황제의 퇴위를 거론하였다.

특히 송병준의 망언은 기억할 만합니다.

– 동경에 가셔서 사과하든지 대안문 앞에서 하세가와 사령관에게 면박(面縛, 항복한다는 뜻)의 예를 가지든지 둘 중의 하나를 취하시고, 이것이 모두 다 싫으시면 선전宣戰하시라!

– 너희가, 너희가……!

고종황제는 몸을 떨었습니다. 각료들의 무엄한 불충을 지켜보면 지켜볼수록 면암 최익현의 성충대의聖忠大義가 눈시울을 뜨겁게 할 뿐이었습니다. 대한자강회大韓自强會, 기독교청년회, 동우회同又會 등이 중심이 된 2천여 명의 청년들은 대대적인 거리시위에 나섰고, 그중 일부는 대한문 앞 광장에 몰려들었습니다.

이때의 광경을 한 일본인은 다음과 같이 적었습니다.

군중은 모조리 무릎을 꿇고 땅바닥에 앉아 완강히 부동자세를 취함. 그 속의 변사연辯士然 한 사람과 몇몇이 번갈아가며 군중 속으로부터 기립하여 비장한 소리, 격월激越한 어조로 각기 강개 연설을 하는데 혹은 국가 존망이 위기에 있으며, 황제는 양위하여서는 안 된다고, 혹은 현 내각은 일본과 통하여 5백 년 사직을 위태롭게 하고 있으니, 각신閣臣을 모조리 처단한다고 부르짖으면, 청중은 우뢰와 같은 박수소리로 받아들이었다. 이 밤은 달이 중천에 밝게 떠 있어 그 푸르고 흰 광선이 군중의 머리 위에 흘러 감정이 고조된 사람들의 얼굴을 더욱 비장하고 처참하게 보이게 하여 그때의 실황을 본필자는 상기 잊을 수 없고, 당시를 추억할 때마다 감개가 없지 않다.

비록 일본인이 쓴 글이지만 비장감으로 얼룩진 당시의 조선인 청년들의 모습을 눈에 선하게 그려놓고 있습니다.

고종황제는 자신에게로 밀어닥치고 있는 불운의 실체가 무엇인지를 정확히 알고 있었습니다. 노골적인 저항보다 한발 물러서는 것이 정부와 백성들을 위하는 일임도 알고 있었습니다.

7월 19일, 마침내 고종황제의 양위소칙이 발표되었다.

대한문 앞 광장은 시위군중으로 발 들여놓을 틈도 없게 되었습니다. 황제의 퇴위를 반대하는 시위군중들은 통곡에 섞인 충정을 목 터지게 외치고 있었습니다.

─ 폐하, 퇴위소칙을 거두어주소서!

군중들의 봉기를 두려워한 조선 통감부는 일본인 경찰을 보내 해산을 종용하였습니다. 그것은 시위군중들의 반발을 자초한 것이나 다름이 없었습니다. 일본인 경찰의 발포로 수 명의 민중이 피살되자 이에 격분한 군중들에 의해 일본인 경찰관 오테 우메타로小出梅太郞가 중상을 입게 되었습니다. 사태는 순식간에 악화일로로 치닫게 되었습니다.

일본군이 동원되면서 도성 안은 총성으로 가득하였고, 대한문 앞 광장에 몰려들었던 시위군중들은 강제 해산될 수밖에 없었습니다. 이를 계기로 덕수궁과 그 주변은 일본군에게 완전히 포위되었습니다.

일본 제국의 조선 침략정책은 그들의 계획대로 한 치의 어긋남도 없이 진행되고 있었습니다.

급기야 7월 20일, 고종황제의 양위식이 있었습니다. 양위란 이름뿐이고 실상은 일본 제국에 의한 강제 퇴위였습니다. 열두 살 어린 춘추로 보위에 올랐으나 아버님 흥선대원군 이하응의 강력한 섭정으로 왕도를 수련할 기회를 잃었고, 뒤이어 서구문물이 밀어닥치는 개항開港의 소용돌이에 휘말리면서는 국정의 난맥을 자초하기도 하였습니다. 게다가 지어미 명성황후와 아버지 흥선대원군의 갈등이 빚어낸 치욕적인 수난도 두 차례나 겪어야 했습니다. 첫 번째는 '임오군란'으로 인해 중전 민씨가 구사일생으로 충청도 장호원까지 피신하였을 때, 아버지 흥선대원군의 강압으로 살아 있는 국모의 장례를 선포해야 하는 어이없는 재난이었고, 두 번째가 소위 '을미사변'이라고 불리는 일본국 공사관과 일본인 낭인들에 의해 일국의 왕비가 참혹하게 시해되는 치욕적인 사건이었습니다.

목숨을 조여 오는 듯한 공포감에서 헤어나기 위해 러시아 공사관으로 피신하였던 소위 '아관파천'을 청산하고 경운궁으로 돌아온 고종은 조선의 자주와 독립을 천명하고 대한제국의 황제로 등극함으로써 그간의 유약했던 자신의 면모를 일신하였습니다.

고종황제는 보국안민輔國安民을 치도의 이념으로 삼으면서 5백 년 종사를 굳건한 반석 위에 올려놓겠다는 강한 다짐과 의욕을 보였으나 끝내 그 포부를 이루지 못하고 재위 44년의 파란을 남긴 채 강제 퇴위를 당하고 말았습니다.

부왕의 뒤를 이어 새로 보위에 오른 순종황제純宗皇帝의 춘추 33세, 비록 왕성한 연치로 황제의 자리에 오르기는 하였어도 태어나면서부터 병약하였고, 부왕과 마찬가지로 수구 세력과 개혁 세력의 틈바구니에서 갈팡질팡하였던 심약한 성품으로는 노도와도 같았던 격동의 시대를 슬기롭게 헤쳐나갈 수가 없었습니다.

조선 통감부는 바로 이 점을 노리고 고종황제의 퇴위를 서둘렀습니다. 순종황제는 조선 통감 이토 히로부미를 인견한 자리에서 눈물을 머금고 입을 열었습니다.

- 통감부에서 도성의 치안을 맡아주었으면 하오.
- 폐하, 아울러 폭도를 진압하라는 칙명도 함께 내려주셔야 하옵니다.
- 대체 누가 폭도란 말입니까?

5백 년 조선 왕조를 쓸어 넘기려는 일본 제국의 침략 야욕에 항거하는 조선 민중들을 폭도라고 한다면 총칼로 그들을 살상하는 일본군은 무엇이라고 불러야 합니까? 그러나 순종황제는 오만으로 가득한 이토 히로부미의 진언을 거역할 수가 없었습니다. 보다 더 큰 핍박을 감당할 수가 없었기 때문입니다.

이에 조선 주차 일본군 사령관 하세가와 대장은 보병 51연대로 하여금 황궁을 점령하게 하고, 포병 17연대의 1개 중대는 야포 6문을 이끌고 서울에 입성하게 하여 남산에 포진을 설치하였으며, 서울의 요지에는 수비병을 배치하고 순찰을 강화하게 되자 도성의 거리는 온통 일본군 천지로 변하고 말았습니다.

- 조선군의 탄약 공급을 중단하라!

일본군은 조선군의 반란에 대비한다는 구실로 조선 군부를 접수하였고, 동시에 용산에 있는 육군화약고를 점령하여 조선군에 대한 탄약 공급까지 차단하고 나섰습니다.

'매국 대신들을 쳐 죽여야 한다!' 그렇습니다. 조선의 민중들은 남녀노소 누구라 할 것 없이 대한제국의 친일 대신들을 비난하고 매도하면서 그들을 응징하려 하였습니다. 목숨마저 부지하기 어렵게 된 대한제국의 친일 대신들은 전전긍긍할 수밖에 없었습니다. 이에 조선 통감부는 구차하게도 대한제국의 총리대신 이완용을 왜성구락부倭城俱樂部에서 숨어지내게 하였고, 법부대신 권중현은 일본인 구락부에서 기거하게 하였습니다. 또한 내부대신 임선준, 탁지부대신 고영희, 군부대신 이병무, 학부대신 이재곤 등의 사저는 일본군의 철통 같은 호위를 받게 하였으니 참으로 한심한 노릇이 아닐 수가 없었습니다.

조선 통감 이토 히로부미는 조선 사태의 해결에 박차를 가하고 나섰습니다. 도성을 무력으로 장악한 지금이 절호의 기회라고 믿었기 때문입니다. 이토 히로부미는 대한제국의 총리대신 이완용을 불러 전문 7조로 된 조약문을 넘기면서 이른바 새로운 한일협약의 체결을 강요하였습니다.

―이젠 서둘 수밖에 없게 되었질 않습니까? 이 협약의 조인을 더 뒤로 미룬다면 조선국의 불행은 더 커질 것으로 압니다.

말투는 조용했으나, 뜻을 이루기 위해서는 수단과 방법을 가리지 않을 것이라는 폭언의 효과를 노리고 있음을 이완용이 모른대서야 말이 되겠습니까.

―각하, 모든 것은 저에게 맡겨 주셨으면 합니다.
―당연하지요. 우리 일본국 정부는 각하의 노고를 결단코 소홀히 하지는 않을 것이오.

7월 24일, 총리대신 이완용은 황급히 각의를 소집하고, 이토가 넘겨준 한일협약을 한 자 한 구의 수정 없이 의결하였다.

새 황제의 재가를 얻는 일도 어렵지 않았습니다. 이완용은 순종황제의 전권을 위임받고 통감부로 달려가 새 한일협약에 조인하였습니다. 이른바 제3차 한일협약으로 불리는 협약의 전문을 다음과 같습니다.

일본국 정부 및 한국 정부는 조속히 한국의 부강을 도모하여 한국민의 행복을 증진할 목적으로 좌 조관左條款을 약정하였음.
제1조. 한국 정부는 시정정책에 관하여 통감의 지도를 받을 것.
제2조. 한국 정부의 법령의 제정 및 중요한 행정상의 처분은 사전에 통감의 승인을 받을 것.

제3조. 한국의 사법사무는 보통행정사무와 이것을 구별할 것.

제4조. 한국 고등관리의 임면은 통감의 동의를 얻어 행할 것.

제5조. 한국 정부는 통감이 추천하는 일본인을 관리로 임명할 것.

제6조. 한국 정부는 통감의 동의 없이 외국인을 관리로 용빙傭聘하지 못함.

제7조. 명치 37년(1904) 8월 23일 조인한 한일협약 제1항을 폐지할 것.

위를 증거로 하각下各은 일본국 정부로부터 상당한 위임을 받아 본 협약을 기記 각 조인함.

명치 40년 7월 24일 대일본국 통감 후작 이토 히로부미

광무 10년 7월 24일 대한국 내각총리대신 이완용

두 사람은 또 이 협약 외에 비밀 결정서를 교환하였습니다. 그것은 위 협약을 시행하는 세목을 정한 것인데, 가장 중요한 것은 조선군의 해산을 서두른다는 대목입니다.

7월 29일, 일본군 1개 사단이 서울에 진주하면서 같은 달 31일에 군대를 해산한다는 조칙이 내려졌다.

8월 1일, 훈련원에서 군대해산식을 거행하면서 시위 1연대 1대대장 박승환朴昇煥이 자결하였다.

지휘관을 잃은 장병들은 서소문 일대로 달려 나가 일본군과 치열한 접전을 벌였습니다. 피아간에 사상자가 발생하는 것은 당연하였습니다. 도성에서의 항전이 전해지면서 전국 각지에서는 또다시 의병들의

항전이 불타올랐고, 진압을 빙자한 일본군의 잔인함은 도를 더해갔습니다.

8월 2일, 연호를 융희隆熙로 고치다.
8월 7일, 영왕英王 은垠을 황태자로 책봉하였다.

황태자란 말뿐이었습니다. 12월이 되자 영왕 이은은 일본 유학을 빙자하여 인질로 끌려가고 말았습니다. 1908년에서 한일합방조약이 체결되는 1910년 8월 27일까지의 2년 8개월간은 일본이 대한제국 식민지화를 준비하고 연습하는 기간이나 다름이 없었습니다. 서울을 에워싸고 있는 성곽을 헐어내기 시작한 것도 이때의 일이었고, 유서 깊은 궁궐이었던 창경궁에 동물원을 설치하고 궁의 명칭까지 창경원昌慶苑으로 비하하는 만행도 서슴지 않았습니다. 문화의 말살을 기도하고 나선 만행입니다.

한편으로는 새로운 문화가 싹트기도 하였습니다.

열다섯 살 소년의 몸으로 일본국에 유학하여 와세다 대학 고사부高師部에 다니다가 동맹휴학으로 일시 귀국하였던 육당六堂 최남선崔南善은 18세가 되던 해(1908), 이 나라 최초의 신문화지 〈소년少年〉을 창간하였습니다.

이 〈소년〉에 자신이 쓴 신체시新體詩를 게재하여 우리나라 근대문학사의 첫 장을 열었습니다. 〈해海에게서 소년少年에게〉라고 이름 붙여진 신체시는 창조의 혁명이며 시詩에 대한 인식을 바꾸는 충격이나 다름이 없었습니다.

처……ㄹ썩, 처……ㄹ썩, 척, 쏴……아.

따린다. 부순다. 무너 바린다.

태산 같은 높은 뫼, 집채 같은 바윗돌이나.

요것이 무어야, 요게 무어야.

나의 큰 힘 아나냐, 모르나냐, 호통까지 하면서

따린다. 부순다. 무너 바린다.

처……ㄹ썩, 처……ㄹ썩, 척, 튜르릉, 꽉.

— 〈海에게서 少年에게〉

한시와 시조만을 흥얼거리던 사람들에게는 혁신이며 충격이었습니다. 아니 파괴와도 같았습니다. 기성의 모든 문화의식에 반기를 들었기 때문이었습니다.

반정형半定型, 반율문半律文, 반한문半漢文, 반산문半散文으로 상징되는 새로운 문화의식과의 접목은 낡고 고루한 양반문화에 반기를 들어야 성공할 수가 있었던 탓으로 의식을 개혁하는 국민계몽운동 차원의 문장이 주류를 이루게 된 것에도 주목해야 할 일입니다.

변혁의 시작이 문학에만 싹트고 있었던 것은 아닙니다. 이인직의 작품인 신극新劇 〈신세계新世界〉가 원각사圓覺社에서 공연되면서 새로운 형식의 무대예술이 도입된 것도 이때의 일입니다. 일본에 유학하면서 새로운 문물과 접촉했던 젊은 인재들이 귀국하면서 구각舊殼을 탈피하려는 몸부림이 도처에서 불타오르게 되었습니다.

조선의 지식인들이 새로운 문화의 유입에 몰두하면서 거기에 물들어가고 있던 12월, 이름조차도 기억하기 싫은 동양척식회사東洋拓殖會

社가 설립되었습니다. 조선의 국토를 개발한다는 명목으로 공사유지를 불문한 토지강탈에 나서면서 일본인들로 하여금 조선으로의 이주를 적극 장려하는 것이 동양척식회사의 임무였습니다. 모두가 조선을 침탈, 합병하기 위한 사전계획의 일환이었습니다.

1909년 7월 6일, 일본국 각의는 '한국합병 실행에 관한 건'을 의결하고 천황의 재가를 받았다.

조선 통감부는 조선인의 탄압과 재산의 약탈에 혈안이 됩니다. 물론 조선 민중들도 의병을 조직하고 무력으로 대항해봅니다만, 모든 살생과 강탈을 합리화하는 저들의 잔혹함을 당할 수가 없었습니다.

이때의 실태를 다음의 수치가 잘 말해주고 있습니다. 1907년 8월에서 1909년 사이에 일본군과의 전투에서 전사한 의병수는 놀랍게도 1만 6천7백여 명을 헤아리며, 부상자도 3만 6천7백여 명을 헤아립니다.

또 1909년 9월에서 1910년 4월 사이에 농토와 재물을 빼앗기고 만주 땅 북간도北間島로 이주한 조선인 가구수가 자그마치 1,304호로 밝혀져 있다면 일본국의 약탈과 살생이 어느 정도였던가를 알고도 남을 일이 아니겠습니까.

의사 안중근

1909년 10월 26일 9시 30분, 만주 하얼빈 역두에서 일본국 근대화의 1등 공신이자 조선 침략의 원흉 이토 히로부미가 조선의군朝鮮義軍 중장中將 안중근(安重根, 31세)의 총탄 3발을 맞고 즉사하였습니다.

현장에서 체포된 안중근은 러시아 헌병파출소에 끌려갔다가 하얼빈 주재 일본국 총영사관 지하실로 옮겨졌습니다만, 조선의군 중장의 예우를 요구하면서 일본국의 부당한 압력을 단호히 거부합니다. 세계 언론은 안중근의 당당한 모습을 경쟁적으로 보도하였습니다.

〈동경일일신문東京日日新聞〉과 〈대한매일신보大韓每日申報〉 등의 호외가 쏟아져 나오는 등 전 세계가 떠들썩해집니다.

해외에서 독립운동을 하던 사람들은 안중근 의사의 의거에 환호하였고, 중국 사람들은 안중근 의사가 마치 자신들의 원수를 갚은 것처럼 기뻐했습니다.

당시 중국의 지식인들이 안중근 의사를 존경한 것은 단순히 하얼빈

안중근

의거 때문만은 아니었습니다. 썩어가는 중국이 일본, 영국, 프랑스 등 강대국의 침략을 막을 길이 없어 막막해하고 있을 때, 잠자고 있는 중국인들을 깨우쳐주었기 때문입니다.

안중근은 이토 히로부미를 죽인 이유를 묻는 미조부치 검찰관의 질문에 이토 히로부미가 저지른 간악한 죄악을 열다섯 가지로 나누어 분명하게 열거하였습니다.

1. 한국의 황비 명성황후를 죽인 죄.

2. 고종황제를 황제의 자리에서 내친 죄.

3. 을사조약(5조약)과 한일신협약(7조약)을 강제로 맺은 죄.

4. 독립을 요구하는 죄 없는 한국인들을 마구 죽인 죄.

5. 정권을 강제로 빼앗아 통감정치 체제로 바꾼 죄.

6. 철도, 광산, 산림, 농지 등을 강제로 빼앗은 죄.

7. 제일은행권 지폐를 강제로 사용하여 경제를 혼란에 빠뜨린 죄.

8. 한국 군대를 강제로 해산시킨 죄.

9. 민족 교육을 방해한 죄.

10. 한국인들의 외국 유학을 금지시키고 한국을 식민지로 만든 죄.

11. 〈한국사〉를 없애고 교과서를 모두 빼앗아 불태워 버린 죄.

12. 한국인이 일본인의 보호를 받고자 한다고 세계에 거짓말을 퍼뜨린 죄.

13. 현재 한국과 일본에 전쟁이 끊이지 않고 있는데, 한국이 아무 탈 없이 편안한 것처럼 위로 일본 천황을 속인 죄.

14. 대륙을 침략하여 동양의 평화를 깨뜨린 죄.

15. 일본 천황의 아버지를 죽인 죄.

안중근의 의거가 일시적인 충동이 아니라, 오랫동안 준비해왔음을 보여주는 당당하고 명료한 대답입니다. 그러기에 안중근을 심문하던 미조부치 검찰관까지 매우 놀라워하면서 말했습니다.

— 이제 그대가 하는 말을 들으니, 그대는 참으로 동양의 의사라 하겠다. 그대는 절대로 사형을 받지 않을 것이다. 그러니 걱정하지 말라.

이에 대한 안중근의 대답은 더욱 더 당당하였습니다.

— 내가 죽고 사는 것은 말할 필요가 없고, 이 뜻을 어서 일본 천황에게 아뢰어라. 그래서 하루빨리 이토 히로부미의 옳지 못한 정책을 고쳐서 동양의 위태롭고 급한 사태를 바로잡기를 간절히 바란다.

안중근은 하얼빈에 있는 일본 총영사관 지하감방에서 1차 조사를 받은 뒤, 11월 3일에 함께 의거에 나섰던 우덕순, 조도선, 유동하 등과 같이 여순旅順형무소로 옮겨졌습니다. 그리고 해가 바뀌어 1910년 1월 중순, 여순 지방법원은 안중근에 대한 첫 공판 날짜를 2월 7일로 결정하였고, 공판 장소는 관동도독부 고등법원 제1호 법정으로 정해졌습니다. 재판부는 모두 일본인으로 구성되었습니다. 주임 재판장에 관동 도독부 지방법원장 마나베眞鍋, 담당 검찰관은 미조부치, 관선변호사 는 미즈노水野 등이었습니다.

1910년 2월 7일, 마침내 공판 첫날이 다가왔습니다. 이날 공판정에 는 블라디보스토크의 동지들이 돈을 모아 변호를 부탁한 러시아인 변 호사 미하일로프, 해외동포들이 보낸 영국인 변호사 더글라스, 그리고 서울의 뜻있는 사람들과 안중근 의사의 어머니가 보낸 안병찬 변호사 등이 참석했으나, 이들은 공판에 참여할 수가 없었습니다.

마나베 판사는 안중근의 가정환경, 교육 정도, 신앙 등에 대해 차례 로 물은 뒤, 한국을 떠나 해외로 온 목적에 대해 물었습니다.

– 내가 해외로 오게 된 목적이 첫째는 교육을 통해 한국 사람들을 깨우쳐주는 것이고, 또 다른 하나는 모국의 의병으로서 나라를 위해 교포 사회를 돌며 그 들을 깨우치기 위한 연설을 하기 위해서다.

이윽고 마나베 판사는 안중근에게 이토 히로부미를 죽인 이유를 물 었습니다. 그의 대답은 당당함을 넘어서 신념과도 같은 것이었습니다.

– 이 일은 나 개인을 위한 것이 아니고, 한국의 독립과 동양의 평화를 위한 것 이다. 일본 천황은 러일전쟁이 동양의 평화를 지키고 한국의 독립을 굳건히 하기 위한 것이라고 말했다. 그래서 일본이 전쟁에 이겼을 때, 한국인은 마치 우리나라가 승리한 것처럼 기뻐했다. 그러나 얼마 안 가서 이토 히로부미는 한국을 협박하여 을사조약을 맺었다. 그것은 일본 천황의 약속과 반대되는 것

으로, 이에 한국인은 모두 이토 히로부미를 미워하게 되었다. 또 이토 히로부미는 강제로 우리나라와 7조약을 맺어 한국인의 불이익은 더해갔다. 또한 한국의 황제를 강제로 물러나게 했기 때문에 한국인은 이토 히로부미를 원수로 삼게 되었고, 그래서 내가 이토 히로부미를 죽인 것이다.

그리고 부연하였습니다.

─ 내가 이토 히로부미를 죽인 것은 한국독립전쟁의 한부분이요, 또 내가 일본 법정에 서게 된 것도 전쟁에 패배하여 포로가 되었기 때문이다. 나는 개인자격으로 이 일을 한 것이 아니라, 한국의군 참모중장의 자격으로 조국의 독립과 동양의 평화를 위해서 한 것이니 만국 공법에 의해 처리하도록 하라!

재판은 일본 정부의 강압으로 1주일 만에 서둘러 끝났습니다.

1910년 2월 14일, 마지막 공판에서 안중근에게 사형이 선고되었습니다. 안중근은 사형이 선고되자, '일본에는 사형 이상의 형벌은 없느냐?'라며 오히려 미소를 지었다고 전해집니다.

2월 19일, 안중근이 항소를 하지 않겠다고 말하자 일본 정부는 크게 놀랐습니다. 고등법원장 히라이시平石는 안중근 의사를 찾아와 항소할 것을 권했으나, 안중근은 항소하지 않은 데에는 옳은 일을 했으니 구차하게 목숨을 구하지 않겠다는 본인의 굳은 의지뿐만이 아니라, 어머니의 놀라운 애국심이 뒷받침이 되어 있음도 함께 천명하였습니다.

안중근의 어머니 조씨는 아들에게 사형이 선고되었다는 소식을 전해 듣자 안중근 의사의 두 동생을 급히 여순으로 보내면서 다음과 같이 일렀다고 합니다.

> ─옳은 일을 하고 받는 형이니 비겁하게 삶을 구하지 말고 떳떳하게 죽는 것이
> 어미에 대한 효도이다.

이 소식이 알려지자, 〈대한매일신보〉와 일본의 〈아사히신문朝日新聞〉에는 '그 어머니에 그 아들'이라는 기사가 실리기도 했습니다.

안중근은 항소를 포기하기로 결심한 뒤, 사형이 집행되기를 기다리며 자서전을 쓰기 시작했습니다. 안중근 의사의 자서전 《안응칠 역사》는 1909년 12월 13일에 쓰기 시작해서 1910년 3월 15일에 끝마친 것으로, 출생에서부터 의병활동과 하얼빈 의거 그리고 여순에서 사형 선고를 받기까지의 옥중생활을 기록하고 있습니다.

3월 26일, 사형이 집행되기 전 안중근은 국내외의 동포들에게 다음과 같은 글을 보냈습니다.

> 동포에게 고함
> 내가 한국의 독립을 되찾고 동양의 평화를 지키기 위해
> 3년 동안 해외에서 모진 고행을 하다가
> 마침내 그 목적을 이루지 못하고 이곳에서 죽노니,
> 우리들 이천만 형제자매는 각각 스스로 노력하여 학문에 힘쓰고
> 농업, 공업, 상업 등 실업을 일으켜,
> 나의 뜻을 이어 우리나라의 자유 독립을 되찾으면
> 죽는 자 남은 한이 없겠노라!

2천만 동포들에게 남긴 이 글은 안중근이 사형을 당하기 전날인 1910년 3월 25일 자 〈대한매일신보〉에 실렸습니다.

관동도독부는 이토 히로부미가 죽은 지 5개월 만인 1910년 3월 26일 오전 10시에 안중근을 교수형에 처했습니다. 당시 중국의 국가주석이었던 원세개袁世凱는 안중근 의사의 의로운 죽음에 다음과 같은 만사輓詞을 지어 애도, 찬양하였습니다.

평생을 벼르던 일 이제야 끝냈구려. 平生營事只今畢
죽을 땅에서 살려는 것은 장부가 아니고말고. 死地圖生非丈夫
몸은 한국에 있어도 세계에 이름 떨쳤소. 身在三韓名萬國
살아선 백 살이 없는데 죽어서 천 년을 가오리다. 生無百世死千秋

안중근 의사가 세상을 뜨고 다섯 달쯤 지나자 일본 제국은 마치 이토 히로부미를 죽인 것에 대한 분풀이라도 하듯, 대한제국을 송두리째 집어 삼켰습니다.

1910년 8월 22일, 통한의 한일합방조약이 조인되었고, 일주일 후인 29일에 공포되었다.

아아, 이로써 대한제국은 사라지게 되었습니다. 아니 조선 왕조는 창업된 이후 27왕 519년을 이어오던 왕권에 종지부를 찍었습니다.

지식인 노릇하기 참으로 어려워라

내가 역사드라마를 처음 쓰기 시작했을 무렵, 특정 시대의 사료를 찾아 헤매던 때의 어려움은 지금 생각해도 눈앞이 캄캄해지곤 합니다. 인터넷도 없었고, 역사에세이 형식의 단행본도 없었던 때라 정말로 황야를 헤매듯 막막하게 떠돈 때도 있었습니다.

조선 왕조가 망국의 길로 접어들던 격동의 시기인 이른바 구한말의 시대상황과 그때를 살았던 사람들의 이야기를 써달라는 방송국의 부탁을 받고 어렵게 손에 넣게 된 것이 앞에서도 몇 번 언급한 매천梅泉 황현黃玹의 《매천야록梅泉野錄》이었습니다. 그때 나는 사료로써의 《매천야록》보다 저자 황현의 참선비 된 도리에 머리를 숙이게 되면서 그분의 삶에 매료되기 시작하였고, 그로 인해 내 삶의 형편없음을 뒤돌아보는 거울로 삼곤 하였습니다.

매천 황현은 1855년, 전라남도 광양 서석촌에서 태어납니다. 어려서부터 총명하여 열한 살에 아름답고 수준 높은 한시를 지어 어른들을 놀라게 하더니, 《통감강목》을 모두 암송할 정도의 천재성을 발휘하면서 점차 주변을 에워싼 시골의 학문과 스승들의 진부함에 염증을 느끼게 됩니다.

19세가 된 매천 황현은 혈혈단신 상경하여 당대의 논객들을 찾아다니면서 시와 역사인식에 대한 토론을 청합니다. 초라한 시골 선비 행색에 사팔뜨기 눈을 한 매천 황현의 외모는 형편없고 보잘 것 없었으나, 그의 입에서 뿜어져 나오는 격조 높은 시와 도도한 역사인식은 당대 지식인들을 감동하게 하고도 남았습니다.

1883년(고종 20), 황현은 부모님의 간곡한 권유로 특별히 시행되는 보거과保擧科를 치러 합격을 하였으나, 나날이 어지러워지는 나라 꼴을 한탄하며 벼슬길에 나가기를 거부하였고, 얼마 되지 않은 가산을 털어 3천여 권의 전적을 마련하여 서재에 쌓아 두고 그 가운데 파묻혀 잠시도 손을 놀리지 않았습니다. 그리고 자신이 살고 있는 시대의 핵심을 춘추필법으로 적어 후대에 전하기로 다짐하고 《매천야록》을 쓰기 시작하였습니다.

라디오는 물론 신문, TV, 인터넷도 없었던 시절에 전라도 구례 땅에 앉아 한양에서 일어나는 정치적인 흐름과 우국충절들의 아름다운 삶, 그리고 부정과 부패의 행태를 눈에 본 듯이 그려놓으면서 질책한 점은 읽고 또 읽어도 경이로울 뿐입니다.

1910년 8월, 일본 제국은 대한제국을 강제 합병합니다. 이 소식을 접한 매천 황현 선생은 더 살아 있어야 할 이유가 없다고 다짐하면서 자신의 〈절명시絶命詩〉에 다음과 같이 적었습니다.

집승들도 슬피 울고 강산도 찡그리네.
무궁화 이 나라가 망해버렸네.
가을 등불 아래 책 덮고 역사를 생각하니
지식인 노릇하기가 참으로 어렵다네.

매천 황현은 스스로 '지식인 노릇하기 참으로 어렵다' 면서 자진하기로 결심하고 밤톨 만한 아편 세 덩어리를 꺼내 놓습니다. 그러나 좀처럼 결행하기가 어려웠습니다. 그는 아우黃瑗에게 이때의 부끄러운 심정을 솔직하게 토로하기까지 합니다.

- 내가 아편을 입에 댔다 뗐다 주저하기를 세 차례나 했다. 선비 된 도리를 지키지 못하는구나.

이렇게 자신을 자책하면서 가족들에게 남긴 〈유자제서遺子弟書〉는 오늘을 사는 지식인들에게 너무도 큰 가르침을 주고 있습니다.

내게 꼭 죽어야 할 의리는 없다. 그러나 조선이 선비를 기른 지 5백 년이 되었는데도 나라가 망하는 날 한 사람도 목숨을 끊는 이가 없다면 가슴 아픈 일이고도 남는다. 내가 위로는 하늘이 지시하는 아름다운 도리를 저버리지 아니하였고, 아래로는 평소에 읽은 책 속의 말씀에 어긋나지 않았다. 이제 깊이 잠들려 하니 참으로 통쾌하기 그지없다. 그러니 너희들은 너무 슬퍼하지 마라.

이때 매천 황현의 연치 쉰다섯, 더 살아서 그 빛나는 인품과 문필로 후학들에게 조국의 광복과 새로운 세계를 열어가도록 가르치는 것이 더 바람직한 일일 것인데도, 황현은 위와 같은 마지막 말을 남기면서 스스로 목숨을 끊어 지식인으로서의 도리와 책무를 완벽히 수행하였습니다. 나는 매천 선생이 남긴 이 글을 자주 읽습니다. 읽을 때마다 내가 하는 일들이 한심하고 부질없다는 생각이 들끓어 오를 뿐입니다. 이미 70대의 중반을 넘어선 처지로 생각이 겨우 여기까지밖에 미치지 못하는 것도 또한 부끄러운 노릇이 아니고 무엇이겠습니까.

아! 지식인 노릇하기 참으로 어렵습니다!

순종황제의 유조

대한제국은 일본 제국에 강제 합병되었어도, 나라를 다스리던 임금님은 두 분이나 계셨습니다. 태황제太皇帝라 불리는 고종은 덕수궁에 연금되다시피 되었고, 조선 왕조의 마지막 임금이자 대한제국의 두 번째 황제인 순종황제는 나라를 잃는 통한을 체험하며 창덕궁에서 기거하였습니다. 춘추 33세, 어려서부터 병약했던 순종황제였습니다. 부왕을 밀어내고 황제의 지위에 오르게 된 것도 일본 제국의 농간 때문이었기에 '한일합병'이라는 망국의 한을 짊어져야 하는 통한을 체험하면서도 자신의 명백한 의지를 표명할 수가 없었습니다.

순종황제는 자신에게 밀어닥칠 비극적인 불운은 감내한다고 하더라도, 연로한 고종황제에게 미칠 또 다른 고통을 감안한다면 설사 그것이 국익을 위한 발언일지라도 함부로 입을 열 수가 없었을 것이라고 생각됩니다. 순종황제는 그런 고통과 통분을 안고 일제치하에서 17년이라는 긴 세월을 보냈습니다. 그 암담한 세월은 차라리 죽음만도 못했을 것이라고 짐작됩니다.

1926년 4월 26일, 순종황제는 춘추 50세로 임종을 맞게 됩니다. 그는 아무 말 없이 명을 다할 수가 없었습니다. 지난 17년 동안 피눈물을 쏟으면서 가슴속에 간직할 수밖에 없었던 통한의 한마디, 그 한마디를 토해내지 않고서는 눈을 감을 수가 없었습니다.

순종황제는 궁내부대신 조정구趙鼎九를 불러 유조遺詔를 받아쓰게 하였습니다. 그 전문은 다음과 같습니다.

일명一命을 겨우 보존한 짐朕은 병합 인준認准의 사건을 파기하기 위하여 조칙하노니 지난날의 병합 인준은 강린(强隣, 일본)이 역신逆臣의 무리(이완용 등)와 더불어 제멋대로 해서 제멋대로 선포한 것이요, 다 나의 한 바가 아니라. 오직 나를 유폐幽閉하고 나를 협제脅制하여 나로 하여금 명백히 말을 할 수 없게 한 것으로 내가 한 것이 아니니 고금에 어찌 이런 도리가 있으리오. 나 구차히 살며 죽지 않은 지가 지금에 17년이라, 종사宗社의 죄인이 되고 2천만 생민生民의 죄인이 되었으니, 한목숨이 꺼지지 않는 한 잠시도 이를 잊을 수가 없는지라, 유인幽囚에 곤困하여 말할 자유가 없이 금일에까지 이르렀으니 지금 한 병이 침중하니 일언을 하지 않고 죽으면 짐은 죽어서도 눈을 감지 못하리라. 지금 나 경卿에게 위탁하노니 경은 이 조칙을 중외에 선포하여 내가 최애최경最愛最敬하는 백성으로 하여금 병합이 내가 한 것이 아닌 것을 효연(曉然, 분명함)히 알게 하면 이전의 소위 병합 인준과 양국讓國의 조칙은 스스로 과거에 돌아가고 말 것이리라. 여러분들이여 노력하여 광복하라. 짐의 혼백이 명명한 가운데 여러분을 도우리라.

　　　　　　　　　　　　　　　　　－ 조정구에게 조칙을 내리우심詔付.

정말 그렇습니다. 위 유조의 내용이야말로 순종황제가 피눈물로 간직했던 17년 동안의 통한이 분명합니다. '여러분들이여, 노력하여 광복하라. 짐의 혼백이 명명한 가운데 여러분을 도우리라' 라는 통한의 절규로 매듭지어진 이 유조의 전문은 우여곡절 끝에 당시 미국에서 발행되던 교민신문 〈신한민보新韓民報〉의 그해 7월 8일 자에 게재되었습니다.

고국을 떠나 이역만리에서 또 다른 고통에 시달리고 있던 많은 교민들은 망국의 한을 씹으면서 피눈물을 쏟았습니다만, 불행하게도 이 같은 순종황제의 유조가 있었음을 우리가 알게 된 것은 그때로부터 무려 70여 년의 세월이 흐른 1997년 가을이었습니다.

다시 한 번 생각해보게 됩니다. 만에 하나라도 이 조서가 합방되던 때 발표되었다면 조선 동포는 누구라도 궐기하였을 것이 분명합니다. 그러므로 아무리 좋은 대책도, 아무리 좋은 선언도 실기失機하면 아무 쓸모가 없다는 사실을 오늘의 지도자들도 가슴에 새길 일입니다.

이른바 한일합방조약의 체결로 조선 통감부 대신 조선 총독부朝鮮總督府가 설치되었습니다. 간악한 일본인들은 조선 총독부를 앞세워 우리의 얼이나 다름이 없는 조선사를 훼손하면서 식민지사관植民地史觀을 심기에 혈안이 됩니다.

운양호사건이 있을 때로부터 정확하게 36년이 흘렀습니다. 그리고 여기에 조선 총독부 시대가 또 36년이 보태집니다. 장장 72년 동안을 일본인들에게 시달린 셈입니다. 설혹 일제의 식민지 시대가 36년으로 정리된다고 하더라도 우리는 그 앞에 놓인 36년을 간과해서는 안 됩니다. 앞의 36년이야말로 조선인들의 내면을 찢어낸 야만적인 일들이 훨씬 더 많았다는 점은 반드시 짚고 넘어가야 합니다. 그때부터 많은 조선 지식인들이 일본 제국의 심부름꾼이 되어 모국의 정체성에 상처를 입히면서 출세의 길을 달려왔기 때문에 더욱 소홀히 할 수 없습니다.

결국 조선은 36년 동안의 준비기간을 거치면서 또 36년이란 암흑의 식민지살이를 자초하게 되었습니다. 지식인 사회가 죽어 있었기 때문입니다. 리더십이란 지식인 사회의 숨소리와도 같습니다. 숨소리가 들리지 아니하면 죽은 것이나 다름이 없습니다.

황국신민의
맹세

황국신민의 맹세(어린이용)

1. 나는 대일본 제국의 신민이다.
2. 나는 마음을 합해 천황폐하께 충의를 다한다.
3. 나는 인고단련忍苦鍛鍊하여 훌륭하고 강한 국민이 된다.

황국신민의 맹세(어른용)

1. 우리는 황국신민이며 충성으로써 군국君國에 보답하자.
2. 우리 황국신민은 서로 신애협력信愛協力하여 단결을 굳게 하자.
3. 우리 황국신민은 인고단련의 힘을 키워서 황도皇道를 선양하자.

조선 총독부

1910년 8월 29일, 강제로 조인된 소위 한일합방으로 인해 불행하게도 대한제국은 사라지고 말았습니다. 고종황제도 살아 있고, 순종황제도 살아 있고, 왕실의 법도를 그대로 둔 채 나라만 없어진 꼴이라면 한심하기 그지없습니다. 나라를 빼앗긴 게 창피하다는 뜻으로 이때의 일을 '경술년庚戌年의 국치國恥'라고도 합니다.

9월 30일, 총독부관제 및 소속 관서의 관제가 공포되다.

일본 제국은 2대 조선 통감이었던 데라우치 마사타케寺內正毅 육군 대장을 초대 조선 총독朝鮮總督으로 임명하였습니다. 이 후에도 조선 총독은 일본국 육군대장이 아니면 해군대장으로 임명하게 됩니다. 또 조선 총독의 소임을 마치면 일본국 내각총리대신으로 영전하는 경우가 많았던 점을 감안한다면 조선 총독의 위상이 천황, 총리대신에 이은 막강한 지위임을 알 수 있습니다. 물론 조선에 주둔하고 있는 모든 일본군 부대는 총독의 지휘를 받게 됩니다.

조선 총독부는 조선 반도를 13개의 도로 나누고 부府, 군郡, 면面 단위로 세분하는 근대적인 행정단위로 개편하면서 총독의 보좌기관으로 정무총감政務總監을 두어 총독부의 업무를 총괄하게 하였습니다. 초대 정무총감은 야마가타 이사부로山縣伊三郎이었습니다. 그리고 각 도의 정무국장(도지사 격)은 그 지역의 헌병대장으로 임명하였습니다. 이른바 무단정치武斷政治의 시작입니다. 조선의 독립을 요구하는 각처의 의병義兵들의 저항을 무력으로 제압하겠다는 선언이고, 또 실제로도 총칼로 다스리는 무자비한 탄압이 진행되었습니다.

때를 같이하여 조선인을 회유하기 위한 방책의 하나로 총독부의 자문기관이라는 구실로 중추원中樞院을 설치하여 운영하였습니다. 중추원의 의장은 경무총감이 겸임을 하였고, 부의장 1명, 고문 15명, 찬의贊議 20명 등에는 상당수의 조선인이 임명되었습니다. 물론 친일파 등에게 포상을 하는 혜택의 의미가 있습니다만, 딱하게도 날이 갈수록 여기에 뽑히는 것을 가문의 영광으로 여기는 참담한 풍조로 정착되어 갑니다.

조선 총독부가 발족할 때의 지방의 행정구획은 13도, 12부, 317군, 4,322면이 있었습니다만, 그 후 수차의 개정을 거쳐 1941년에 13도, 21부, 218군, 2,259면으로 확정되었습니다. 명목상의 시정방침은 동화정책同化政策을 기본으로 삼고, 식산흥업殖産興業과 민생의 안정을 위한 생활개선 등을 내세웠습니다. 그러나 도처에서 일어나는 의병활동, 의병까지는 아니더라도 경찰서의 습격, 전선電線의 단절 등, 반일反日

저항이 날로 거세지게 됩니다.

조선 총독부는 마치 기다리고 있었다는 듯 무력으로 제압하는 마각을 드러냅니다. 전국의 헌병 · 경찰관서의 수가 1,624개 소로 늘어난 것만 보아도 강력하고 무자비한 무단정치의 시작임을 알 수 있습니다.

12월 30일, 궁내부宮內府를 이왕직李王職으로 개편하다.

대한제국의 명맥을 상징하는 궁내부를 폐지하고, 이왕직으로 격하하여 축소하는 것은 조선 왕실의 흔적을 씻어내려는 간악한 소행입니다. 이에 대한 조선인들의 통분함이 큰 만큼 저항이 거세어지는 것도 당연합니다.

해가 바뀌면서 전국 각지에서 일어나는 크고 작은 사건들이 조선 총독부를 난감하게 하였습니다. 의병들이 봉기하여 총독부 산하의 기관들을 습격하여 불을 지르는가 하면, 덕망을 갖춘 유림들이 나라 잃은 통한을 유서로 남기면서 스스로 목숨을 끊었고, 뜻있는 지식인들은 반일 단체를 조직하게 됩니다. 전국의 감옥에는 나라를 되찾고자 하는 우국충정의 조선인들로 가득하였습니다. 그러나 오직 무단정치로 일관하는 조선 총독부의 발악도 만만치 않았습니다.

1916년, 조선 총독부는 식민통치의 위엄을 내세우기 위해 간악하게도 경북궁의 근정전 앞에 조선 총독부의 청사를 착공합니다. 남의 나라를 침공하여 식민지화하는 경우는 간혹 있는 일입니다만, 조선 왕조의 주궁인 경복궁 한가운데에 침략국의 지휘소 격인 조선 총독부의 청사를 석조로 짓는 것은 야만인들이나 취할 한심한 작태이고도 남습니

1995년에 철거된 구 조선 총독부 건물

다. 설계는 영국인이 하였고, 당시로는 동양 최대인 연건평 9,471평의 석조건물의 건축비는 675만 엔이 투입되었습니다.

북한에서 베어온 낙엽송 9,300여 그루로 기초를 다지고 압록강의 호두나무, 평양산 석회, 목포 앞바다 해태 등 최상급의 자재들을 모두 동원하였습니다. 유색의 대리석도 한반도 곳곳에서 채광되었습니다. 착공에서 완공까지는 자그마치 14년 세월이 걸렸습니다. 일제의 식민지 기간인 36년 동안의 3분의 1가량을 이 거대한 건물을 짓는 데 허비한 셈입니다.

1916년 10월 9일, 데라우치 마사타케 조선 총독, 일본 제국 총리대신으로 전임되다.

10월 16일, 전 조선군 사령관 육군대장 하세가와 요시미치가 제2대 조선 총독으로 임명되다.

2대 조선 총독으로 부임한 하세가와 요시미치長谷川好道 육군대장은 이미 10년 이상을 조선에 주재한 일본군 사령관이었던 탓으로 누구보다도 조선 사정에 밝은 사람입니다. 따라서 조선 조야의 사정도 정확하게 판단할 수 있는 위인이자, 이토 히로부미를 도와서 을사늑약의 체결, 고종황제의 퇴위, 한일합방 등 조선 침략의 선봉에 섰던 강골의 무장입니다.

　　그런 하세가와 대장이 조선 총독이 된 지 채 3년도 되기 전인 1919년에 실로 엄청난 불행이 야기됩니다.

3 · 1 운동과 제암리 교회의 비극

1월 21일, 고종황제 덕수궁에서 승하(춘추 68세)하다.

임금의 독살은 설說로만 무성할 뿐, 구체적으로 밝혀지지 않는 것이 통례입니다. 그러나 일본인의 사주를 받았다는 소문을 잠재울 방법이 없었습니다.

– 간교한 일인들이 폐하를 독살하였다!

나라를 잃는 통분함에 버금가는 비통함입니다. 일찍이 국모 명성왕후를 시해한 일인들입니다. 이번에는 그들에 의해 국왕이 독살되었습니다. 이번만은, 이번만은 잠자코 있을 일이 아니었습니다. 뭔가 행동으로 보여주어야 하지를 않겠습니까. 마침내 일본의 동경 유학생을 대표한 송계백宋繼白 등이 조선독립단朝鮮獨立團 명의로 된 〈독립선언서〉

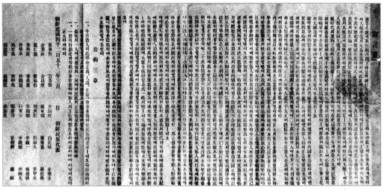

〈독립선언서〉

를 중국 북경에 있는 현상윤玄相允에게 전달할 무렵, 조선과 일본 등지에서도 심상치 않은 분위기가 감돌게 됩니다.

마침내 2월 8일, 일본 유학생들 6백여 명이 동경 기독교청년회관에 모여 〈독립선언문〉을 발표하여 일본 제국의 수도 동경을 발칵 뒤집어 놓는 쾌거가 있었습니다. 그리고 3월 1일, 민족대표 33인(4인 불참)이 종로의 태화관太和館에서 최남선이 쓴 〈독립선언서〉를 낭독하고, 만세를 부른 후 축배를 들었습니다. 그리고 전화로 경찰에 통고하여 자진하여 체포되었습니다. 이른바 3·1운동의 불씨를 당기는 공식선언이었습니다.

1918년 1월, 미국 대통령 윌슨Thomas W. Wilson은 강화조약의 기본조건으로 14개 조항의 원칙을 발표하였습니다. 그중에 각 민족의 운명은 그 민족 스스로가 결정한다는 이른바 민족자결주의民族自決主義가 들어 있었습니다. 이 원칙은 세계 피압박민족에게 큰 충격을 주었고, 일제에 시달리는 조선 민족의 지식인들도 이에 자극을 받아 독립을 쟁취하려는 기운이 날로 높아졌습니다.

중국 상해上海에서는 여운형呂運亨, 김철金澈, 김규식金奎植 등이 협의하여 김규식을 파리 강화회의에 보내 조선의 독립을 호소하게 하였고, 미국에서는 안창호安昌浩, 이승만李承晚 등이 요로를 찾아다니며 조선 독립의 필요성을 역설하였습니다. 또 이동휘李東輝 등이 연해주沿海州 지방에서 활발한 움직임을 보이고 있을 때, 고종황제의 독살이라는 촉매제가 폭발하였습니다.

마침 고종황제의 인산因山이 3월 3일로 결정되자 많은 사람들이 서울에 모일 것을 예측하고, 이 기회를 이용코자 3월 1일 정오를 기하여 조선의 독립을 선언하게 되었습니다. 학생들은 3월 1일 정오에 탑골공원에 모여 독립운동에 앞장을 설 것을 결의하였습니다. 아침부터 탑골공원에는 4, 5천 명의 학생들이 모여 들었습니다. 정오를 알리는 오포午砲소리가 울리자 정재용鄭在鎔이 팔각정에 올라가 〈독립선언서〉를 낭독하고 '대한독립 만세!'를 선창하였습니다.

학생들은 태극기를 흔들며 목 터지도록 '대한독립 만세!'를 외쳤습니다. 그리고 곧 탑골공원을 뛰쳐나갔습니다. 수만의 군중이 이들과 함께 시위행진에 가담하게 됩니다. 노도와도 같은 물결이었습니다. 시위행렬은 덕수궁 대한문 앞에 이르러 고종황제의 빈전殯殿을 향하여 세 번 예禮를 올리고 다시 움직이기 시작하였습니다. 이번에는 남대문을 지나 왜성대倭城臺에 있는 총독부로 향하였습니다.

위협을 느낀 일본군과 기마경찰은 비무장시위대에 총격을 가하면서 무자비한 학살을 감행하였습니다. 쫓고 쫓기는 시위대와 일본군의 충돌은 저녁 6시까지 계속되다가 일단 잠잠해지는 것으로 보였으나, 하오 8시에는 마포麻浦에서 다시 1천여 명이 봉기하였고, 밤 11시경에는 예수교 부속전문학교 부근에서 5백여 명이 만세를 부르면서 궐기하였습니다.

'3·1운동' 혹은 '기미년 독립만세운동'으로 기록되는 이 운동은 전국으로 확산해나갔습니다. 같은 3월 1일에 개성·평양·진남포·선천宣川·안주安州·의주·원산·함흥·대구를 비롯하여 황주黃州·수안遂安·곡산谷山 등지에서 궐기하였고, 다음날부터는 전국 방방곡곡에서 독립만세를 외치는 나라찾기운동이 처절하게 전개되었습니다.

서울에서는 3일의 고종황제의 국장國葬 당일만을 제외하고는 매일 시위가 계속되었습니다. 학생들은 휴교, 상인들은 철시撤市, 공원工員은 파업에 들어갔으며, 관리들은 퇴직하는 등의 비장한 저항이 아닐 수 없었습니다.

3월 28일에는 구한말의 정치가 김윤식金允植·이용직李容稙이 조선총독부에 독립승인 최촉장催促狀을 제출하였습니다. 또 유림에서는 곽종석郭鍾錫·장석영張錫英·김창숙金昌淑 등 지도급 인사들이 독립을 외치고 나섰습니다. 지식인 사회가 병들지 않은 굳건한 모습이 아닐 수 없습니다. '노블레스 오블리주'의 원형일 수도 있습니다.

4월 23일에는 서울에서 〈조선민국 임시정부 조직 포고문〉을 발표하였고, 5월 20일에는 김가진金嘉鎭이 중심이 되어 의친왕義親王 등 구 황족을 망라하여 조선민족대동단大同團을 조직하였습니다. 이에 대해서 총독부는 군대와 경찰을 동원하여 철저한 무력 탄압을 감행하여 전국 도처에서 수많은 사람들이 학살·부상·투옥되었습니다. 그 대표적인 예가 생각만 해도 가슴 아픈 화성 제암리堤岩里 교회 학살사건입니다.

3월 30일, 제암리를 비롯한 인근의 주민 1천여 명은 발안 장날을 이용하여 독립만세를 외쳤습니다. 이 만세운동은 팔달면 가재리의 유학자 이정근, 장안면 수촌리의 천도교 지도자 백낙렬, 향남면 제암리의 천도교 지도자 안정옥, 고주리의 천도교 지도자 김흥렬 등이 계획하였습니다. 이를 진압하려는 일본군의 위협사격과 이에 대항하는 시위군중의 투석이 이어졌습니다. 일본군 진압부대는 주재소로 다가서는 군중들에게 일본도를 휘둘렀습니다. 이정근과 그의 제자 김경태 등 3명이 칼에 맞아 사망하였고, 홍원식, 안종후, 안진순, 안봉순, 김정헌 등 제암리 교회의 신도들과 고주리 천도교인 김성렬이 수비대에 체포되어 심한 고문을 받고 풀려났습니다. 이에 분노한 시위군중이 일본인 가옥이나 학교 등을 방화, 파손하게 되자 정미업자 사사카佐板 등 43명이 30리 밖 삼괴 지역으로 피신하는 일이 있게 됩니다.

4월 1일, 다시 발안 인근의 마을 주민들이 발안 장터 주변 산에 봉화를 올리고 다시 시위를 시작하자, 4월 2일 경기도 경무부에서는 헌병과 보병, 순사로 구성된 검거반을 파견하였습니다. 그리고 6일까지 시위의 진원지 역할을 한 마을을 습격하여 방화하는 만행을 저지르며 주모자를 검거하였는데, 4월 3일에는 화수리 · 수촌리에서 다시 만세시위가 일어났습니다. 급기야 4월 5일 새벽 3시 반에 검거반이 수촌리를 급습하여, 종교시설은 물론, 민가에까지 불을 질러 42호 중 38호가 소실되는 참사가 있었습니다. 이를 '수촌리 학살사건' 이라고 합니다. 이에 반발하여 4월 5일 정오, 제암리 발안 장날을 맞아 또다시 시위를 벌였습니다. 일본군, 경찰의 검거작전은 더 잔인하게 감행되었습니다.

4월 9일부터 16일까지 검거반은 대대적인 제2차 검거작전을 벌였고, 4월 13일 육군 보병 79연대 소속 중위 아리타 도시오有田俊夫가 지휘하는 보병 11명이 발안에 도착하였습니다. 다른 지역의 시위 주모자들은 2차에 걸친 검거작전으로 대부분 체포되었으나, 발안 시위를 주도했던 제암리 주모자들은 체포되지 않았기 때문입니다.

4월 15일 오후 2시경, 아리타 중위는 부하 11명을 인솔하고 일본인 순사 1명과 제암리에 살다가 나온 순사보 조희창, 정미소 주인 사사카 佐板 등을 앞세우고 제암리에 도착하여 야비하게도 거짓 회유책을 썼습니다.

- 만세운동을 진압하며 너무 심하게 문초한 것을 사과하려고 왔다.

이 같은 감언이설로 제암리에 사는 15세 이상의 성인 남자들을 모두 교회에 모이게 하였습니다. 또 일본군은 미리 명단을 파악하고 온 듯, 오지 않은 사람은 찾아가 불러오기까지 하였습니다.

아리타 중위가 교회 안으로 들어가 몇 가지 형식적인 질문을 하면서 교인들의 숫자를 확인하고 교회 밖으로 나오는 것을 신호로 교회당을 포위하고 있던 일본군이 창문을 통해 안으로 일제사격을 감행하였습니다. 그리고 사격이 끝난 후 짚더미와 석유를 끼얹고 불을 질렀습니다. 제암리 교회를 태운 불길은 세찬 바람을 타고 교회 아래쪽 집들에 옮겨 붙었고, 위쪽 집들은 일본군들이 돌아다니며 방화하였습니다.

천인이 공노할 만행이 아닐 수 없었습니다. 그러나 일본 학자들은 말도 되지 않는 변명으로 일관하였습니다.

조선에 주둔한 지 얼마 안 되어 현지 상황에 익숙하지 못한 일부 군인이 일본 유감스럽게도 일본인들의 역사관 중에서 조선의 침탈에 대한 바른 인식을 찾아보기는 쉽질 않습니다. 21세기로 들어선 오늘에 이르기까지도 '새로운 일본사日本史'라고 불리는 왜곡된 교과서를 발행하곤 합니다. 그런 교과서의 내용 중에는 어느 한 곳에도 일본 제국이 조선을 침탈하여, 조선 민족에게 극심한 고통을 주었다고 적혀 있지는 않습니다. 한·일관계의 본질이 아닌가 싶기도 합니다.

1919년 8월 12일, 제3대 조선 총독 사이토 마코토齋藤實 부임.

일본 제국은 1919년 3월에 발발한 3·1운동을 지켜보면서 무단정치의 폐해와 모순을 알게 되었습니다. 따라서 사이토 마코토 총독의 부임을 계기로 조선 정책을 변경하여 이른바 문화정치文化政治를 표방하고 나서게 됩니다. 이에 따라 총독부 관제를 개정, 총독 임용의 범위를 확대하여 종래 육·해군대장에 한정하던 것을 폐지하였습니다. 물론 조선 총독의 육·해군통솔권을 삭제했지만 필요하다고 인정할 경우에는 육·해군사령관에 병력사용을 청구하도록 하였습니다.

그리고 헌병경찰제도를 없애고 보통경찰제도로 개정하여 그 사무 집행의 권리를 지방장관에게 위임하여 지방자치의 방향도 개선하였습니다. 또한 종래의 경무총감부를 폐지하고 내무·재무·식산殖産·법무·학무學務·경무警務의 6국을 설치하고 총독관방의 3국을 서무庶務·토목土木·철도의 3부로 변경하여 부장관을 국장, 신설한 부에는 부장을 두었습니다.

이와 함께 지방제도의 개편도 단행하여 도장관을 지사知事로 개칭, 도평의회道評議會 및 부·면협의회府面協議會 등 자문기관을 제정하고 그 회원은 민선民選으로 하여 형식적이나마 민의의 반영을 도모하였습니다. 그 후 이 자문기관은 결의기관으로서 도·부·읍회道府邑會를 두어 지방자치제의 확립을 기도하는 등의 선심을 보이기도 하였습니다.

한편으로는 조선인의 관리임명 범위를 확대하고 일본인과의 차별을 철폐하는 외에 언론·집회·출판의 취체取締를 완화하고 교육제도를 쇄신하면서 민심을 수습하고자 하였습니다. 이와 아울러 중추원의 개편도 단행하였습니다. 종래의 고문·찬의·부찬의를 참의參議로 개정, 65명을 정원으로 규정하였으며 일반 관리의 제복制服·착검着劍도 폐지하였습니다.

이같이 조선에 대한 탄압은 다소 완화되었으나, 표면상의 정책 변경에 불과할 뿐 실제로는 음성적陰性的 탄압을 강화한 것이나 다름이 없었습니다. 조선 총독부가 폐지될 때까지 한 번도 문관 총독의 임명이 없었던 것으로도 이 사실을 입증할 수가 있을 줄로 압니다.

대한민국 임시정부

바로 이 무렵인 1919년 4월 11일, 중국 상해上海에 모인 조선의 독립운동가 대표들이 대한민국을 국호로 하는 '대한민국 임시정부'의 수립을 선포하였습니다. 때늦은 감이 없지 않았으나 그래도 시의적절한 시기에 대한민국의 존재를 세계에 알린 셈입니다.

그런데도 대한민국 임시정부를 말하면서 대개는 대한민국을 생략하고 '상해 임시정부' 혹은 '상해 임정'이라는 약식으로 부르게 된 데는 차후 국내외를 망라해 광범위한 임시정부를 수립할 때를 대비하였다는 설이 설득력이 있습니다.

민주공화국이라는 나라의 체제는 말할 것도 없고, 임시의정원은 지금의 국회제도와 다름이 없었습니다. 또 태극기를 공식적인 국기로 정한 것도 이때의 일입니다. 안익태 작곡의 〈애국가〉가 공식적으로 채택된 것도 이때의 일입니다. 그런데도 대한민국 임시정부가 이름값을 못했다고 비난하는 경우가 있습니다. 이에 대한 안동대 사학과 김희곤

대한민국 임시정부 정식추대 선언문

교수의 지적은 의미심장합니다.

첫째, 대한민국 임시정부는 망명지에서 국가를 세우고 정부 조직체를 구성하여 침략 세력에 맞선 대표적인 사례였다. 그것도 26년 반이라는 길고도 긴 기간이었다. 프랑스와 폴란드가 제2차 세계대전 때 각각 망명정부를 설치하였으나, 불과 3~4년에 지나지 않았다.

둘째, 대한민국 임시정부는 독립운동을 벌이면서도 민주공화정을 일구어냈다. 우리가 나라를 잃을 때는 황제가 주인인 대한제국이었지만, 되찾아 세울 때는 국민이 주권을 가진 민주국가였다. 서유럽은 근대 시민 사회를 시민혁명을 통해 달성했지만, 한국은 독립운동을 통해 만들어갔다. '독립운동 근대화론'을 말하는 이유가 여기에 있다.

셋째, 우리 독립운동사 전체를 통틀어 대한민국 임시정부보다 강한 구심점을 가진 존재는 아직 없었다. 원격적으로 국내 행정을 장악하고 나섰고, 국가와 정부의 이름으로 외교활동을 폈으며, 군대를 조직하여 국내진공작전을 시도 하였다.

넷째, 대한민국 임시정부가 좌·우 대립을 극복하여 통합정부를 이끌어낸 역사적 성과가 평화통일을 갈구하는 현시점에 주는 교훈도 적지를 않다. …… 대한민국 임시정부는 대한민국의 출발이고, 독립운동을 통해 근대화를 일궈 내는 구심점이었다. 反침략 투쟁만이 아니라, 근대화운동을 함께 펼쳤다는 뜻이다.

대한민국 헌법 전문에는 '임시정부의 정신을 이어받아서' 라는 구절 이 삽입되어 있습니다. 대한제국이 아니라, 대한민국으로서의 새 출발 을 다짐하기 위해서는 불가항력입니다. 그러므로 임시정부를 기점으 로 삼는다면 대한민국의 건국은 90주년이 됩니다.

그러나 이명박 정부가 출범하면서 여러 사회단체에는 '건국 60주 년' 을 기념한다는 갖가지 이벤트를 챙겼습니다. 그것은 오직 앞의 두 정권을 '잃어버린 10년' 이라고 몰아붙이는 데는 득이 될 수 있어도, 역사인식 자체를 정권적 차원에서 해석하려는 오류를 저지른 것은 전 의 두 정권과 조금도 다름이 없습니다. 그들이 말하는 '건국 60주년' 은 '대한민국 정부수립 60주년' 이어야 정확합니다.

역사는 혹은 역사인식은 어떤 경우에도 국가의 정체성과 연계되는 것이지 정권적 차원에서 머무는 것이 아닙니다.

경성제국대학의 조선사 강의

1920년 6월. 1백여 명의 독립운동가들이 모여 재단법인 조선교육회朝鮮教育會를 발기하였습니다. 이들의 목표는 '민립종합대학民立綜合大學'의 설립이었습니다. 근대학문으로 무장된 조선 청년들을 양성하지 않을 수 없는 절박한 사정 때문이었습니다.

일본 제국이 이를 용인하거나 허가할 까닭이 없습니다. 조선 각처에서 또는 중국 각처에서 조선의 독립을 표방하는 수많은 단체가 결성되고, 조선 총독 사이토 마코토를 습격하는 사건, 일본 천황이 기거하는 동경의 궁성 밖 이중교二重橋에서 폭탄이 투척되는 등 끝없는 소요가 계속되는 판국에 조선 청년들을 교육하는 종합대학이 조선인들에 의해 설립되는 것을 방치할 까닭이 없습니다.

마침내 1924년 5월, 일본 정부는 칙령勅令 103호로 공포된 경성제국대학 京城帝國大學의 관제官制에 따라 법문학부法文學部·의학부醫學部의 설치가 규정되고, 5월 10일 예과豫科를 개강함으로써 이른바 경성제국

대학이 개교하게 되었습니다. 처음에는 조선 총독부 정무총감政務總監이 총장의 사무취급을 하였습니다. 이로써 경성제국대학은 소위 식민사관植民史觀의 본산으로 자리 잡게 되었습니다.

이마니시 류

조선은 찬란한 역사를 간직하였고 역사에 대한 외경심畏敬心으로 가득한 민족이었습니다만, 불행하게도 근대학문近代學問으로서의 역사연구는 그 시도조차도 하지 못한 시절입니다. 물론 박은식朴殷植, 신채호申采浩 등 역사에 관심을 가진 사람은 있었으나, 조선의 역사를 근대적인 학문으로 정립하지는 못하였습니다. 그 결과가 경성제국대학 법문학부에 조선사朝鮮史라는 과목을 설치하고서도 그 강의를 담당할 조선인 학자가 전무한 상태였습니다.

조선 총독부의 역사편수관이었던 이마니시 류今西龍가 경성제국대학의 역사학 교수로 부임합니다. 조선의 역사를 조선인이 정립하지 못한 판국이라면 일본인 교수가 근대학문으로서의 조선사를 강의할 수밖에 없었다는 점이 바로 조선의 비극이었습니다. 창피하고 부끄러운 일입니다만 여기서도 나라를 지키지 못하였고, 정신적 근대화를 이루지 못한 근본을 읽을 수가 있어야 합니다.

반대로 이마니시 류와 같은 일본인 학자들은 조선 침공과 때를 맞추어 조선의 역사를 연구하였다는 사실에 우리는 깊이 반성하지 않으면

안 됩니다. 이마니시 류가 조선사를 근대적인 학문으로 정립하기 위해서는 무조건 읽어야 할 책들이 있습니다. 바로 그것이 《조선왕조실록》, 《승정원일기》, 《비변사록》, 《대동야승大東野乘》, 《연려실기술燃藜室記述》 등과 같은 조선 역사와 관련된 전적典籍들입니다. 이 같은 전적은 일본 땅에 있는 것이 아니라, 모두 조선에 있는 전적들입니다. 조선에 있는 전적을 조선의 지식인들은 탐구하지 않았고, 조선을 침탈한 일본인 학자들이 그것을 읽고 조선사를 근대학문으로 정립하였다는 사실에 엄청난 수치심을 느끼게 됩니다.

경성제국대학 법문학부에 입학하여 조선사를 학문으로 익혀야 하는 조선인 청년들의 참담한 모습을 생각해보십시오. 조선인 수재들에게 조선사를 강론하는 이마니시 교수가 조선의 정체성正體性, 조선인의 역사인식 등을 있는 그대로, 정직하게 강론할 까닭이 없지를 않습니까? 그는 일본인이었기에 당연히 조선국과 일본국이 합병할 수밖에 없었던 당위성을 강론하게 됩니다.

조선 왕조는 이씨 성을 가진 일부 부족部族이 다스린 나라이기에 이씨조선李氏朝鮮이 되어야 했고, 조선이라는 말 대신 이조李朝라는 말을 쓰게 되고 보니 《조선왕조실록》은 이조실록李朝實錄으로 비하되고, 조선백자는 이조백자李朝白磁로 비하될 수밖에 없습니다. 뿐만이 아닙니다. '조선 사람은 셋만 모이면 싸우기 때문에 사색당쟁四色黨爭이 되었고, 이같이 국론의 통일을 이룰 수 없었기에 일본국에 의존하여 새로운 문물을 익혀갈 수밖에 없다' 이렇게 심어지게 된 것이 소위 식민지사관植民地史觀의 요체입니다.

경성제국대학에 입학한 조선인 수재들은 그것을 그대로 공부하여

답습하였습니다. 그리고 경성제국대학을 졸업하고, 조선 총독부의 편수관이나 전문학교의 역사학 교수로 부임하게 됩니다. 스승 이마니시 류가 입에 담았던 식민사관이 이번에는 젊은 조선인 교수의 입을 통하여 넓고 깊게 퍼져 나가는 악순환이 20여 년이나 이어지게 되었습니다.

1945년 8월, 우리는 국권을 회복하였습니다. 각 급 학교에서는 황급히 우리 것을 가르쳐야 하는 커리큘럼을 짜야 했습니다만, '국어 교사'와 '역사 교사'가 없는 것이 문제였습니다. 수학이나 지리 혹은 과학이나 음악을 가르치는 일은 어렵지 않았으나, 조선어 말살정책의 뒤끝이라 국어를 가르칠 교사가 없었고, 학문으로 정리된 조선 역사가 없었기에 국사를 가르칠 교사가 전무한 상태였습니다.

이에 서둘러 중등 국어 교사 양성소와 중등 역사 교사 양성소를 열어서 단기간에라도 국어 교사와 역사 교사를 양성하지 않을 수 없었습니다.

천만다행으로 '한글학회사건'으로 체포되어 함흥형무소에서 복역을 하고 있던 최현배, 정인승 등 한글 학자들이 석방되어 돌아와 있었기에 이 분들을 교수로 모실 수 있었던 것은 천우신조였고, 또 강단에 선 한글 학자들은 우리말(국어)의 소중함과 우리 민족의 정체성을 함께 가르칠 수가 있었습니다.

그러나 조선의 역사를 가르칠 수 있는 교수가 문제였습니다. 아무리 찾아도 경성제국대학에서 조선사를 배운 사람들 밖에 없습니다. 마침내 그들이 강단에 섰습니다. 스승 이마니시 류가 입에 담았던 이른바 '식민지사관'이 광복된 조국의 역사 교사들에게 고스란히 전해질 수밖에 없었습니다.

중등 역사 교사 양성소를 수료한 선생님들이 전국의 중학교(그땐 지금의 학제인 고등학교가 없었다)에 배치되었습니다. 그리고 그들은 나라를 갓 찾은 이 땅의 청소년들에게 기세 넘치도록 자신들이 배웠던 식민지사관을 주입하였습니다. 바로 그때 나는 중학교 1학년이었습니다. 그분들에게 역사를 배운 나는 사범학교를 졸업하고 초등학교의 교사가 되었습니다. 그리고 나 역시도 역사 선생님으로부터 배운 식민지사관을 내 사랑하는 제자들에게 또 맹목적으로 가르쳤습니다. 비극의 악순환이 아닐 수 없습니다.

1945년 이후에 태어난 교수들이, 장관들이, 국회의원들이, 판검사들이 이조실록, 이조백자, 이조 5백 년이라고 뇌까리게 된 사정을 확실하게 이해하셨을 것으로 짐작합니다. 그렇습니다. 하루속히 털어내야 하는 것이 바로 식민지사관입니다.

다시 당시로 돌아갑니다. 경성제국대학은 1926년 2월 법문학부 교사校舍의 준공을 보아 5월 1일부터 학부의 수업이 시작되었으며 초대 총장에 핫토리 우노키치服部宇元吉가 임명되었습니다. 동년 5월 6일에는 청량리에 예과의 교사가 낙성되고, 1927년 1월에 의학부 별관別館, 8월에 의학부 본관, 1928년 6월에 법문학부 본관을 각각 준공하고 다시 총독부병원을 의학부 부속병원으로 이관하여 대학으로서 면모를 갖추게 되었습니다. 당시 법문학부에는 법과·철학과·사학과·문과의 4개 학과가 있었는데 1929년 4월 처음으로 법문학부 1회 졸업생을 배출하였습니다. 이때 졸업생은 모두 68명으로 그중 조선 학생은 22명이었습니다.

1934년 3월부터 종래 학부의 수업연한 2년을 3년으로 늘리고, 1941년 6월에는 이공학부理工學部가 증설되었습니다. 1945년 광복을 맞으면서 잠시 경성대학으로 있다가 1년 뒤인 1946년, 국립 서울대학교로 개칭되었습니다.

황국신민의 맹세

일본 제국은 일본을 중심으로 조선, 중국을 병합하여 새로운 문화권을 만들려는 허황되지만, 야심 찬 프로젝트를 운영하고 있었습니다. 이른바 대동아공영권大東亞共榮圈의 건설입니다. 이 꿈은 새로운 것이 아닙니다. 명치유신明治維新의 주역들을 길러낸 일본의 선각자 요시다 쇼인吉田松陰은 조선 침략의 주역들인 이토 히로부미伊藤博文, 이노우에 가오루井上馨, 야마가타 아리토모山縣有朋 등 어린 제자들에게 귀에 딱지가 앉도록 가르쳤습니다.

> 조선을 책해 인질과 조공을 바치게 하고, 북쪽으로 만주 땅을 분할하고, 남쪽
> 으로는 대만과 필리핀을 손에 넣어 점점 진취자세를 보여야 한다!

이른바 〈정한론征韓論〉, 더 나아가서 대동아공영권의 원형이 이 짧은 글에 담겨 있습니다.

1937년의 만주사변滿洲事變 후부터는 조선에 대대적인 군수산업軍需産業에 필요한 공장 건설을 촉진합니다. 모두가 대륙 침략의 병참기지兵站基地로 삼기 위해섭니다. 또 다른 한편으로는 전시동원戰時動員 태세의 강화이기도 했습니다.

1938년부터는 조선 청년들에게 지원병제도志願兵制度를 실시함과 동시에 교육령教育令을 개정하여

황국신민서사

조선과 일본의 구별을 없앤다는 동화정책同化政策을 추진하였습니다. 이른바 조선과 일본은 둘이 아니라 하나라는 내선일체內鮮一體를 구호로 황국신민화皇國臣民化를 강요하겠다는 속셈입니다.

1937년 10월, 총독부 학무국에서 교학쇄신教學刷新, 국민정신 함양을 목적으로 보급한 황국신민의 맹세에 이때의 분위기가 고스란히 담겨 있습니다. 이 맹세는 학교, 관공서, 은행, 공장 등의 모든 직장의 조회와 각종 집회의 의식에서 낭송이 강요되었습니다. 초등학교 어린이용과 중등학교 이상의 학생 및 일반용의 두 종류가 있는데 내용은 다음과 같습니다.

황국신민의 맹세 (어린이용)

1. 나는 대일본 제국의 신민이다.

2. 나는 마음을 합해 천황폐하께 충의를 다한다.

3. 나는 인고단련忍苦鍛鍊하여 훌륭하고 강한 국민이 된다.

이 맹세문을 외우지 못하면 아무 혜택도 받을 수가 없었습니다. 일
테면 고무로 된 운동화를 배급을 받기 위해서는 반드시 이 맹세를 암
송하여야 했습니다. 아무리 사소한 순번을 정할 때도 이 맹세문을 외
지 못하면 아예 참여할 자격을 얻지 못했습니다. 실제로 나도 이로 인
한 쓰라린 경험을 많이 하였습니다.

중학생 이상 어른들에게 외기를 강요한 서사는 다음과 같습니다.

황국신민의 맹세 (어른용)

1. 우리는 황국신민이며 충성으로써 군국君國에 보답하자.

2. 우리 황국신민은 서로 신애협력信愛協力하여 단결을 굳게 하자.

3. 우리 황국신민은 인고단련의 힘을 키워서 황도皇道를 선양하자.

이 또한 어린이용과 마찬가지로 어른들에게 지워진 족쇄와 같은 것
이었습니다. 일제 식민지 시대에는 모든 물품이 귀했습니다. 쌀이나
잡곡과 같은 식품류, 석유, 타월 등과 같은 일용품을 배급받기 위해서
는 반드시 맹세문을 욀 수 있어야 합니다. 내 어머님은 학교에 다닌 적
이 없는 무학의 여성이었습니다만, 반장댁 앞마당에서 석유배급을 탈
때 일본어로 된 이 서사를 큰 소리로 외시던 모습이 지금도 내 눈에 선
명하게 남아 있습니다.

1938년부터는 각 급 학교에서 조선어 교육을 모두 폐지하고 일어를
상용하게 하였습니다. 학교 교문 안으로 들어서면 조선어의 사용은 절

대 금지가 되었고, 한 번 사용할 때마다 기록으로 남겨서 불이익을 당하게 하였습니다. 또 창씨개명創氏改名으로 인한 혼란도 야기되었습니다. 신사참배神社參拜를 강요하여 많은 학생들을 고통 속으로 몰아넣었습니다. 아침 조회 때는 동방요배東方遙拜라 하여 일본국 천황이 있다는 동쪽을 향해 큰 절을 하고서야 모든 일과가 시작되는 지경이었습니다. 역사상 유례없는 민족말살정책을 발악하듯 자행하였습니다. 그것은 미구에 있게 된 전쟁을 준비하는 과정이나 다름이 없었습니다.

마침내 1940년 12월 8일, 이날은 일요일이었습니다만, 일본 제국의 연합함대는 항공모함과 함재기를 동원하여 러일전쟁 때와 같이 선전포고도 없이 하와이 진주만을 선제공격하는 것으로 제2차 세계대전에 끼어들었습니다. 여기서 끼어들었다는 말이 조금 생소하게 들릴 것으로 압니다만, 엄격한 의미에서의 제2차 세계대전은 독일의 히틀러, 이탈리아의 무솔리니, 그리고 일본국 천황인 히로히토裕仁 세 사람이 주범이기 때문입니다.

이탈리아는 새로운 로마 제국을 건설할 꿈을 꾸고 있었고, 독일은 중부 유럽에 자국의 늘어가는 인구분산을 위한 생활공간을 얻고자 하였으며, 일본은 앞서 설명한 대동아공영권大東亞共榮圈을 건설하려는 그들 나름의 명분을 실행하기 위한 준동이었습니다. 이들 세 나라가 하나의 동맹日獨伊同盟을 형성할 때부터 전쟁의 위험은 있었습니다. 바로 '로마·베를린·도쿄 주축the Axis'입니다.

따라서 이 책에서 설명하는 제2차 세계대전은 일본과 미·영 간의 전쟁, 소위 일본에서 말하는 대동아전쟁大東亞戰爭이 화두가 됩니다. 내 나이 10세에서 13세까지 체험했던 얘기가 될 수도 있기 때문입니다.

제2차 세계대전

전쟁의 초기 양상은 일본군의 승승장구로 장식되었습니다. 진주만의 선제공격으로 미국 해군을 무력하게 한 일본군은 파죽지세로 동남아 각국으로 진격하였습니다. 말레이 반도를 장악하고 싱가포르를 점령하면서 영국군의 항복을 받아낸 일본군의 승리를 기념하여 일본과 조선 안에 있는 모든 초등학교 어린이들에게 고무공(연식 테니스공)을 하나씩 선물로 주었습니다. 남방의 고무 산지를 점령하였음을 선전하는 선무공작의 하나였습니다.

이때를 계기로 모든 학생들에게는 창가 대신 군가를 부르게 하였습니다. 천황폐하를 위해 이 한목숨을 즐거이 버리겠다는 내용, 일선 참호 속에서 용감히 싸우는 일본군의 모습을 담은 노래, 심지어 일본군이 타고 다니는 말馬의 노고를 찬양하는 〈애마행진곡愛馬行進曲〉이라는 노래까지 목청 터지게 불러야 했습니다. 그러면서 미국과 영국을 짐승보다 못하다 하여 귀축미영鬼畜米英으로 불렀습니다.

그러나 승리의 기쁨은 잠시뿐, 전쟁의 양상은 어느새 일본군에게 불리하게 전개되어갔습니다. 세계 최강의 무적함대라는 자부심 하나로 남태평양을 휘젓고 다니던 일본군 연합함대聯合艦隊가 미국 공군에 의해 궤멸되면서 말레이 반도, 필리핀, 말레이시아를 점령하고 있던 일본군이 고립하게 되는 등 전세는 악화일로를 치닫게 되었습니다.

　태평양 한가운데 떠 있는 이오지마硫黃島가 미군의 수중으로 들어가게 되면서 일본 본토가 B-29의 폭격 사정거리 안으로 들게 되었습니다. 일본 제국은 발악하기 시작하였습니다. 식민지하의 조선 청년들은 전시동원령에 의해 징병徵兵으로 끌려가게 되었고, 어린 여성들은 정신대(挺身隊, 종군위안부)로 끌려가게 되었습니다.

　귀애하는 딸들을 정신대로 끌려가지 않게 하기 위해서는 15, 6세의 어린 아이들을 강제로 결혼을 시킬 수밖에 없었습니다. 관헌들의 지명이 강제가 아니라면 이렇게까지 피눈물을 쏟아야 할 까닭이 없지를 않겠습니까? 미처 혼처를 정하지 못하여 정신대로 끌려가게 된 초등학교 6학년짜리 두 소녀는 내 친구였습니다.

　그 친구들이 고향을 떠나는 날, 학교 운동장에 전교생을 모아놓고 거창한 환송식을 하기까지 하였습니다. 일본인 교장은 영광스럽게도 우리 학교의 여학생이 정신대로 나가 천황폐하에게 충성하게 되었다는 거창한 훈시를 하였습니다만, 보내는 우리들은 모두 소리 내어 흐느꼈습니다. 이 처참했던 광경은 누구에게서 들은 것이 아니라 내가 초등학교 6학년 때 직접 체험했던 일입니다.

　이런 엄연한 사실을 전후의 일본국 지도자나 지식인들이 짐작이나 하겠습니까? 전후 세대의 선두 주자로 평가되는 아베 신조安部晋三 일본 총리가 종군위안부 문제에 관해 참의원 예산위원회에서 "광의의 강제성은 있었지만 협의의 강제성을 뒷받침하는 증언은 없었다."라며 "미국 하원에서 위안부 결의안이 가결되더라도 일본 총리로서 사과할 의향이 없다."라고 말했다는 보도에 접하면서는 나는 온몸에 소름이 끼치는 불쾌감이 일었습니다.

미국 하원에서 종군위안부 결의안이 채택되었습니다. 아베 총리는 자신이 천명한 대로 사과하지 않았습니다. 그러나 이 무반응이 일본이라는 나라가 알게 모르게 상처를 받게 하고, 장구한 세월 동안 애써 쌓아올린 위신과 도덕까지를 훼손하게 하고 있다는 사실을 일본의 지식들은 정녕 모르고 있는지, 피땀 흘려 쌓아올린 일본국의 엄청난 국력이 세계인으로부터 존경을 받지 못하는 까닭이 무엇인지, 왜 일본이라는 나라에서는 이런 문제가 공론화되지 않는지, 정말 일본이라는 나라는 신이 다스리기에 인간의 양식은 발붙일 틈이 없는지를 물어보면 개인적으로는 단호히 아니라고 하면서도 국가적인 일에 연관되면 입 다물고 마는 것이 오늘의 일본이라면 앞으로도 이 같은 불행한 일들이 끊임없이 반복될 게 분명합니다.

일본의 패색이 짙어지면서 조선의 가정에는 또 다른 고통이 따르게 됩니다. 조상 대대로 물려받아 온 제기(祭器)가 수난을 당합니다. 놋그릇, 놋수저, 놋대야 등이 공출이라는 이름으로 강제 수거되었고, 신라 때에 만들어진 산사의 범종도 탄피를 만들기 위해 공출되었습니다.

초등학교 6학년 어린이였던 나는 전쟁에 쓰일 기름을 짜기 위한 소나무 옹이를 따기 위해 산길을 헤매게 되면서 수업시간도 몰수되었습

니다. 뿐만이 아닙니다. '1억 국민총궐기'의 기치를 휘두르면서 우리
는 수업 대신 비행장을 닦는 현장에서 자갈과 모래를 퍼 날랐습니다.

태평양의 사이판 섬에서 일본군 전원이 옥쇄(玉碎, 명예를 위해 함께 죽
는 것)를 하면서 일본국 본토인 오키나와(沖繩 섬이 위험해집니다. 이른
바 '가미카제神風 특공대'라는 자살 비행기가 뜨기 시작하였습니다.
나이 어린 소년들은 돌아올 연료가 없는 작은 비행기를 타고 오키나와
앞바다에까지 날아가 미국 군함으로 돌진하였습니다. 그야말로 자살
특공대입니다. 자살 특공대가 출진하는 비행장이 있었던 치란(知覽, 일
본의 규슈 남단)에 가면 조선 청년들이 남기고 떠난 유서도 19통이나 보
관되어 있습니다.

1945년 7월 26일, 마침내 승전을 확신한 미국 대통령 트루먼Harry S.
Truman, 영국 수상 처칠Winston Churchill, 중국 총통 장제스蔣介石가 독일
의 포츠담에 모여서 일본의 항복 권고와 제2차 세계대전 이후의 일본
에 대한 처리 문제를 논의하였고, 그 후 8월 8일 소련의 공산당 서기장
스탈린도 참전과 동시에 이 선언에 서명하였습니다. 선언의 요지는
'일본이 항복하지 않는다면, 즉각적이고 완전한 파멸'에 직면하게 될
것을 경고한 것이며, 그 내용은 모두 13개 항목으로 되어 있습니다.

이에 앞서 카이로Cairo 선언宣言도 있었습니다. 1943년 11월 27일(공
식적으로는 12월 1일) 미국의 루스벨트와 영국의 처칠은 토론 끝에 중국
장제스의 주장을 받아들이기로 하였습니다.

백범白凡 김구金九는 장제스와 사전에 만나서 종전 후 한국의 완전한
독립을 보장하며, 국제 공동관리의 신탁통치를 반대한다는 뜻을 강력
하게 주장하며 미국의 지지를 받아줄 것을 호소하였습니다. 미국의 루

포츠담 선언

스벨트와 영국의 처칠은 장제스의 주장인 '적당한 시기' 또는 '적당한 절차를 거쳐서' 라는 조건을 넣어 세계에 선언한 것이 바로 카이로 선언입니다.

일본 제국은 패전이 코앞에 와 있는데도 카이로 선언과 포츠담 선언의 내용을 받아들이지 않았습니다. 조선을 버릴 수가 없었기 때문입니다. 바로 이 거부가 일본 영토에 원자폭탄을 투하하게 되는 비극을 자초하였습니다.

미국 트루먼 대통령은 마침내 일본에 대해 원자폭탄 2개를 투하하기로 결정하였습니다. 미국은 그 가공할만한 위력으로 일본 제국의 즉각적인 항복을 받아낼 수 있다면 엄청난 희생이 따를 본토상륙전을 피할 수 있으리라고 확신하였기 때문입니다.

마침내 8월 6일과 8월 9일, 하늘의 요새라는 미국의 B-29 폭격기가 원자폭탄을 일본에 투하하였습니다. 첫 번째 폭탄은 히로시마廣島에, 다른 하나는 나가사키長崎에 투하되었습니다. 각각 TNT 5만 톤 정도의 파괴력을 가진 신형폭탄은 버섯구름을 피워 올리며 온 도시를 일순간에 초토화하였습니다. 이 같은 참상을 경험하고서야 마침내 일본 제국은 8월 14일 연합국의 무조건 항복조항을 받아들이겠다고 통보하였습니다. 역사상 가장 많은 피를 흘리게 했던 전쟁이 드디어 끝나게 되었습니다.

이로써 조선 총독부도 1910년부터 1945년까지 36년 동안의 폭거에 종지부를 찍지 않을 수 없게 되었습니다. 패전 때의 조선 총독은 제10대 아베 노부유키阿部信行 육군대장이었습니다.

압박과 설움에서
해방된 민족

학생들의 시위는 국민의 울분을 대신하여 궐기한 정의감의 발로이며,
부정·불의에 항거하는 민족정기의 표현이다. 그러므로 이러한 민족적 참극을
초래한 당사자들이 모두 책임을 지고 물러나야 한다.
— 4·19 당시 대학교수단 〈시국선언문〉 일부

광복의 기쁨

1945년 8월 15일.

이날은 내가 다니던 강릉초등학교의 여름방학 중 임시 소집일이었습니다. 6학년이었던 나는 내키지 않은 걸음으로 등교를 하였습니다. 그러나 어쩐 일인지 요동치는 듯한 군가소리도 들리지 않았고, 전시 중의 긴박감도 느껴지지 않았습니다. 10시가 넘어서도 선생님들의 모습은 보이질 않았습니다. 운동장에서 뛰놀던 친구들도 흐지부지 흩어지기 시작하였습니다. 나도 귀가하기로 하였습니다. 아무 지시도 아무 말도 없이 각자 그냥 헤어졌다는 표현이 더 어울립니다.

학교에서 조금 벗어나면 오른쪽으로 울창한 벚나무 숲을 낀 신사神社가 있었는데 이날따라 매미소리가 귀청을 울릴 정도로 따가웠습니다. 나는 장난기가 도지면서 신사 경내의 벚나무를 기어올랐습니다. 물론 매미를 잡기 위해섭니다. 여느 때라면 호된 꾸지람을 들어야 할 판국인데도 이날만은 이상하게도 탓하는 사람이 없었습니다. 서너 마

리쯤 잡았을 때 갑자기 매미소리
가 뚝 멎었습니다. 벗나무 가지
에 매달린 스피커에서 음악소리
가 울렸기 때문입니다.

그리고 잠시 후, 징징 우는 듯
한 남자의 소리가 잡음과 함께 들
렸습니다. 그것이 일본국 천황이
무조건항복을 선언하는 소위 옥
음방송玉音放送이었다는 사실을
나는 썩 뒤에서야 알았습니다.

1945년 8월 15일 광복

주머니 속에서 꼬물거리는 매미의 움직임을 즐기며 집으로 돌아가
는 길에 골목을 달려 나오는 같은 반 친구와 맞닥뜨렸습니다. 친구는
상기된 얼굴로 토해내듯 소리쳤습니다.

– 인마, 우리 조선이 독립을 했어!

물론 일본말이었습니다. 그때 나는 부끄럽게도 조선이라는 말은
'조선인'이라는 개념 정도로는 알고 있었어도 그것이 한 국가를 상징
하는 말임을 상세하게는 모르고 있었습니다. '독립'이라는 말이 무슨
뜻인지 몰랐다면 더구나 '조선 독립'이 의미하는 바에 대하여서는 극
히 생소할 수밖에 없었습니다. 아니 처음 듣는 단어 같기도 하였습니
다. 이 충격은 정말 오랫동안 내 뇌리를 떠나지 않았습니다. 왜 같은 또
래의 친구는 상기된 얼굴로 "인마, 우리 조선이 독립을 했어!"라고 감

격적으로 외치는데, 나 또한 같은 또래였으면서도 그 뜻을 헤아리지 못했는가. 부끄럽고 참담하다는 생각이 오랫동안 나를 지배하였습니다. 생각해보면 모두가 내 문화환경이 열악했던 탓이었습니다.

예컨대 한국에서 태어난 아기와 아프리카의 원주민의 아기를 서로 바꾸어서 키운다고 가정해봅니다. 그리고 10년이 지나면 두 아이가 문화적인 환경에 의해 성장하고 지배되고 있음을 선명하게 알게 될 것이 아니겠습니까? 아프리카 원주민의 품안에서 자란 한국 아이는 국부만 가린 나체와 같은 몸으로 들판을 달리게 될 것이며, 그쪽에서 쓰는 언어로 의사소통을 하면서 아프리카 원주민의 성정을 몸에 익히게 됩니다. 반대로 한국의 가정에서 자란 아프리카 원주민의 아이는 한국어를 사용하여 의사소통을 하고, 한국 사람의 사고방식을 갖추면서 한국 문화에 익숙해질 수밖에 없게 됩니다.

일찍부터 독립운동과 관계가 있는 집안에 태어나서 자랐던 아이들은 잃었던 조국이 광복되었다는 사실보다 더 보람차고 기쁜 일은 없었을 것으로 압니다. 또 집안에 그런 정보를 알 수 있는 책들이 있었고, 그런 책을 읽으면서 자란 아이들은 8·15 광복의 감격을 몸으로 느꼈을 것입니다만, 실상 당시의 사정으로는 각별히 특수한 사정이 아니라면, 극소수에 불과한 아이들만이 '조선의 독립'을 염두에 두지 않았을까 싶기도 합니다. 또 다른 말로 바꾸면 식민지교육이 얼마나 철저했던가를 잘 보여주고 있음이 아니겠습니까? 철저히 황국신민화되어가고 있었으니까요. 문화환경이 열악하였던 이 땅의 청소년들에게 광복의 진정한 의미가 무엇인지를 알게 될 때까지는 상당한 시간이 필요했습니다.

이념의 대립

흙 다시 만져 보자 바닷물도 춤을 춘다.
기어이 보시려던 어른님 벗님 어찌하리.
이 날이 사십 년 뜨거운 피 엉긴 자취니
길이길이 지키세 길이길이 지키세.

꿈엔들 잊을 건가 지난 일을 잊을 건가.
다 같이 복을 심어 잘 가꿔 길러 하늘 닿게
세계에 보람 될 거룩한 빛 예서 나리니
힘써힘써 나가세 힘써힘써 나가세.

한학자 정인보 작사, 윤용하 작곡의 〈광복절의 노래〉입니다. 처음 불렀을 때는 눈물을 동반한 감격이 있었습니다. 우리는 이 노래를 해마다 '광복절'을 기념하는 식전에서 무려 60여 년간을 불러왔습니다.

그러나 지금은 이 노래가 염원하는 절실함보다 그냥 행사의 노래 정도로 건성으로 불리고 있습니다. 아니 우리가 부르는 것이 아니라 행사에 동원된 합창단이 부르는 노래가 되고 말았습니다. 광복의 기쁨도, 감격도 이젠 까마득한 옛일이 되고 있음을 잘 보여주고 있습니다.

그럴만한 까닭도 쉽게 찾아집니다. 광복 이후 우리의 현대사는 이데올로기로 양분된 대결의 역사로 변질되었기 때문입니다. '조선의 독립'이 갖는 의미를 독점하려는 개인 혹은 집단들의 광풍과도 같은 공세는 필연적으로 상대를 모함하는 대결의 역사가 될 수밖에 없었습니다. 마치 무주공산과도 같은 해방공간에서 좌우가 충돌하는 것은 당시의 냉전체계가 만들어내는 대리전쟁의 양상이나 다름이 없었습니다.

내 고향 강릉에서도 광복 이듬해(1946)의 3·1절 기념식을 소위 우익으로 불리는 단체와 좌익으로 불리는 단체가 각각 다른 장소에서 개최하였습니다. 같은 동네 사람들끼리 서로 똑같은 〈독립선언서〉를 낭독하고 각각 시가행진을 하였고, 시내의 중심지에 이르면서 양쪽은 돌팔매질을 하면서 충돌을 하였습니다. 과연 이들이 좌익이 무엇인지, 우익이 무엇인지를 정확하게 알고 있었는지도 의심스럽습니다. 동네가 두 쪽으로 갈라지니까, 불가피하게 갈라지는 것이지 그 이념의 배후에는 미국과 소련이 있고, 지주와 소작인이 있고, 지배 세력과 피지배 세력이 있다는 정도의 갈등뿐입니다. 동서냉전체제는 이렇게 이 땅에 들어와 뿌리박히게 되었습니다.

서울에서도 똑같은 일이 일어났습니다. 광복의 기쁨을 목 터지게 외치면서 조선의 독립을 염원한 지 불과 6개월 만의 일입니다. 남북이 분단되는 것도, 서로 피 흘리며 싸웠던 동족상잔도 모두가 조국 광복의 산물이었다면 이보다 더 큰 아이러니는 없을 줄로 압니다.

치열했던 동족 간의 전쟁은 휴전이라는 명분으로 유예되었습니다만 재발의 위험은 지금도 상존합니다. 군사정권 시절에는 민주 대 반민주, 문민정부 이후에도 '친북반미'니 '뉴라이트'니 하는 대결구도가 이어지고 있습니다. 지금은 또 보수와 진보로 갈라지는 대결의 양상이 날로 격화되고 있습니다. 대체 무엇이 우리 민족을 이토록 잔인하게 이념적으로 갈라놓기만 합니까?

그 반목과 대결의 양상과 역사는 1945년 8월 15일의 감격의 기점으로부터 약 3개월 정도의 과정만 살펴보아도 한눈에 알 수가 있습니다.

8월 15일, 일본 왕 히로히토裕仁의 항복 방송. 여운형呂運亨 등 조선건국준비위원회朝鮮建國準備委員會(약칭 건준) 발족.

8월 20일, 박헌영朴憲永 등, 공산당재건협의회(재건파) 결성. 소련군 원산 상륙.

9월 1일, 조선국민당朝鮮國民黨 결성.

9월 6일, 건준建準, 조선인민공화국朝鮮人民共和國 수립.

9월 7일, 미극동사령부, 남한에 군정軍政 선포.

9월 9일, 미군정 실시 포고.

10일 7일, 건준 인민공화국人民共和國(약칭 인공)으로 발전적 해체.

10월 16일, 이승만李承晩 미국에서 귀국.

11월 23일, 충칭임정重慶臨政 제1진 김구金九, 부주석 김규식金奎植 개인자격으로 환국.

11월 30일, 인공人共 해체문제로 하지·여운형呂運亨 회담.

12월 30일, 한민당韓民黨 수석총무 송진우宋鎭禹 피살.

위에 인용된 10여 개의 항목을 더 구체적으로 살펴려면 해방전후사를 거론해야 합니다. 이 에세이는 기록된 역사의 행간을 읽고 있습니다. 그러므로 위에 적은 10여 개의 항목은 조선의 독립이라는 개념을 정확하게 헤아리지 못하는 2천만 조선 백성들과는 무관한 것일 수도 있습니다. 아니 무관한 백성들을 담보로 한 지식인들의 투쟁입니다. 국가의 정체성이나, 미래를 고려하지 않는 오직 자신들만의 의사를 관철하기 위해 반대 세력의 두령들을 암살까지 하였던 사생결단의 이념 대결이었습니다.

조용히 가슴에 손을 얹고 일본국과의 악연惡緣을 생각해봅니다. 1875년 운양호사건雲陽號事件으로 인해 강화도조약이 강제로 맺어지게 됩니다. 이 조약에 따라 일본인들이 조선 땅에서 살게 되었고, 장사를 할 수 있게 되었습니다. 이때부터 암암리에 일본의 지배를 받게 되었다고 하여도 무방합니다. 이로부터 꼭 30년 뒤인 1905년에 을사늑약이 또 강제 체결되면서 조선은 일본 제국에 외교권을 박탈당하고 조선 통감부의 지배를 받게 되었습니다. 그리고 1910년에 일본국은 조선을 합방合邦하였습니다.

합방은 글자 그대로 나라와 나라가 합쳐지는 것을 의미합니다. 조선은 아주 멸망해서 없어진 것이 아니라, 나라를 다스리는 통치권을 박탈당하면서 일본에 흡수되었습니다. 그러므로 조선이라는 나라의 주인 격인 고종황제도 순종황제도 모두 살아 있었고, 그 두 분은 일반시민의 자격이 아니라 대한제국 황제의 지위를 유지한 채 살아 있었습니다. 비록 조선 총독부에 의해 궁내부宮內府가 이왕직李王職으로 축소되었다고 하더라도 두 분의 지위는 조선국 황제였습니다. 두 분이 세상을 떠났을 때가 조선 총독부 시대였어도 두 분의 장례식은 당당히 조선 황실의 법도에 따랐고, 일본 제국도 국장의 규모를 줄일 것은 종용하였어도 장례절차를 폐지하지는 않았습니다.

1945년 8월, 일본 제국이 무조건 항복하는 것으로 당연히 1910년에 강제 체결되었던 합방조약은 무효가 됩니다. 강제로 합쳤던 일본 제국이 조선 땅에서 물러나면 당연히 대한제국으로 회복되는 것이 천하의 이치가 아니겠습니까?

물론 딱한 사정은 있었습니다. 일본 제국의 간악한 소행으로 인해 조선 왕실의 왕손(왕자)들은 모두 인질로 일본 땅에 잡혀가 일본국 귀족자제들이 공부하는 학습원學習院에서 공부하였고, 이어 유년학교를 거쳐 육군사관학교, 육군대학 등을 나와서 일본군 고급장교가 되었습니다. 그 대표적 인물이 조선국의 왕세자 이은李垠입니다. 그는 당당 일본군의 사단장을 거치면서 육군중장이 되었습니다.

대한제국의 왕실은 풍비박산 났습니다. 왕자들은 모두 일본 땅에 끌려가 일본 여성과 결혼하였고, 대한제국 왕위의 승계자는 당연히 영왕英王 이은이어야 옳지만 그 또한 이미 일본 여인과 결혼하여 자식을 두고 있었습니다. 홀로 외로이 왕실의 명맥을 지키고 있었던 사람은 창덕궁 낙선재樂善齊에서 겨우 목숨만 유지하고 있던 순종황제비純貞孝皇后 윤씨뿐이었습니다.

대한제국의 왕실이 이런 지경으로 퇴락해 있었다고 하더라도 국권의 회복이 의미하는 바를 상정하는 것이 도리겠습니다만, 상해 임시정부에서 이미 대한민국이라는 국호를 쓰고 있었고, 그에 따를 민주정부를 내외에 선포하였던 탓으로 대한제국으로의 회복은 불가능하였습니다. 그렇다고 하더라도 '제국'이냐, '민국'이냐에 대한 이론은 아주 없지 않았습니다. 소위 의병파義兵派는 '대한제국'으로의 회귀를 주장하였고, 이른바 개화파는 '대한민국'을 선호하는 논쟁이 아주 없지는 않았습니다만, 따지고 보면 그 또한 점령군인 맥아더 사령부의 눈치를 살피지 않을 수가 없었습니다.

1946년 2월 9일, 맥아더 사령부 이왕직李王職을 폐지.

도대체 맥아더 사령부라는 것이 뭐하는 곳입니까? 맥아더는 자신들이 점령하고 있는 일본국의 천황裕仁을 공개적으로 만나 그의 인간됨을 만천하에 알리면서 일본국 황실의 권위에 힘을 실어주었습니다. 오늘의 일본국이 입헌군주국立憲君主國으로 세계의 강국이 될 수 있었던 것은 맥아더의 배려가 있었기 때문입니다. 맥아더는 왜 미국이라는 나라에 그토록 막대한 피해를 입인 패전국 일본의 왕실은 보전하면서, 반일본이라는 점에서는 동지와 같은 조선의 왕실을 단칼에 폐지하였을까요?

맥아더의 주변엔 일본의 사정을 잘 아는 지일파知日派 지식인이 있었기 때문입니다. 다시 말하면 초대 주일 미국대사를 지낸 미국 하버드 대학의 라이샤워Edwin O. Reischauer 교수와 같은 사람들의 적극적인 자문이 있었기 때문입니다. 라이샤워 교수는 일본 여인을 아내로 맞이할 정도로 일본의 역사와 문화에 해박하였습니다. 그는 능숙한 일본어 실력을 바탕으로 전쟁 중에는 암호로 된 일본군의 통신을 해독하는 일에도 참여하였습니다. 그러므로 전후 일본을 처리하는 과정에서 그의 발언권은 존중되었습니다. 그 결과가 전후 일본의 처리문제에 그의 의견이 반영되었습니다. 불행하게도 우리에게는 맥아더 사령부에 조선의 문화와 전통은 고사하고 전후처리의 방향을 제시할만한 지식인 집단이 없었습니다. 국가의 미래를 정하려는 선각의 지식인이 전무하였다는 사실에 뼈아픈 패배감을 느끼게 됩니다.

물론 지금의 대한민국이 입헌군주국으로 있었으면 하는 생각 때문에 이런 글을 쓰는 것은 아닙니다. 왜 해방정국에서 당연히 거론되어야 할 토의가 생략되고 무시되었느냐 하는 점입니다. 해답은 간단합니다. 새 나라의 미래를 설계할 만한 지식인 집단이 없었다는 점이 두고두고 회한으로 남습니다. 지식인 집단의 건재가 나라의 미래를 정합니다. 이 점은 지금이라 하여 다를 바가 없다는 사실을 명심해야 할 일입니다.

해방정국의 지도자들은 나라가 광복되었다는 기쁨에만 들떠 있었을 뿐, 국가정체성에 대한 심사숙고를 고려하지 않았습니다. 서둘러 새로운 정부를 수립하여야 한다는 일념에는 몰두하면서, 자가당착에서 헤어나지를 못했습니다. 자기가 속한 집단의 이해에만 매달렸던 탓으로 국가의 미래를 설계할 겨를이 없었습니다. 이 잘못 놓인 주춧돌로 인해 우리는 오늘 이 시점까지도 이른바 국운이 퇴락하였던 원인에 대한 성찰을 못하고 말았습니다. 자신이 주장하는 형태의 정부를 세워 주장이 다른 정적을 물리칠 궁리는 하고 있으면서도 만년이 가도 망하지 않을 이상적인 나라를 세워야겠다는 역사인식은 모자랐습니다. 첫 단추를 잘못 끼우는 우를 범한 꼴입니다.

그때 부족했던 역사인식, 그때 세워놓지 못하였던 민족의 정체성은 아직도 바로 세워지지 못하고 있습니다. 이념의 혼란과 대결은 국가 정체성의 확립으로 얼마든지 고쳐나갈 수가 있다는 점을 명심해야 합니다.

〈국대안〉 반대운동

● ● ●

맥아더 사령부 안에 조선의 문화와 조선의 역사, 그리고 조선의 미래를 바로 이해시킬 수 있는 우군友軍이 없었던 점은 미래의 한국을 위해서도 큰 불행이고도 남았습니다. 그 불행은 맥아더 사령부에만 국한되는 것이 아니라 실질적으로 조선을 지배하고 있었던 미 군정청軍政廳의 사정도 다를 바가 없었습니다.

8월 22일, 미군정 법령 제102호로 국립 서울대학교 설치.

당시의 조선이 일제 식민지 지배의 사슬에서 벗어나 주권을 회복하게 되었다면 당연히 일제 군국주의적 교육정책을 청산하고 민족적인 요청을 수용하는 새로운 교육제도가 필요하고, 또 그에 합당한 교육기관이 있어야 합니다. 일제가 휘두른 황국신민화교육으로 인해 일본인화되어가던 조선의 청소년들에게 민족정기가 담긴 옳은 교육을 실행해야 하는 것은 대단히 시급한 일이었기 때문입니다.

광복이 될 무렵 조선에 있었던 고등교육 기관으로는 일제 식민지의 영구화를 위한 고급관리의 양성과 식민지 경영에 참여할 고등인력을 양성할 목표로 설립된 소위 식민지교육의 본산 격인 경성제국대학과 직능인의 양성을 목표로 세워진 공립·사립 전문학교가 대부분이었습니다. 이 같은 교육체계는 광복된 나라의 청소년들을 위해서 시급히 고쳐져야 하고, 또 개선되어야 할 일이고도 남습니다. 그럼에도 여러 파당 간의 이해에만 매달리면서 정권의 수립에만 몰두하였을 뿐, 나라의 미래를 대한 플랜을 세울만한 지식인 집단이 전무했던 것은 역사인식의 부족에서 기인된 것이 아닐 수가 없습니다.

율곡栗谷 이이李珥가 있었던 나라입니다. 퇴계退溪 이황李滉이 있었던 나라입니다. 정암 조광조가 있었던 나라입니다. 남명 조식이 있었던 나라입니다. 그 굳건하고 당찬 학통學統은 모두 어디로 갔습니까? 또 그 빛나는 학맥學脈은 어디로 갔습니까? 학맥이 끊어지고 학통이 무너진 사회, 요즘 식으로 표현하면 인문학人文學이 무너지는 시대가 열리고 있었습니다. 큰 불행이 아니고 무엇이겠습니까?

조선에 진주한 미 군정청은 식민지교육의 본산 격인 경성제국대학의 학장과 각 전문학교의 교장을 임명하였습니다. 이에 따라 미 해군 대위 엔스테드Harry B. Ansted가 경성제국대학의 학장으로 임명되었고, 이어 1945년 10월 17일에는 경성제국대학을 경성대학으로 개칭하였습니다.

일본국 식민정책의 본산으로 군림하였던 경성제국대학을 개조하기 위해 점령군의 해군대위 정도가 학장이 되었다는 점에도 자괴심이 들기는 마찬가집니다. 장차 한국의 미래를 이끌어가게 될 국립 서울대학교의 미래가 일개 미 해군대위에 의해 좌지우지되었다는 점은 배알이 틀리고 분통 터질 일이 아닐 수 없습니다.

어찌 되었건, 조선에 진주한 미 군정청은 기존의 사립 전문대학이었던 연희전문(지금의 연세대), 보성전문(지금의 고려대) 등을 대학으로 승격시키는 대신, 관·공립 전문학교를 모두 통합하여 하나의 종합대학교를 설립하는 정책을 수립하였습니다. 다시 말하면 구 경성제국대학인 경성대학과 9개 관립 전문학교 및 사립 경성치과의학전문학교 등을 모두 통합하여 종합대학교를 설립하겠다는 〈국립 서울대학교 설립안〉을 발표하였습니다. 이른바 〈국대안〉의 고시입니다.

7월 31일, 조선교육자협회와 전문대학 교수단연합회가 공동으로 전국교육자대회를 열고 〈국대안〉의 철회를 요청하였습니다. 이어서 광산전문학교, 경제전문학교, 경성사범학교, 경성의학전문학교 등 통합대상으로 되어 있는 전문학교의 일부 교수나 학생들도 반대운동에 적극 가담하였습니다. 반대운동의 대표자들은 미군정장관 러치Archer L. Lerch를 찾아가 〈국대안〉의 철회를 강력히 요구하였습니다.

1946년 8월 22일, 〈국립 서울대학교 설립에 관한 법령(군정법령 102호)〉의 공포로 서울대학교가 설립되다.

이 법령의 내용은 경성대학(구 경성제국대학)을 중심으로 경성법학전문학교, 경성공업전문학교, 경성광산전문학교, 경성사범학교, 경성여자사범학교, 경성의학전문학교, 수원농림전문학교, 경성경제전문학교, 경성치과의학전문학교(사립), 경성약학전문학교(사립) 등 관공 사립학교들을 통합하여 종합대학을 설립한다는 것이었습니다. 초대 총장으로 미 해군대위 엔스테드가 유임되었고, 대학원장에는 윤인설, 문리과대학장에는 이태규를 임명하는 등 국립 서울대학교의 설립을 강행하였습니다.

1946년 9월, 마침내 국립 서울대학교로 흡수 통합되는 전문대학의 학생들이 등록을 거부하면서 동맹휴학을 선언하였습니다. 친일 교수의 배격, 경찰의 학원 간섭 배제, 집회 허가제의 폐지, 국립대 행정권 일체를 조선인에게 이양할 것과 미국인 총장을 한국인으로 대체할 것을 요구하였습니다.

이른바 〈국대안〉 반대운동이 해방 후의 정치적 상황과 맞물리게 되면서 좌우익의 극렬한 대립으로 변질됩니다. 젊은 청년들이 또 반쪽으로 찢어지며 서로 싸워야 하는 불운은 생사를 다투는 지경으로까지 확대됩니다. 이에 미 군정청은 〈국대안〉 문제를 남조선 과도입법의원에 상정하기로 결의하였습니다. 결국 〈국대안〉 반대운동은 학원 문제를 넘어 정치적 성격의 문제로 비화되었고, 이에 따라 좌우익 학생들이 〈국대안〉 문제에 대해 동맹 휴학의 유지와 중지로 갈라지는 어처구니없는 국면을 맞게 되었습니다.

1947년 3월, 서울대학교의 일부 단과대학에서는 동맹휴학을 중지하기로 결의하였습니다. 미 해군대위에 불과한 총장을 한국인으로 바꾸라는 〈국대안〉 반대 세력의 요구에 따라 같은 해 10월 이춘호가 총장으로 선임되는 것을 계기로 1년 동안 극렬하게 계속되었던 〈국대안〉 파동도 일단락되기에 이릅니다. 이 과정에서 다수의 교수와 학생이 학교를 떠날 수밖에 없었습니다. 정확한 숫자는 아닙니다만, 교수 380명, 학생 4,956명이 해직, 퇴학 처분되었습니다. 해직 교수 중 일부는 월북越北하여 김일성종합대학 교수가 되기도 하였습니다. 학계가 갈라지는 아픔이기도 하였습니다.

서울대학교 60년사 편찬위에 따르면, 〈국대안〉 파동은 아직 대한민국 정부가 설립되지 않은 상황에서 새로운 체제의 종합 국립대학교를 무리하게 만들려고 했던 것에 기인했다고 분석하였습니다만, 조선 지식인들의 무책임, 무능력이 만들어낸 결과라고 밖에 볼 수 없지를 않겠습니까.

성균관 대성전

나는 가만히 생각해봅니다.

나라가 일본 제국의 악랄했던 사슬에 풀려나 광명천지를 다시 찾게 되었고, 새롭게 펼쳐지는 광명천지를 갈고 다듬기 위해서는 무엇보다도 먼저 교육의 방향을 정해야 하는데, 어찌하여 그 토대가 식민지정책의 본산이나 다름이 없었던 경성제국대학이 중심이 되었는지가 이해되지 않습니다.

경성제국대학이 1924년에 개교가 되었다면 겨우 21년의 역사일 뿐이고, 그 역사라는 것도 따지고 보면 조선 민족의 일본화를 위한 엘리트 양성기관이었습니다. 어느 모로 보아도 새나라 조선을 이끌고 나갈 인재의 양성기관으로는 합당하지가 않습니다. 역시 당시의 국립 서울대학교의 모태는 성균관成均館이어야 옳았다는 생각을 나는 지금까지도 지워낼 수가 없습니다.

성균관은 고려조 성종 때(992)에 만들어진 국학國學의 모태입니다.

성균관의 전신 고려 국자감

바로 국자감國子監이 그것입니다. 국자감의 전신은 태조 왕건 때부터 있었던 경학經學입니다. 경학을 개칭하여 국자감이라고 하였다가 조선조 때에 성균관으로 개칭되어 지금의 명륜동(성균관 대학의 구내)으로 이전하였습니다. 명륜동으로 이전한 후의 역사만도 6백여 년이고, 개경의 성균관까지 합치면 1천여 년이 넘는 장구한 전통과 역사를 갖게됩니다. 영국의 자부심이나 다름이 없는 옥스퍼드 대학이나 케임브리지 대학의 역사와도 비교할 수 없지를 않겠습니까.

지금도 성균관의 구내에는 명륜당明倫堂이 있고, 문묘文廟라고도 불리는 대성전大成殿이 있습니다. 대성전에는 공자를 주벽으로 하고 안자, 증자, 자사, 맹자를 배향하고 공문십철孔門十哲 및 송조육현宋朝六賢과 우리나라의 신라, 고려, 조선조의 명현 18현을 종사하여 태학생들의 사표로 삼아왔습니다. 그러나 광복 후인 1949년, 전국 유림대회 결의로 동무와 서무에 종사한 중국 명현의 위판을 매안하고 우리나라 명현 18위만을 대성전으로 승당하여 오늘에 이르렀습니다.

조선의 선비 중에서 가장 모범되고 빛나는 사람들이라면 누구를 거론해야 합니까? 바로 문묘에 위패가 모셔진 분들입니다. 죽어서도 이름을 남기며 이 땅의 모든 후학들로부터 존경을 받는 사람들, 그들이 누구인지를 살펴보면 행동을 수반한 지식인들의 모습을 발견할 수가 있습니다. 진정한 의미에서 리더십의 원형을 찾아낼 수가 있습니다.

신라 사람으로 설총薛聰, 최치원崔致遠 두 분이 모셔졌고, 고려 사람으로는 안향安珦, 정몽주鄭夢周 두 분이 종사從祀되었습니다. 문제는 문묘에 모셔진 조선의 선비들입니다. 생각해보십시오. 모두가 출중한 선비들인데 누굴 넣고 뺄 수가 있겠습니까? 문묘에 배향할 분을 선별하는 일은 보통 심각한 일이 아니었습니다. 그러므로 누구를 문묘에 배향해야 하는가의 논쟁은 끊임없이 계속되다가 광해군조에 들어와서야 결말을 보게 됩니다.

김굉필金宏弼, 정여창鄭汝昌, 조광조趙光祖, 이언적李彦迪, 이황李滉 등 우선 다섯 분이 먼저 문묘에 배향되게 됩니다. 그 후에도 논란이 쉬지 않고 거듭되고서야 김인후金麟厚, 성혼成渾, 이이李珥, 조헌趙憲, 송시열宋時烈, 송준길宋俊吉, 김장생金長生, 김집金集, 박세채朴世采가 배향되었습니다. 모두 열여덟 분입니다.

이 분들이 어떤 분입니까? 쉽게 말하면 칼날 같은 직언으로 임금을 괴롭힌 분들입니다. 화가 난 임금은 이 분들을 파직하기도 하고 귀양을 보내기도 했습니다. 조광조에게는 사약까지 내리지 않았습니까. 그러나 이분들을 괴롭히고 죄준 임금들은 모두 땅속에 묻힌 채 잊혀지고 있습니다. 그래서 권력은 한 줌이라고도 합니다.

자신의 희생을 전제로 공익에 이바지한 용기 있는 분들은 모두 다시 살아났습니다. 이분들은 문묘에 배향되고, 서원書院에 모셔지고, 때로는 향교鄕校에 종사되어 영원히 살아 있으면서 그 자손들과 후학들에까지 영광을 나누어주고 있지를 않습니까.

나는 다시 경건히 생각해봅니다. 국립 서울대학교의 육중한 교문을 뚫고 들어가면 얼마가지 않아 녹지에 고색창연한 한옥이 우뚝하고, '대성전'이라는 편액이 걸려 있습니다. 그 건물에 위에서 거론한 열여덟 분의 위패가 모셔져 있습니다. 교문을 들어선 재학생은 누구나 이 유서 깊은 건물 앞에서 경건한 마음을 가다듬게 됩니다. 그것은 자신들이 닦아야 하는 학문의 길을 알게 되는 것이며, 또 동시에 자신들이 걸어야 하는 진로를 깨닫게 하는 경건함을 다짐하게 하는 일입니다.

지금 우리 주위에 만연한 태만함, 천박함과 과소비의 거품을 걷어내기 위해서는 행동을 수반한 지식인들이 있어야 합니다. 대통령의 잘못된 언동을 직언으로 꾸짖을 수 있어야 합니다. 비틀거리는 정부의 과실을 바로 잡아주어야 합니다. 날로 천박해지는 국민들의 생각도 똑바로 고쳐주어야 합니다.

원로가 원로의 구실을 하고, 지식인들의 참목소리가 울릴 수 있는 아름다운 사회를 만드는 것, 그것은 돈이 있다고 되는 것이 아닙니다. 기업이 성한다고 되는 일은 더욱 아닙니다. 수출을 늘린다고 되는 일도 아닙니다. 오직 그것은 우리의 정체성을 살펴서 그 정체성을 이 땅의 청년들에게 꿈으로 심어주고서만 가능합니다.

그 꿈을 가꾸어 나가게 하는 것이 바로 정신적 근대화입니다. 그 꿈의 본산이 경성제국대학이 모태가 되어 국립 서울대학으로 출발되었다는 점이 두고두고 아쉬울 뿐입니다.

정부수립 60주년 vs 건국 60주년

1948년 3월 1일, 남한총선 실시 발표.

5월 10일, 제헌의원 선거.

8월 15일, 대한민국 수립을 선포(미군정 폐지 발표).

일제의 사슬에서 풀려난 1945년부터 대한민국 정부가 수립되는 1948년까지의 3년은 극도의 혼란이 반복되는 참담한 세월이었습니다. 하나에서 열 가지가 모두 미국과 소련으로 대별되는 동서 간의 패권다툼에서 오는 고래 싸움이었습니다. 다른 말로 표현하면 우리 뜻과 아무 상관이 없는 남의 장단에 춤을 출 수밖에 없었던 '고래 싸움에 새우 등 터지는 고달픈 세월'이었습니다.

신탁통치의 찬반도 그러하였고, 남쪽의 대한민국 정부수립도 북쪽의 조선민주주의인민공화국 발족도 모두가 동서 양극의 대립이라는 큰 물결에 휩쓸린 결과일 뿐 우리의 뜻과는 다릅니다. 따라서 김일성의 지도력이 발휘되어 조선민주주의인민공화국이 수립된 것이 아니라, 소련 혹은 소련군의 영향하에서 이뤄진 필연적인 결과에 불과합니다. 이승만의 단독 정부수립으로 비하되는 대한민국의 정부수립 또한 미 군정청의 방향제시에 따른 결과일 뿐입니다. 이 엄연한 사실을 두고 북쪽의 김일성과 남쪽의 이승만의 지도력으로 비교되는 것은 어느 모로 살펴도 설득력이 없습니다.

1948년 8월 15일 대한민국 정부수립

　다시 한 번 반복합니다. 남쪽의 이승만이나 북쪽의 김일성이 무능하여 국토가 분단된 것이 아닙니다. 또 남쪽에 대한민국이, 북쪽에 조선민주주의인민공화국이 수립되는 것이 이승만이나 김일성의 유무능과는 아무 상관이 없는 당시의 국제적인 흐름(동·서방의 갈등)이 빚어내는 비극의 소용돌이에 말려든 결과일 뿐입니다.

　이 엄연한 결과를 두고 지금도 우리는 사실과 전혀 다른 이념의 갈등을 겪고 있습니다. 진보와 보수, 개발독재와 민주화 세력, 더 놀라운 것은 친북좌파와 뉴라이트 운운하는 갈등의 양상은 위에서 살펴본 바와 같이 논란의 근거부터가 잘못된 것인데도 서로 사생을 결단하는 듯한 인상은 한심한 노릇이고 남습니다.

1948년의 대한민국 정부수립을 '건국 60년'으로 규정하려는 뉴라이트의 무리한 주장도, 여기에 정부가 동조하는 것도 생각이 좁고 모자라기는 난형난제難兄難弟와 다름이 없습니다. 1945년 8월 15일, 우리 민족이 일제의 사슬에서 벗어난 것은 엄연한 사실이지만 그것으로 인해 없었던 나라가 새로 생겨난 것은 아닙니다. 일제 때 사용된 '조선 민족', '우리 민족'이라는 개념에는 국가라는 것이 전제되어 있습니다. 이 간단한 이치를 수긍한다면 8·15 광복은 잃었던 나라를 찾은 것이지 아무 근거가 없었던 사람들이 해방을 맞은 것은 아닙니다. 사실이 이와 같은데 무슨 '건국'입니까?

이념은 국가의 것일 때 비로소 빛이 납니다. 이념을 특정 정권이 인용해 쓰면 언젠가는 다시 바뀌고 고쳐지게 됩니다. 아주 비근한 예가 되겠습니다만, 지금의 한나라당 정권이 '건국 60년'이라는 말을 합리화해 쓴다면, 지금의 민주당이 정권을 잡게 되면 제일 먼저 '건국 60년'이라는 말 대신 또 다른 말을 쓰게 될 것입니다. 이념은 정권차원으로 정비되는 것이 아니라 국가적인 차원으로 정착할 때 비로소 정체성으로 승화하게 됩니다. 명심하여야 할 일입니다.

아, 동족상잔

대한민국 정부수립을 전후한 조선 반도의 혼란은 '억지 춘향'으로 비유될 정도로 딱하기만 하였습니다. 소련 공산당의 지령으로 움직이는 이른바 좌익 세력(남로당)과 미 군정청의 의향에 따를 수밖에 없었던 한민당 중심의 우익 세력 간의 갈등은 그야말로 사생을 결단하는 투쟁의 연속이었습니다. 위조지폐를 찍어내서 사회혼란을 야기하는가 하면, 반대파의 두령들을 암살로 제거하는 등의 혼란도 끊임없이 반복되었습니다. 부끄럽지만 이 좌우익 간의 갈등은 우리 스스로가 원하여 선택된 것이 아니라 오직 동서냉전의 원리에 따라서 시작된 꼭두각시 놀음이라 한들 누가 탓하겠습니까.

1949년 6월 26일 낮 12시 36분에 육군 포병소위 안두희의 흉탄에 맞아 경교장에서 백범 김구가 암살되었습니다. 당시 전봉덕 헌병부사령관은 사건 발생 1시간 24분 만에 이 사건을 안두희의 단독 범행이라고 서둘러 발표했습니다. 배후는 지금도 설왕설래될 정도로 당시의 충격은 컸습니다. 그리고 꼭 1년 뒤의 일입니다.

1950년 6월 25일, 북한 공산군 대거 남침(6 · 25 발발).
UN안보위, 침략으로 규정 철퇴를 요구.

어떻게 이런 일이 있을 수가 있었는지요? 정말 어처구니없는 일입니다. 1945년, 일제의 사슬에서 벗어나 광복된 조국을 외칠 때는 분명히 하나였습니다. 오직 조국의 독립만을 염원하던 하나의 동포들이 공산주의와 민주주의로 갈라지기까지, 각기 남쪽과 북쪽에 서로 이념과 사상이 다른 나라를 만들기까지 겨우 5년 남짓 걸렸습니다. 마침내 북쪽에서 탱크를 앞세우고 남쪽으로 쳐내려왔습니다. 북쪽의 아우가 남쪽의 형에게 총질하는 동족상잔同族相殘입니다.

나에게 6 · 25는 이론이 아니라 체험입니다. 고등학교 1학년 학생이 겪었던 생생한 체험이었습니다. 전쟁이 나던 그해 내 학우學友 두 사람이 하얀 유골상자에 담겨 돌아오는 비통함도 경험하였습니다.

이로부터 3년 동안 남북한의 동족들은 서로의 가슴에 총질을 하는 전대미문의 전쟁을 치르게 됩니다. 전사한 한국군과 사망한 사람만도 621,479명, 부상자 137,899명, 실종자 450,742명을 헤아립니다. 참변을 당한 사람은 우리만이 아닙니다. UN군도 전사자 154,881명을 냈고, 부상자는 40,670명, 실종자 104,280명으로 기록되고 있습니다.

북한군의 희생자는 또 얼마나 많겠습니까? 한국군이 북진하여 압록강에 이르렀을 때 중공군이 참전하였습니다. 한국을 돕고 있는 UN군이 있었듯 중국은 한국전쟁을 '항미원조전쟁抗美援朝戰爭'이라 부릅니다. 미국에 맞서 조선을 도와주었다는 이 전쟁을 중국은 스스로 '승리한 전쟁'으로 기록하고 있습니다만, 그러나 그들의 희생도 천문학적인 숫자에 이릅니다.

숭실대학교의 총장을 지낸 시인 이중李中은 중국 공산당의 발상지를 샅샅이 둘러보고 그때의 기행문을 한 권의 책으로 엮고 《오늘의 중국에서 올제의 한국을 본다》라고 이름하였습니다. 그 내용 중에 6·25전쟁을 거론한 대목에 있어 여기에 소개하고자 합니다.

1950년 6월, 30대의 무장 게릴라 출신인 김일성은 70대의 외교 전략가인 이승만을 무력으로 공격한다. UN군의 참전으로 가까스로 전세는 만회되었지만, 중공군의 참전이라는 돌변에 직면하게 된다. 한국전쟁은 한반도의 남과 북이 미국과 중국의 영향권 안에 새롭게 진입하는 전환점이 되었다. 결과적으로 한반도에 대한 소련의 입김이 그만큼 줄어들었다.

1953년 이후에도 북한의 공격성은 멈추지 않았다. 전후의 재건경쟁에서도 30대의 지도자가 일사불란하게 이끄는 북한이 앞서나갔다. 70대 고령의 지도자는 장기집권을 둘러싸고 야당과 치열한 정치싸움을 벌여야 했다.

1960년의 대통령 하야, 민주당정권 수립, 5·16과 박정희의 등장 등 한국이 극심한 내부혼란에 빠져 있는 동안, 북한의 경제는 경공업 중심이기는 하지만 나름대로 전후 복구와 경제 재건에 성공하고 있었다.

1964년 수출 1억 달러 달성으로 우리가 환호성을 지를 때 북한은 이미 2억 달러 고지를 넘어서고 있었다. 그러나 1988년 서울 올림픽이 열리던 해에 한국의 수출은 5백억 달러인 반면에 북한은 고작 20억 달러에 머물고 있었다. 남한의 2배로 앞서나가던 북한이 겨우 20년 만에 25분의 1로 뒤처진 것이다. 이 어처구니없는 수치가 의미하는 바는 무엇일까.

80세 고령의 이승만이 물러나고 김일성보다 다섯 살 아래인 박정희가 군사쿠데타로 정권을 잡기까지, 남북한 대결은 북한의 일방적인 판정승이었다. 고령의 남한 지도자는 계속 북한에게 밀리기만 했는데, 젊은 지도자가 등장한 뒤 남한 경제는 북쪽을 앞지르기 시작하였다. 여기서 전후의 신생 독립국가 지도자와 그들의 나이에 어떤 함수관계가 있는 것인지, 한 번쯤 짚어 볼 필요가 있겠다.

참 재미있는 대목이어서 함께 읽어 보았습니다. 각설하고, 세상이 다 아는 북한 공산군의 남침을 50년이나 지난 지금에 이르러 '북침'이라고 외쳐대는 사람들은 대체 어디서 무엇을 보고 자랐는지, 또 백보를 양보하여 그들이 읽은 책이 무엇인지, 그런 책이 있다면 누가 썼는지를 물어보지 않을 수가 없습니다.

몇 해 전, 내가 강의하는 대학원 교실에서 '북침' 운운하는 학생이 있기에 내 경험담을 들려주는 것으로 자신의 생각이 잘못되었음을 확실하게 일깨워주었던 경험이 있습니다.

나는 1950년 6월 25일을 내 고향 강릉에서 맞았습니다. 강릉에서 60리쯤 북쪽에 38선이라는 것이 그어져 있었습니다. 강릉은 북쪽과 대치하고 있는 최전방 지역이어서 육군 8사단이 주둔해 있었고, 우리나라 군번 1번으로 유명한 이형근 준장이 당시 사단장이었습니다.

나는 그때 강릉농업중고 4학년 학생이었습니다. 학제가 개편된 첫해여서 새로 생긴 고등학교로 진학하느냐, 유서 깊은 중학교의 구제(6년)를 그냥 다니느냐 하는 것이 고민거리였던 나는 그 일을 상담하기

인공기를 앞세우고 진군하는 북한군

위해 집을 나섰습니다. 그날은 일요일이었으나 아침부터 추적추적 비가 내리고 있었습니다. 큰길로 나선 나는 뭔가 심상치 않은 분위기를 느낄 수가 있었습니다. 군용 트럭들이 분주하게 움직이고 있었고, 군용 지프차가 고성능 확성기를 장치하고 온 시가지를 급하게 돌면서 긴급 방송을 하고 있었기 때문입니다.

휴가를 나간 8사단 장병들은 지체 없이 부대로 귀대하기 바란다! 다시 한 번 알린다…….

수없이 되풀이 방송되는 이 내용이 무엇을 뜻합니까? 최일선 접경지대를 방어하기 위해 강릉에 주둔한 전투사단이 육군 제8사단입니다. 주말이어서 장병들은 모두 휴가를 나가고 없었습니다. 북한군은 대포를 쏘아대면서 38선을 넘어오는데 막아야 할 육군 8사단 장병들은 주말 휴가를 나가고 없습니다. 이 명백한 사실을 내가 목격하였는데, 대체 어떤 부류의 사람들이 '북침'이라는 가당치 않은 말을 입에 담는지 실로 천박하고 한심하기 그지없습니다.

또 있습니다. 그리고 이틀이 지나자 강릉은 소위 말하는 인민군(그때는 북한 괴뢰군이라 하였다)에게 점령되었습니다. 저녁마다 성남동 넓은 광장에서는 소련 영화를 틀어주기도 하였고, 북한군 밴드에 맞추어 선무공작원들이 소련식 코사크 춤으로 공포에 떠는 시민들의 발걸음을 멈추게 하였습니다. 그 시민 중에는 물론 나도 있었습니다. 모여든 사람들이 늘어나면 선무공작대의 대장이 나와서 열변을 토하곤 하였습니다.

미 제국주의자들에게 착취당하고 신음하는 남반부(그들은 대한민국을 이렇게 불렀다)동포들을 해방시키기 위해 위대한 수령 김일성 장군님의 명을 받들어 일 사천리로 내려왔다!

매일 밤 공연 때마다 되풀이하는 이 선언을 나는 수없이 들었습니다. 그때는 '북침'이란 말은 상상할 수도 없었고, 또 사회분위기도 당연히 그렇게 알고 있었는데, 그 피맺힌 동족상잔이 있은 지 50년이나 뒤에 어디선가 '북침'이라는 말이 불쑥 튕겨 나왔습니다. 다시 한 번 말하거니와 그렇게 말하는 사람들이 대체 몇 살이나 된 망나니들입니까? 그렇게 적힌 책이 있다면 그 저자들은 무엇을 근거로 그렇게 썼을까요? 진보와 보수의 차원이 아닙니다. 이런 게 역사 왜곡입니다.

나는 '북침'을 운운한 학생에게 반문하였습니다.

– 사정이 이와 같았는데도 다시 '북침'이라는 말을 입에 담겠는가?

얼굴이 붉어진 대학원 학생은 자신의 생각이 잘못되었음을 함께 공부하는 동료들에게 아주 자연스럽게 토로하였습니다.

1953년 7월 27일, 판문점에서 휴전협정 조인.

동족의 가슴에 총탄을 퍼부었던 동족상잔은 우리의 뜻과는 상관없이 휴전이 되었습니다. 이 휴전협정은 북한과 중국을 상대로 UN군 대표가 조인을 하였습니다. 북으로부터 침략을 당하면서 수많은 인명과 재산의 손실을 입었으면서도 대한민국은 이 휴전협정에 동의하는 도장도 찍질 못했습니다. 이렇게 답답한 노릇이 있습니까. 그러나 엄연한 사실입니다.

중국군의 사상자가 천문학적인 숫자인 것처럼 미군의 손실도 엄청났습니다. 미국 국무성의 발표에 따르면 전사자 22,250명, 부상자 104,697명, 행방불명자가 12,479명으로 되어 있습니다.

4 · 19 혁명과 군사독재

전쟁이 끝났다 하여 세상이 달라지고 변하는 것이 아니었습니다. 보수와 진보의 갈등 대신 이번에는 독재자를 추종하는 세력과 민주화를 주장하는 세력들이 생사를 절하는 갈등으로 대립하게 됩니다.

이승만 대통령의 3선을 위하여 대통령직선제를 간접선거로 바꾸더니 이번에는 영구집권을 위한 개헌이 '사사오입'이라는 해괴망측한 논리로 국회를 통과하였습니다. 물러날 시기를 놓친 이승만 대통령은 아첨배로 둘러싸인 채 악재만을 거듭 되풀이하게 됩니다.

1960년 3월에 있었던 정·부통령선거를 자유당정부는 모든 악랄한 방법을 총동원하여 부정선거로 몰아갔습니다. 대통령에 이승만, 부통령에 이기붕의 당선이 선언되었습니다. 울분을 참지 못한 마산 시민들이 궐기하였습니다. 경찰은 성난 시민들을 향해 발포를 하였습니다. 그런 와중에서 행방불명되었던 김주열 군의 시신이 한 달 만에 바다에 떠올랐습니다. 눈에 최루탄이 박힌 처참한 모습이었습니다. 시민들의

4·19 혁명

분노는 여러 도시로 급속히 번져나갔습니다.

마침내 4월 18일, 3천여 명의 고려대 학생들의 시위가 있었고, 이 시위가 정치깡패들의 습격을 받으면서 다음날인 19일 서울 시내의 학생들을 거리로 나서게 했습니다. 경찰은 발포로 시위를 막으려 하였으나, 그들의 스승들인 대학 교수들이 〈시국선언문〉을 발표하면서 거리로 함께 나섰습니다.

학생들의 시위는 국민의 울분을 대신하여 궐기한 정의감의 발로이며, 부정·불의에 항거하는 민족정기의 표현이다. 그러므로 이러한 민족적 참극을 초래한 당사들이 모두 책임을 지고 물러나야 한다.

지식인 집단이 살아 있음을 보여주는 쾌거가 아닐 수 없습니다. 시민들은 참스승의 도리에 또한 쌍수를 들어 환호하였습니다. 이승만 독재 시대의 종식을 예고하고 있었기 때문입니다.

자유당의 2인자이면서 부통령으로 당선되었던 이기붕 일가족은 장남 이강석이 쏜 총탄을 맞으면서 멸문의 길로 들어섰고, 이승만 대통령은 사임함으로써 자유당정권은 소멸되었습니다. 외무부장관 허정을 수반으로 하는 과도정부는 헌법을 개정하여 내각책임제로 정부를 개편했습니다.

윤보선 대통령, 장면 국무총리의 새 정부가 들어서면서 민주주의로 가는 길을 열었습니다. 그러나 자신의 앞치레도 할 수 없을 정도의 낮은 민도民度로는 값비싼 수업료를 물지 않을 수가 없었습니다.

서울 시내는 하루에도 수십 종류의 시위가 있을 정도로 혼란이 거듭되었습니다. 그때는 광화문 네거리에 소와 말이 끄는 우마차牛馬車가 다녔습니다. 어느 날은 그 우마차 3백여 대가 청와대로 몰려가면서 광화문 거리에 우마차만 다닐 수 있는 전용도로를 내달라고 하는 난센스 시위도 있었고, '제발 시위하지 말자!' 라는 데모까지 있을 정도로 혼란이 매일 계속되었습니다.

1961년 5월 16일, 군부쿠데타 발생. 군사혁명위원회 발족(의장 장도영, 부의장 박정희). 전국에 비상계엄 선포.

소위 말하는 제2공화국은 민주주의로 가는 비싼 수업료만 물고 사라지는 비운을 겪었습니다. 5 · 16 군사쿠데타를 이끈 육군소장 박정희는 부정부패를 몰아내고, 농어촌의 고리채를 정리하며, 사회의 모순과 구악을 일소하고 나면 군 본연의 자세로 돌아가겠다는 국민과의 약

5·16 쿠데타를 이끈 박정희

속을 헌신짝처럼 버리고 마침내 대통령으로 취임하였습니다.

제3공화국으로 일컬어지는 군사정부는 강력한 대통령중심제로 전환하면서 또다시 1인 독재의 길을 열었습니다. 제1차 경제개발 5개년을 성공리에 완수하면서 가난에 시달리던 우리 농촌에 '우리도 잘 살 수 있다' 라는 새마을운동이 펼쳐졌습니다. 눈물과 죽음의 고개였던 보릿고개를 무너뜨린 자리에 공장을 세우고 고속도로를 뚫었습니다. 눈 깜짝할 사이에 세계의 중진국으로 발돋움할 수 있는 중화학공업을 주축으로 하는 일대 변혁을 이루어 내는 데 성공합니다. 세계는 '한강의 기적' 이니, '아시아의 세 마리 용' 이라고 하면서 극찬을 거듭하였습니다.

자신감을 얻은 박정희 대통령은 권력의 탐욕에서 헤어나지 못했습니다. 1969년 장기집권을 위한 3선 개헌을 강행하면서 여당과 야당은 극단의 대립으로 치닫게 됩니다. 박정희 대통령은 미군철수에 따른 국가안보를 전면에 내세우면서 1972년 10월에 '유신헌법'을 선포합니다. 이렇게 무리하게 세워진 제4공화국은 영구집권을 시도하고 나섰습니다. 자신이 지명한 통일주체국민회의가 대통령을 선출하는 이른바 체육관선거는 이 땅의 학생과 지식인들을 분노하게 하였습니다.

급기야 반체제운동이 전개되었습니다. 가담자는 모두 체포되어 감옥으로 갑니다. 외국의 인권단체가 그들의 석방을 요구합니다. 박정희 군사정권은 고립무원의 코너로 몰려갑니다. 4·19를 경험한 학생들입니다. 그들은 물불을 가리지 않고 민주화를 외쳤습니다.

인도의 지도자 마하트마 간디의 말이 생각납니다.

역사를 보면, 폭군이나 살인광殺人狂인 지도자도 있었다. 한때는 그들이 무적無敵으로 보이지만 결국은 멸망하였다.

절대권력자 박정희 장군도 이 말의 범주에서 벗어나지 못했습니다. 1979년 10월 26일, 박정희 대통령은 그의 지근에 있던 중앙정보부장 김재규의 총탄으로 불귀의 객이 됩니다. 그가 이루어놓은 우리 한국의 근대화는 그야말로 눈부신 성과가 아닐 수 없습니다. 어려운 표현으로 쓸 것도 없습니다. 우리는 박정희 대통령의 덕으로 오늘의 영화를 이루어냈습니다. 그러나 누구도 박정희를 존경하고 우러러 받들지는 않습니다. 헌정질서를 유린한 쿠데타의 주역이기 때문입니다. 역사를 읽으면 마음에 와 닿은 구절들이 참 많습니다.

5 · 18 광주민주화운동

아흔아홉 가지 선정善政도 한 가지 악정惡政을 상쇄하지 못한다.

박정희의 뒤를 이은 제5공화국은 12 · 12 사태를 일으키고 5 · 18 광주민주화운동을 무력으로 짓밟은 육군소장 전두환이 무소불위의 권력을 휘두르게 됩니다. 박정희의 유신체제보다 더 강력한 압박정치는 무려 7년이나 계속되었습니다. 그 7년 동안에 일어난 갖가지 사연들은 여기에 상술하기에는 지면이 모자랍니다. 이때도 학생들은 민주화운동에 목숨을 걸었습니다. 체육관선거를 중단하고 국민직선제로 가자는 불 같은 요구가 심각한 문제로 등장하였습니다.

서울 시청 앞을 가득 메운 학생, 그리고 지식인들의 분노는 서슬이 푸른 칼날과도 같았습니다. 두려움을 모르던 전두환 대통령도 어쩔 수가 없었습니다. 그는 노태우 민정당 총재의 뜻을 받아들인다는 수순을 밝히면서 대통령직선제로 개헌하겠다는 백기를 들었습니다.

박정희 대통령 18년, 전두환 대통령 7년이라는 군부독재의 형식이 무너지면서 노태우 대통령이 직접선거로 대통령에 당선이 됩니다. 제6공화국의 발족입니다. 그러나 그는 전두환 장군의 후계구도였고, 또한 육군대장이었습니다. 그의 치세를 군부독재라고 말을 할 수는 없어도 군복을 입은 대통령 세 사람이 나라를 다스린 기간이 무려 30년입니다. 누가 36년 동안의 일제식민지를 길다고 하였습니까. 그 후에 있었던 우리들의 참담한 세월은 일제식민지에서 겨우 6년이 모자라는 엄청난 세월이었습니다.

　한 사람의 군복은 가장 믿었던 수하의 총탄에 쓰러졌고, 두 사람의 군복은 2천억대의 천문학적 수치의 부정축재로 감옥에 갔다가 풀려났습니다. 우리는 불운하게도 그 두 사람이 고무신을 신고 법정에 선 보습도 지켜보아야 했습니다.

　가난을 물리치고 밥술이나 뜨게 되는 동안 우리가 겪었던 참담함은 그대로 큰 부끄러움이었습니다.

민주화 투사들의 역사인식

민주화 세력이라 하나요. 길고 길었던 군사정권이 물러나고, 비로소 민주화를 위해 일생을 바쳤던 사람들이 새로운 정권을 창출하는 영광을 얻게 되었습니다. 그러나 그때 겪었던 참담함도 그냥 넘기기가 어렵습니다.

　제7공화국으로 일컬어지는 새 정부의 수장이 된 김영삼 대통령은 문민정부文民政府를 선포하였습니다. 참 아름답고 실감나는 이름이 아닐 수 없습니다. 김영삼 대통령은 민주화를 위해 평생을 싸워온 투사답게 '하나회'라는 군부의 사조직에 철퇴를 내렸습니다. 금융실명제를 시행하여 권력지향적인 금융제도를 개선하였습니다. 그리고 '역사 바로 세우기'라는 기치를 높이 들었습니다.

　아, 얼마나 바라던 일이었습니까. 잘못 해석되고, 뒤틀릴 대로 뒤틀어진 우리들의 역사인식, 그것은 반드시 바로 잡아야 할 국민적 명제가 아닐 수 없습니다. 그러나 불행하게도 김영삼 정부의 역사 바로 세

압박과 설움에서 해방된 민족 ● 321

김영삼 대통령 취임식

우기는 자신들의 정부수립에 반대한 세력, 또 비협조적인 기업, 거추장스러운 세력들의 운신을 못하게 하는 쪽으로 진행되는 지경에 이르고 말았습니다. 그것은 결국 보복이라는 함정에서 헤어나질 못하였습니다. 역사를 바로 세워야 하는 것은 그간의 적폐를 하나하나 바로 잡아서 국가의 미래를 정하는 일입니다. 또 국가의 정체성을 확립하자는 것이지 한 정권의 편의로 사용될 수는 없지를 않겠습니까?

36년이란 일제의 식민 시대를 겪으면서 정착된 잘못된 생각이 바로 견강부회牽强附會입니다. 이러한 악순환은 좀처럼 제자리를 찾기가 어려웠습니다. 결국 군사정부 초기의 혁신정책도, 36년 식민지 시대에 시작된 적폐와 자유당정권 때의 잘못된 가치관으로 전도되면서 구제 불능의 지경으로 들어서게 되었습니다. 결국 군사정권이 남겨놓은 모든 불합리한 관례를 고쳐서 나라의 새로운 가치를 정하고, 미래로 향하는 진로를 정하는 것이 '역사 바로 세우기'이어야 하는데, 겨우 정적의 발목을 묶는 따위의 짧은 식견으로야 나라의 미래를 생각할 수가 있겠습니까?

김영삼 정부의 과오는 바로 역사인식의 부족에서 시작되었습니다.

오랫동안의 식민통치를 겪었고 또 그만한 세월을 군사정권의 폐해에서 시달렸던 그들이 아니었습니까. 그 폐해를 깨끗이 정산하기 위한 소임을 안고 정권을 창출한 문민정부가 아니었습니까. 그러나 그들에게는 통치이념의 방향을 정하는 지식인 집단이 없었습니다. 이젠 싸울 때가 아닌데도 그의 주변은 투사들로만 가득하였습니다. 따라서 정권을 창출하는 것으로 모든 것을 끝내버리는 안주함에 빠져들게 되었습니다.

독재와의 싸움은 처연했습니다. 그 처연함을 이겨낸 김영삼 대통령이 정권창출에 성공하였다면, 그가 해야 할 일이 무엇이겠습니까? 찌들고 찢겨진 대한민국의 미래를 설계해야 하는 일이 아니겠습니까? 그게 지도자의 덕목이니까 말입니다. 그러므로 김영삼 대통령은 국가의 미래를 정하는 대대적인 프로젝트를 운영해야 했었습니다. 그러나 권력의 장악이라는 아주 작은 일에 매달리는 것으로 큰 것을 잃고 말았습니다.

대통령이 자신의 청렴함에만 안주하고 있는 동안, 그의 주변은 옛날로 돌아가고 있었습니다. 돈 없이 가난하게 투쟁하였던 그간의 노고가 억울했을지도 모릅니다. 그러나 권력의 최상부가 알게 모르게 공도公道를 지키지 못하면 타락의 나락으로 떨어집니다. 권력의 상층부가 도덕적인 와해를 겪으면서 대통령의 자제가 소통령小統領으로 군림하고 나섰습니다. 피폐가 쌓여가는데도 대통령은 '쓸데없는 소리!'라고 단호하게 부정합니다. '등잔 밑이 어둡다'라는 속언 그대로입니다. 마침내 소통령이 체포되어 영어의 몸이 됩니다.

대통령은 극심한 레임덕으로 식물 대통령이 됩니다. 당연히 했어야

법정에 선 전두환·노태우
대통령

하고, 당연히 정도로 가야 할 '역사 바로 세우기'가 결국 자신을 망치게 하였습니다. 국가 지도자의 역사인식이 부족하면 이렇게 됩니다. 역사인식은 나라의 정체성과도 일치합니다. 역사를 많이 외워서 아는 것은 아무 도움이 되지를 못합니다. 역사를 읽으면서 역사인식을 몸에 익히지 못하면 지도자의 반열에 들어설 수가 없다는 사실을 명심해야 합니다.

바로 이웃집에 큰 불행이 닥쳤습니다. 그리고 그 불행을 아주 가까이서 지켜보았고, 그런 불행이 집안을 망친다는 사실을 누구보다도 잘 알면서, 심지어 미연에 방지하지 못한 이웃집 주인을 극도로 비방한 사람들이 그와 똑같은 불행을 자초한다면, 그런 사람을 무엇이라고 불러야 하나요? 바보라고 하나요? 무식하다고 하나요? 아니면 미련하다고 해야 하나요? 놀랍게도 우리는 그런 터무니없는 경우를 역대 대통령에게서 보고 있습니다. 이보다 참담한 노릇이 있겠습니까?

노태우 대통령은 40년 친구였던 전두환 대통령을 백담사로 보냈습

김대중 대통령 취임식

니다. 보내지 않을 수 없었던 세밀한 상황을 노태우 대통령을 완벽하게 숙지하고 있었습니다. 그런데도 친구가 백담사에서 고생하고 있는 동안 자신도 똑같은 방법을 정치자금을 모으다가 감옥에 가지를 않았습니까?

민주 투사 김영삼 대통령은 아들의 일로 참담할 정도의 레임덕을 겪었고, 퇴임 뒤에도 그 멍에가 악몽처럼 그를 괴롭히고 있습니다. 그 사실을 뼈아프게 지켜본 또 한 사람의 민주 투사 김대중도 대통령이 되어 제7공화국의 수장이 되었습니다.

천문학적 숫자의 달러 퍼주기로 남북정상회담을 성사시키면서 노벨 평화상의 수상도 달성했습니다. 그에게 주어진 권한으로 무소불위의 나라(제2건국)를 세우기로 하였습니다. 전 정권의 김영삼 대통령이 주장한 역사 바로 세우기에 버금가는 프로젝트가 아닐 수 없었습니다. 이승만 독재정권에서 비롯된 아첨, 박정희의 군사정권에서 시작된 정경유착 등 헤아릴 수 없는 많은 적폐를 청산하고 새로운 나라를 세우자는 기치가 펄럭이기 시작하였으나, 실제로는 달라지는 것이 없었습니다. 그를 떠받치고 있는 이른바 실세들의 역사인식이 볼품없었기 때문입니다.

자신이 대통령이 될 때 비협조적이었던 기업을 해체하고, 자신의 노선에 비협조적인 사람들의 운신을 제한하는 따위가 '제2건국' 이 될 수는 없지를 않겠습니까. 게다가 김대중 대통령 시대에서 싹트기 시작한 이념의 갈등은 혼란의 혼란을 거듭 자초하게 하였습니다. '친북반미' 가 바로 그것입니다. 시대의 변천에 따라 '온라인' 으로 일컬어지는 인터넷 언론이 여기에 가세하게 되었습니다. 자신의 진로에 방해가 되었던 사람, 앞으로 방해가 될 가능성이 있는 기업과 사람들을 해치고, 손발을 묶는 것이 제2건국의 행동요강이나 다름없게 되고 말았습니다.

전 정권에서 내세웠던 역사 바로 세우기가 왜 성공할 수가 없었던가를 누구보다도 잘 알고 있는 김대중 대통령의 제2건국의 이념이나 행동지침도 결국엔 김영삼 대통령의 역사 바로 세우기와 한 치도 다름이 없는 정권적 차원의 역사인식으로 정착되고 말았습니다. 역사인식에 투철한 지식인 집단을 구성하지 못하였기 때문입니다.

앞 정권에서 실패한 원인을 잘 알고 있으면서 되풀이할 수밖에 없는 것은 정권의 중심에 두뇌 집단이 없기 때문입니다. 다른 말로 바꾸면 국가의 미래를 내다볼 줄 아는 지식인 집단이 없었기 때문으로 요약됩니다.

그 결과라는 것도 뻔한 일이 아니겠습니까. 앞 정권에서 소통령 때문에 정권의 임자가 국민 앞에 나서서 사과를 해야 했던 참담한 아픔을 구경했던 김대중 대통령입니다. 그러나 이번에는 그의 두 아들이 뇌물수수에 휘말리면서 영어의 몸이 되었습니다. 변명하면 안 됩니다. "그것은 내가 원하였던 것이 아니라, 그들 스스로 가져온 돈이다." 이젠 그런 말을 믿을 사람이 없습니다. 결국 아버지 김대중 대통령 또한 국민 앞에 나서서 자식들의 잘못된 소행을 정중히 사과하지 않을 수가 없었습니다.

왜 이런 일들이 끝없이 되풀이되는지 참으로 창피하기만 합니다. 정치권력이 여덟 번이나 바뀌는 동안 단 한 번도 무사한 정권이 없었습니다. 백 번을 물어도 지도자의 역사인식이 바르지 못하기 때문입니다. 그리고 분명한 또 한 가지는 그들 모두 우리가 직선으로 뽑은 대통령이라면 국민들의 책임도 결코 만만치 않습니다.

《익지서》에는 이런 사람들이 읽어야 할 기막힌 구절이 있습니다.

차라리 탈이 없이 가난하게 살지언정 탈이 있고서 부유하게 살지 않을 것이다. 차라리 탈이 없이 초사삼간에서 살지언정 탈이 있고서 고대광실에서 살지 않을 것이다. 차라리 병이 없고서 거친 밥을 먹을지언정 병이 있고서 비싼 약을 먹지 않을 것이다!

같은 민주화 투사라 하더라도 김영삼, 김대중 대통령을 나이 든 세대라고 한다면 제8공화국의 수장이 된 노무현 대통령은 젊은 세대에 속합니다. 이분이 대통령으로 당선되기까지는 참으로 드라마틱한 과정이 있었습니다.

386 세대

노무현 대통령은 군사정권의 정경유착을 단죄하는 청문회 스타로 화려하게 등장하였습니다. 그때의 참신함이란 우리 정치사의 꽃과도 같은 아름다움이자 신선함이었습니다. 지금까지 단 한 번도 경험하지 못했던 참신함이어서 오히려 충격이 더 컸습니다.

노무현 대통령의 당선 또한 지금까지의 정당정치와는 궤를 달리하는 충격을 동반하였습니다. 솔직히 어리둥절한 가운데서도 정직함과 신선함이라는 점에서 기대를 걸게 하였습니다. 그리고 그와 함께 정치계의 표면으로 등장한 386이라는 새로운 세대가, 아니 '친노 386' 이라는 새로운 세력이 정치 정면에 출현하였습니다.

30대이며, 1980년대에 대학생이었고, 1960년대에 태어난 사람으로 통칭되는 젊은이들 중에서도 특히 군사문화에 대한 저항을 기치로 민주화 운동에 나섰던 세대를 386 세대라고 합니다만, 그중에서 또 노무현을 지지하는 젊은이들을 '친노 386' 으로 분류한 셈입니다.

노무현 대통령 취임

    일반적인 의미에서 정당정치를 표방해온 우리 정치사에서는 아주 돌발적인 사건이었기에 처음에는 생소하기 그지없었습니다. '우 광재, 좌 희정'이라는 젊은 시스템에는 기대보다 우려가 앞서기도 하였습니다. 우리는 그들의 역사인식을, 능력을 검증한 일이 없었기 때문입니다. 유시민 의원의 첫 등원에서 보여준 캐주얼한 복장으로 인한 갈등은 국회의원의 품위를 떨어트린다는 식의 코미디 조로 회자되면서도 쓸어넘겨야 하는 전통에 대한 도전이라는 점에서는 충격이기도 하였습니다.

    어찌 되었건 친노 386은 특정 지역을 중심으로 하는 기존 지역주의 정치행태를 부정하고 나섰습니다. 그리고 권위주의를 타파하려는 의지를 보였습니다. 또 낙후된 지역을 균형 있게 발전시키겠다는 의욕도 보였습니다. 일단은 참신했습니다. 게다가 노무현 대통령은 인터넷을 통한 온라인이라는 새로운 방법으로 젊은이들과의 직접소통을 시도하고 나섰습니다. 젊은 세대의 호응도 만만치 않았습니다.

이른바 진보와 보수의 극렬한 대립은 이렇게 출발했습니다. 그러나 그것이 진보와 보수와의 대결임을 빙자하여 지난 시대의 모든 것을 부정하려는 과욕에서 더 큰 문제점과 갈등을 드러내고 말았습니다. 평가는 아주 간단하게 나오고 말았습니다. 리더십의 부족에서 일어나는 자가당착입니다.

지도자의 덕목에서 '지도력의 결핍'이 발견되면 스태프라고 불리는 참모들에 의해 지체 없이 보완되는 시스템이 살아 있어야 합니다. 선진국의 정치 시스템은 바로 이 점이 정밀하게 작동합니다. 불행하게도 노무현 대통령과 친노 386 세대에게는 그런 시스템이 없었습니다. 경험부족, 훈련부족이 원인입니다만, 더 중요한 것이 역사인식의 부족이었습니다.

명치유신을 일으켜서 근대 일본국을 건설한 이웃나라의 젊은이들은 국가의 미래에 명운을 걸었습니다. 그들은 집단의 이익에만 구애되지를 않고, 오직 새로운 국가건설, 새로운 미래에 모든 것을 걸었습니다. 선각의 지도자가 있었기 때문이었습니다. 그러나 우리의 친노 386 세대들은 기존의 정치 세력, 다시 말하면 보수 세력을 짓밟아 버릴 수만 있다면 자신들이 추구하는 진보의 세계가 자동으로 열릴 것이라고 과신했던 단순함이 큰 착각이었습니다. 그에 대한 역사적인 배경을 바로 찾지 못한 역사인식의 부족 때문입니다.

조선 시대에도 신진혁신 세력들에 의해 훈구 세력들이 코너로 몰린 시대가 있었습니다. 중종中宗 시대의 사림士林정치가 바로 그것입니다. 정암靜菴 조광조(趙光祖, 1482~1519)를 중심으로 한 신진 세력들이 훈구 세력을 일거에 몰아붙이면서 도덕국가건설을 기치로 혁신의 바람을 일으킨 때가 바로 그때입니다.

여기서는 아주 짧게 그때 일을 살펴보기로 하겠습니다.

조선의 임금들은 스스로 왕도를 세워나가고자 경연經筵을 소중히 하였습니다. 경연은 아침, 점심, 저녁에 하였다 하여 조강朝講, 주강晝講, 석강夕講이라 하였습니다. 그래도 부족하다 싶으면 밤에도 경연관經筵官과 더불어 학문을 논하고, 정사에 관해서도 토론했습니다. 그러므로 밤에 하는 경연을 야대夜對라고 했습니다.

중종 12년 4월 4일 조강에서 있었던 일입니다. 특진관 이자건李自健이 임금의 면전에서 아주 혹독한 직언直言을 입에 담았습니다.

강원도에는 서리가 오고 눈이 내려 보리가 얼어 죽었다 하고, 여러 변괴가 나타나고 겹쳐서 끝이 없습니다. 신의 생각으로는 성상께서 성심이 지극하지 못하여 그런가 싶습니다.

— 《중종실록》12년 4월 4일

자연재해까지도 임금의 실덕에서 기인되었다는 지적입니다. 절대군주인 임금의 면전에서 이렇게 말할 수 있는 사람을 참선비라고 합니다. 요즘 말로 설명하면 '행동行動을 수반한 지식인知識人'이 됩니다.

선비가 없다는 것, 행동을 수반한 지식인이 없으면 사회 기강은 무너질 수밖에 없습니다. 사회 기강이 무너지면 사람들은 천박해지게 마련입니다. 지금 우리의 현실이 그렇지를 않습니까.

그날 조강에서는 정암 조광조의 직언도 있었습니다.

> 상하가 일체 되어 조정이 화기和氣에 차야 천재天災가 해소되는 법입니다. 지금 조정 안에 재상宰相은 옳다하고 대간臺諫은 그르다 하여, 하나의 시비 속에서 조금만 뜻에 맞지 않으면 반드시 반목하여 서로 헐뜯어 위아래가 결리하게 되니, 신은 재변이 생기는 것을 조정의 불화 때문이라고 생각합니다.
>
> ─《중종실록》12년 4월 4일

이《중종실록》의 기사를 요즘 식으로 바꾸어 보겠습니다. '보수꼴통이 옳다고 하면 386이 싫다고 하여, 하나의 시비 속에서 조금만 뜻이 맞지 않으면 반드시 반목하여 서로 헐뜯어 위아래가 절리하게 되니, 신은 재변이 생기는 것을 조정의 불화 때문이라고 생각합니다' 어떻습니까? 이 글은 480여 년 전의 글입니다. 마치 대한민국의 현재를 보고 있는 것 같지 않습니까?

답답해진 중종은 다시 묻습니다. 그럼 어떻게 하면 되겠느냐고요. 정암 조광조의 대답은 거침이 없습니다.

> 만일 재상은 아래 동료들 보기를 자제子弟처럼 하고, 아래 관원은 상관 보기를 부형父兄처럼 하여, 상하의 사이에 꺼리고 숨기는 일이 없이 서로 바로잡고 경계하여 엄숙하고 화기애애하여 진다면, 자연히 군자君子가 진출하게 되고, 소인小人은 물러나게 될 것입니다.
>
> ─《중종실록》12년 4월 4일

왜 우리는 역사를 읽으면서 교훈을 얻어야 하나요? 480여 년 전에 있었던 내용이지만, 마치 지금 우리 정부나 정당 혹은 통치자, 각료, 국회의원들의 몰골들을 눈여겨 살피면서 쓴 듯한 글입니다. 바로 여기에 역사를 읽어야 우리를 알고, 미래를 알게 된다는 진리가 있습니다.

전하, 밝은 임금은 대간臺諫의 말을 좋아하고 자신의 의견만을 고집하지 않으나. 어두운 임금은 자신의 의견을 행하기를 좋아하고 대간의 말을 돌보지 않게 마련이옵니다. 지금 대간들이 간절히 논계하고 사직한 것은 충정에서 우러나온 것이옵니다. 숭상하고 상을 주고 감복하게 해야 할 것인데, 전하께서는 오히려 위엄으로 모두 물리쳐 사기를 꺾어 위망의 조짐을 보이시니, 이는 어두운 임금이 하는 일이옵니다. 전하의 성덕과 학문으로 이처럼 극도에 이르실 줄을 어찌 상상이나 했겠습니까.

보십시오. '전하께서는 오히려 위엄으로 모두 물리쳐 사기를 꺾어 위망의 조짐을 보이시니, 이는 어두운 임금이 하는 일이옵니다. 전하의 성덕과 학문으로 이처럼 극도에 이르실 줄을 어찌 상상이나 했겠습니까' 정암 조광조가 살아서 오늘 우리의 현실을 목격한 듯이 직언하고 있다는 점에서, 역사가 지난 시대의 기록만이 아니라 미래로 이어지는 맥락이라는 사실을 선명하게 보여주는 예가 아닐 수 없습니다.

참신하고 정직하였던 청문회의 스타가 대통령의 자리에 안주하면서 구태로 회귀하는 모양을 지켜보면서도 그 대통령을 만들어낸 친노 386세대의 리더들은 왜 이 같은 직언을 하지 못했을까요? 사리私利는 알아도 역사인식이 모자라는 사람들이기에 할 수가 없었습니다. 아니

그럴만한 식견도 능력도 없었습니다. 보수 세력을 때려잡기에 혈안이 되었을 뿐, 나라의 미래를 설계할 능력을 갖추지 못하였기 때문입니다. 이른바 보수꼴통들을 쥐어박아서 박살을 내놓고 나면, 진보의 길이 활짝 열릴 것이라는 짧은 생각이 노무현 정부의 지각없는 좌충우돌을 불러왔습니다.

노무현 대통령도 전직 두 대통령처럼 자신과 자신의 정부가 달성해야 하는 정체성으로 '과거사 바로 세우기'을 내세웠습니다. 이 전에 있었던 구호가 '역사 바로 세우기'와 '제2건국'이었습니다. 이 둘 모두가 나라의 정체성으로 연계되지 못한 채 정권만의 이해에 매달려 있었던 탓에 성과 없이 끝나게 된 것을 젊고 똑똑한 노무현 대통령이 모를 까닭이 없습니다. 그러나 노무현 대통령과 친노386 또한 모든 과거사에서 자신의 의견과 반대되는 것은 모두 잘못된 것으로 매도하고 나섰습니다. 참으로 엄청난 역사인식의 혼란이 아닐 수 없었습니다.

역사를 많이 읽는 것과 역사인식이 무관하다는 점은 앞에서도 여러 차례 지적하였습니다만, 역사인식이 확고하지 못한 사람이 지도자로 있으면 국민들은 크게는 이념의 혼란을 겪게 되고, 작게는 선악의 판단까지 흐리게 됩니다. 과거사를 바로잡는 것은 과거사 중에서도 택할 수 있는 아름다운 것을 택하고, 택해서는 안 될 아름답지 못한 것을 미련 없이 버리는 것이 역사인식입니다.

노무현 대통령의 초기는 젊음과 정의감과 참신함을 과시하여 많은 사람들의 기대를 모으기도 하였습니다. 게다가 맹목적으로 그를 추종하고 지지하는 세대까지도 생겨났습니다. 그러나 역사인식이 깔려 있지 않은 허황한 참신함은 설득력을 상실하게 됩니다. 특히 해방 전후

사의 혼돈, 대한민국 건국을 에워싼 이념이 혼란, 피로 얼룩진 동족상
잔인 6 · 25의 아픔을 온몸으로 체험한 세대가 엄연히 살아 있는데, 그
들의 체험을 거부하거나 왜곡하려는 역사인식에는 설득력이 없게 마
련입니다.

형님이 겪었던 뼈아픈 체험이나, 아버지가 흘린 피의 가치를 호도하
려는 이념의 갈등이 노무현 대통령과 친노 386 세대의 한계를 드러나
게 하였습니다. 소위 말하는 뉴라이트 운동이 격렬해진 것은 건국이념
을 바로 세우자는 역사인식의 발현이 중요한 몫을 하게 되었습니다.

2007년의 대선 결과는 노무현 대통령이 받아들이기에 너무도 참담
한 것이었습니다. 이명박 새 대통령이 무려 531만여 표 차로 대승하였
는데도 그를 지지해서가 아니라 노무현 대통령 혹은 친노 386의 실패
를 응징한 것이라고 공공연하게 말하는 진풍경도 있었습니다. 무엇이
실패인가요? 해답은 아주 간단합니다. 형님들이 흘린 피와 아버지가
겪은 체험을 거부하거나 무시하는 이념논쟁에 매달렸기 때문입니다.

역사인식의 부족이 리더십의 부족으로 바로 이어진다는 사실이 이
보다 더 실감날 수가 없습니다.

2009년 5월 23일, 노무현 전 대통령 부엉이바위(봉하마을)에서 뛰어내리다.

이 엄청난 사건이 처음 발표될 때의 TV나 신문의 머리기사는 모두
한결같이 '노무현 전 대통령 자살'로 표기되었습니다. 어떻게 이런 일
이 있어야 하나요? 임기를 무사히 마친 전직 대통령이 자살로 목숨을
끊다니요! 참으로 부끄럽고, 참으로 입에 담기 민망한 일을 우리는 겪

고야 말았습니다.

　노무현 대통령은 16대 대통령의 5년 임기를 무사히 마치고 고향인 김해시 봉하마을로 금의환향하였습니다. 자연농법을 개발하여 우리나라에서 가장 친자연적인 선진농촌사업을 펼치겠다는 의욕적인 출발이었습니다. 지금도 복잡하기 그지없는 서울 도심에 네 사람의 전직 대통령이 살고 있습니다. 그 네 사람에게도 각각 태어나고 자란 고향이 있고, 거기로 돌아간다면 정말로 영웅대접을 받을 수가 있을 것인데도 무슨 연유에서인지 복잡하기 그지없는 도심 한복판에서 살면서 경찰이나 의경들을 긴장하게 하는 경우와 비교한다면 노무현 대통령의 귀향은 그의 등장만큼이나 신선한 충격이었습니다. 봉하마을로 그를 찾아온 방문객의 수가 순식간에 1백만 명을 넘어섰음이 이를 잘 말해주고 있습니다.

　호사다마라고 했습니까. 노무현 대통령의 봉하마을 농사가 첫해의 결실을 바라보게 될 무렵부터 그에게로 불행이 닥쳐왔습니다. 대통령의 임기를 끝낼 무렵에 있었던 부정한 금전거래가 드러나기 시작하였습니다. 이른바 박연차 리스트라 불리는 권력형 금전거래의 내역이 검찰 수사로 드러나면서 노무현 대통령의 형님이 뇌물수수로 감옥에 갔습니다. '순진한 우리 형님 괴롭히지 말라'라고 특별히 당부했던 바로 그 형님이기에 우리는 더욱 참담해질 수밖에 없었습니다. 그러나 그것은 시작에 불과했습니다. 뒤이어 대통령 자신과 영부인, 그리고 아들, 딸까지 뇌물 스캔들에 휘말리게 되었습니다.

　청와대의 최측근 비서진이었던 이들이 구속되면서 영부인이 검찰에 출두하는 지경에 이르렀고, 뒤이어 아들, 딸, 사위까지 검찰에 나가

는가 싶더니 마침내 노무현 대통령이 검찰에 출두하게 되면서 대국민

사과를 하였고, 언론은 노무현 대통령의 구속 여부를 초미의 관심사로

연일 대서특필하는 지경에 이르렀습니다.

노무현 대통령은 자살할 것을 결심하고 유서를 썼습니다.

너무 많은 사람들에게 신세를 졌다.

나로 말미암아 여러 사람이 받은 고통이 너무 크다.

앞으로 받을 고통도 헤아릴 수가 없다.

여생도 남에게 짐이 될 일밖에 없다.

건강이 좋지 않아서 아무것도 할 수가 없다.

책을 읽을 수도 글을 쓸 수도 없다.

너무 슬퍼하지 마라.

삶과 죽음이 모두 자연의 한 조각 아니겠는가?

미안해하지 마라.

누구도 원망하지 마라.

운명이다.

화장해라.

그리고 집 가까운 곳에 아주 작은 비석 하나만 남겨라.

오래된 생각이다.

- 노무현 전 대통령이 남긴 유서

봉하마을 마을회관에 노무현 대통령의 분향소가 마련되었습니다. 조문행렬은 순식간에 장사진을 이루었습니다. 그러나 현직 국회의장은 찬물 세례를 받으면서 돌아섰고, 어느 정당의 총재는 계란 세례를 받으면서 쫓겨났습니다. 집권 여당의 간부들도 분향소에 들어설 수가 없었습니다. 급기야 현직 대통령이 보낸 화환이 부서지고 짓밟히는 지경에까지 이르게 되었습니다.

물론 분향소의 관리를 비롯한 장례에 대한 모든 절차는 노무현 대통령이 거느렸던 국무총리, 대통령실장, 장차관들로 구성된 장례위원회의 소임입니다. 리더십의 부족, 위기관리 능력의 부족, 지도력의 결핍은 노무현 대통령의 사후에까지도 이어지고 말았습니다.

우여곡절 끝에 노무현 대통령의 영결식은 '국민장'으로 결정되었습니다. 국민장은 현직 국무총리가 장례위원장이 되고 행정자치부장관이 집행위원장이 되는 국가주도의 장례식입니다. 그런데 전직 국무총리가 장례위원장에 추가되는 특례도 있었습니다.

경복궁 뜰에서 국가가 주도하는 국민장이 진행되는 동안, 덕수궁 근처에서는 민간이 주도하는 또 다른 장례식이 버젓이 진행되었습니다. 중구난방도 분수가 있어야지요. 40억 원이나 되는 예산을 쓰면서 거행되는 국민장을 지켜보면서 우리는 국법이 무용하다는 최악의 사태를 목격하고야 말았습니다.

고故 노무현 전 대통령의 영결식에 참석한 이명박 대통령이 헌화를 진행하던 중 소란이 일었다. 29일 오전 11시 서울 경복궁에서 열린 고 노무현 전 대통령의 영결식장에서 이 대통령이 헌화를 하려고 나가자 민주당 백원우 의원이 제지하려고 시도했다. 백 의원은 "여기가 어디라고." 외치며 영정이 있는 쪽으로 나아가려 했지만 경호원에 의해 곧바로 제지당했다. 백 의원은 "이 대통령은 사과하라." "정치보복으로 살해됐다."고 외쳤다. 참석자들 가운데 일부도 "사과하라."고 같이 외쳤고 백 의원은 "정치적인 살인"이라면서 계속 소리 지르다 민주당 김현 부대변인이 나와 제지하자 백 의원과 경호원 측도 진정하고 자리에 앉아 상황은 3~4분 만에 마무리됐다.

- 〈서울신문〉5월 29일 인터넷 기사

참담한 노릇이 아닐 수 없습니다. 국민장에는 외국에서 온 조문사절도 참석합니다. 이날의 경복궁 영결식장에도 많은 외국인 조문사절이 참석했습니다만, 리더십의 부족이 빚어내는 참담한 현상이 나라의 위신을 떨어뜨리는 지경에까지 이르고 말았습니다.

9일 낮 경복궁에서 국민장 영결식이 거행되는 동안 서울광장 주변에서도 시민들의 주최로 영결식이 열리고 있었다. 서울광장의 대형 스크린으로 실시간 광화문 영결식이 중계됐다. 12시쯤 이명박 대통령 내외가 단상에 오른다는 사회자의 소개가 있자 서울 광장에서는 일제히 큰 야유가 터져 나왔다. 시민들 수백 명은 일제히 자리에서 일어나 야유와 함께 "책임져라." "노 대통령을 살려내라." "누가 누구를 헌화하느냐."라고 고함지르며 울분을 토해냈다. "이명박은 살인자" 등의 욕설도 난무했다. 격앙된 분위기는 이 대통령이 화면에서 사라진 다음에야 수그러 들었다.

- 〈서울신문〉5월 29일 인터넷 기사

해외의 여러 언론매체들도 노무현 대통령의 자살과 장례식에 관한 관심을 쏟아냈습니다. 미국의 〈뉴욕타임스〉는 '노 전 대통령은 자살로 운명을 반전시켰다'라고 적었습니다.

일부 친척과 보좌진은 수뢰 혐의로 투옥되었고 노 전 대통령의 명예가 훼손된 상황이었지만 자살 후 그는 명성을 지키기 위해 자살을 선택한 존경할만한 사람, 가족과 참모들을 보호하기 위해 희생한 영웅, 억울하게 죽은 한이 되었다.
– 〈뉴욕타임스〉

그리고 덧붙이기를 '이번 사건은 무엇이 범죄이고, 사법이 어떻게 이뤄지고 있는가에 대한 의문이 제기되고 있다'라고 적었습니다. 경청할만한 대목이 아닐 수 없습니다.

노무현 대통령의 국민장은 처음부터 두 개의 장례위원회가 있었습니다. 하나는 대한민국 정부가 주도하는 장례위원회이고, 또 하나는 노무현 대통령의 측근으로 구성된 이른바 봉하마을의 장례위원회입니다. 그러나 이 두 장례위원회가 뛰어넘지 못하는 보이지 않는 유령의 장례위원회가 또 하나 있었습니다. 아니 그것은 정부의 힘도 미치지 못하는 거대한 그림자였습니다. 죽은 장수와 비슷하게 생긴 사람으로 가짜 장수노릇을 하게 하는 일본 사무라이 영화의 제목이 〈카게무샤(影武者, 그림자 사무라이)〉가 아니었습니까.

대한민국의 대통령을 '제왕적 대통령'이라고 합니다. 몇몇 국회의 동의가 필요한 경우가 있다고 해도, 국정원, 검찰청, 감사원, 국세청

등 모든 권력기관의 장들을 마음대로 임면할 수 있는 막강한 권한이 대통령에게 있습니다. 이같이 막강한 힘을 가진 대통령에게 리더십의 결여로 인한 지도력 결핍이 발견된다면 국가 발전의 동력을 상실하게 합니다.

노무현 대통령의 지도력 결핍, 리더십의 부족은 누누이 거론된 바가 있었습니다만, 현직 대통령인 이명박 정부의 리더십 부족이 곳곳에서 드러나기 시작하는데도 세세히 거론하지 못한 채 이 글을 매듭을 짓게 되었습니다. 까닭은 간단합니다. 그에게는 아직 임기가 3년이나 남아 있기 때문입니다.

통한에 사무친다는 일제의 식민통치가 36년이라면 그보다 4년이나 더한 세월을 우리는 가치관이 전도된 혼란 속에서 살았습니다. 목줄을 죄어오는 고통을 참으면서도 찍소리 하지 않고 살았습니다. 무지한 백성들을 구제하여 이끌고 나가야 할 지식인들까지도 죽어서 지냈습니다. 아니 죽어서 지낸 것이 아니라, 하찮은 권력에 부화뇌동하면서 산 세월이 일제의 식민지기간보다 4년이나 더 깁니다. 그래도 그때는 독립운동이라도 있었질 않았습니까. 통렬한 반성이 필요합니다.

남명 조식 선생은 평생을 벼슬길에 나가지 않고서도 자신의 뒤를 이어갈 문도들을 길러냈습니다. 면암 최익현 선생은 74세의 노구를 이끌고 백성들보다 한발 앞서나가는 구국의 결단을 몸소 실천해보였습니다. 그리고 적지 대마도에서 단식으로 순국하셨습니다. 매천 황현 선생은 나라가 망했다는 소식을 접하고 스스로 목숨을 끊었습니다. 향년 55세였습니다. 선각의 지도자 이동인, 안중근 의사 등은 자신의 모든 것을 버리고 나라의 미래만을 살폈습니다. 박정희 군사정권 때 함석헌 선생은 하얀 수염발을 날리면서 태연히 감옥에 드나들면서도 '씨알의 소리'를 주장하면서 민족의 정기와 진로를 제시하였습니다.

모두들 어디에 계시는지 그립기만 합니다. 그분들에게는 오직 공익 公益만 있었을 뿐, 사욕私慾은 눈을 닦고 찾아도 없었습니다. 그 핵심이 나라의 정체성과 역사인식의 발현에서 비롯되었다는 엄연한 사실을 오랫동안 기억해야 합니다. 그분들은 이를 오직 당연한 것으로 여겨서 실행하였을 뿐, 여기에 논리를 달고자 하지를 않았습니다. 아, 오늘의 스승들은 어디에 계신지 답답한 마음 가늠할 길이 없습니다.

리더십의 발견은 어렵지 않습니다. 국가적 차원과 정권적 차원을 구별하지 못하는 지도자에게는 리더십이 주어지지 않습니다. 역사와 역사인식의 차이점을 입증하지 못하는 사람에게도 리더십은 성립하지 아니합니다. 배우고 익힌 바를 행동으로 보여주지 못한 지도자가 성공한 예는 없습니다.

리더십, 이론이 아니라 실행입니다.

일제의 잔재,
군사문화의 잔재는 쓸어내야 합니다

1

역사를 읽으면서는 어떠한 경우에도 '만일'이라는 가정은 성립될 수가 없습니다. 그러면서도 큰 불행을 당하면 어떤 가정을 정해서 마음의 위로를 찾는 경우가 더러 있습니다. 가령 수양대군이 주도한 이른바 '계유정난癸酉靖難'이라는 쿠데타가 없었다면 사육신들의 학문과 충정이 소년 단종을 섬기면서 세종 시대의 황금기가 다시 이어졌을지도 모른다고 위안받듯, 우리가 말하는 소위 1980년 서울의 봄을 구가할 때, 12·12와 5·18과 같은 불행을 겪지 아니하고, 강력한 문민정부가 들어섰다면 아주 자연스럽게 5·16 군사쿠데타가 역사의 심판을 받으면서 단죄되었을 것이고, 그 주동자들에게 중벌을 내렸다 한들 누구 한 사람 반발하지 않았을 것입니다. 더구나 감옥에 간 제5공화국의 대통령이 자신의 정통성을 지키기 위해 단식을 하는 따위의 난센스는 없었을 것이 아니겠습니까.

여기서 우리는 잘못된 과거를 역사의 이름으로 청산할 수 있었던 절호의 기회를 잃었던 탓으로 지난날의 적폐積弊에서 벗어나지 못하는 오늘의 더 큰 비극을 체험하게 되었음을 알게 됩니다.

많은 지식인들이 박정희 대통령의 유신을 구국救國이라고 찬양하지 않았습니까? 또 전두환 장군의 출현을 단군 이래 최고의 지도자라고 치켜세우지 않았습니까? 버젓한 학자들이 쓴 그런 내용들이 교과서에 등재되어 어린 아이들의 역사인식까지 어지럽혔던 참담함을 아직도 뼈아프게 기억하고 있습니다.

또 간디와 동시대를 살면서 동양인 최초로 노벨문학상을 수상한 바 있는 타고르R. Tagore는 자신의 역사인식을 분명히 밝혀서 인도 국민의 지지를 받았습니다.

인간의 역사는 학대받는 자의 승리를 참을성 있게 기다린다.

참으로 기막힌 말이 아닐 수 없습니다. 오늘 우리가 처한 참담한 현실의 일들을 지켜보면서 간디나 타고르의 역사인식에 탄복하지 않을 수가 없습니다. 역사 앞에서 옷깃을 여며야 하는 외경심이야말로 하늘의 뜻이자, 리더십의 출발임을 알 수가 있습니다.

우리는 우리의 잘못된 지난날을 뼈저리게 살펴보아야 할 의무가 있습니다. 1875년에 있었던 운양호사건雲揚號事件에서 1910년의 경술년 국치(한일합방)까지의 36년이 조선 민족 의식의 뿌리를 흔들었던 통한의 기간이었습니다.

'일본 사람과 가까이하지 않으면 출세할 길이 없다, 일본 사람을 끼지 않으면 아무것도 되지를 않는다', 그 구체적인 예를 매국노 이완용에게서 찾을 수가 있습니다. 운양호사건이 발발할 무렵의 이완용은 친러파의 우두머리였습니다. 다시 말하면 나라의 미래를 열기 위해서는 친러시아가 최선이라고 생각했던 이완용이 한일합방 때가 되면 친일파의 거두가 되어 한일합방문서에 조인하는 데 앞장서게 됩니다. 나라의 미래를 짊어진 최정상의 지식인들이 이렇게 변질되는 기간이 위의 36년이었다면 아무 힘도 없었던 이른바 민초들의 변질은 어느 정도였겠습니까? 가치기준의 전도라는 게 바로 이러한 경우입니다.

그리하여 그 뒤를 이었던 일제 36년의 식민지하에서는 더욱 일본 사람과 가까워져야 하고, 일본 사람의 손발이 되어야 밥술이나 뜨게 되고, 쥐꼬리 같아도 재물을 모을 수가 있었고, 또 출세길을 열 수가 있었습니다. 일본 사람들을 끼고 부자가 되었던 사람들은 일본군의 승리를 위하여 비행기까지 헌납하였습니다. 이 같은 악순환이 36년인데, 그 어처구니없는 지배기간을 참담하게 여기기는 고사하고, 오히려 그때가 있어 우리나라가 근대화되었다고 주장하는 교수가 있고, 국회의원이 있고, 법관까지도 동조하는 게 우리의 참담한 현실입니다.

비굴함을 당연히 여겨야 잘 살 수 있고, 출제할 수 있다는 잘못된 관행慣行이 지식인 사회를 지배하게 되었습니다. 8·15 광복의 감격을 맞고서도 지난날의 잘못된 관행에서 헤어나질 못했습니다. 일본 제국을 위해 황국신민이 되었던 관행이 이번에는 독재자에게 아첨하는 관행으로 변질됩니다. 아니 힘센 자에게 아첨하는 것이 정도로 이해되기 시작하였습니다.

이제 우리는 군사문화 혹은 군사독재로 일컬어지는 그 불행했던 시대를 어떻게 살았는지 창피하지만 냉정히 뒤돌아볼 필요가 있습니다. 잘못된 과거를 청산하고 역사를 바로 세우는 일은 정치나 정치인 주변만을 정비한다 해서 성공하는 것은 아닙니다. 경제도 문화도, 심지어 사회의 모든 현상이 거기에 동조하였기에 총체적인 부정과 부패현상이 일반화될 수 있었습니다.

가령 지식인의 대명사나 다름이 없는 대학의 일부 교수들은 5·16 군사쿠데타나 10월 유신維新의 당위성을 찬양하는 글을 써서 중·고등학교 교과서에 등재되었다 하여 큰 영광으로 알았고, 신문이나 방송은 군부독재가 연출하는 갖가지 이벤트 등을 아무 거리낌 없이 대신 옹호해준 것도 엄연한 사실이었습니다.

2

요즘 우리는 개발독재開發獨裁라는 말을 곧잘 씁니다. 이 말에는 개발을 위해서는 얼마간의 독재를 해도 눈감아주겠다는 비열한 뜻이 포함됩니다. 따라서 세상이 어지러워질 때마다 '박정희 같은 사람이 나와서 확 쓸어버려야 해!'라는 자조적인 말을 자주 듣게 됩니다.

세상이 얼마나 한심하면 그런 자조가 나오겠습니까만, 이런 말처럼 위험한 것은 없습니다. 세상이 어수선하다 하여 쿠데타가 일어나서 헌정이 중단되기를 바라는 것은 말이 되지를 않습니다. 박정희와 같은 사람이 다시 나와서 어쩌자는 것입니까? 남산이나 서빙고에 정체불명의 고문실을 지어놓고 자유를 갈망하는 사람들을 초주검으로 만들자는 생각을 용납할 수가 있겠습니까? 그것이 비록 농담이라도 말입니다.

우리가 산업사회로 들어서기 시작한 것은 박정희 대통령의 업적으로 높이 평가되어야 마땅합니다. 그러나 아무리 좋은 업적도 부당한 방법으로 실행되어 수없이 많은 부작용을 만들어내고, 그것이 국가부정의 악례로 남게 되었다면 비판을 받아야 마땅합니다. 또 그런 악례는 어떤 경우에도 존속되거나 반복되어서는 안 됩니다.

박정희 대통령이 조국 근대화의 기치를 내세우기 전에는 우리나라에는 재벌이라는 게 없었습니다. 그 재벌이라는 큰 부자가 있게 된 과정을 뒤돌아보겠습니다. 이것은 책에서 읽은 것이 아니라 내가 목격하고 체험한 사실임도 부연해 둡니다.

기업은 대형 프로젝트라고 불리는 큰 공장을 짓기에 앞서서 호화로운 영빈관(迎賓館)부터 지어야 했습니다. 거기에 언제 올지 모르는 대통령의 방을 거창하게 꾸며놓고는 외제 가장집물로 가득 채웁니다. 회사의 간부들은 '각하(대통령)'를 모시기 위한 로비에 몰두했습니다. 그러는 동안 영빈관 밑에 쌓아둔 기자재는 붉은 녹물을 쏟아내고 있었습니다. 과장이 아닙니다. 나는 이런 현장을 여러 곳에서 목격했습니다.

어찌 되었거나 박정희 대통령이 그 영빈관에서 한 번만 자고 가면 만사형통이었습니다. 은행자금을 그야말로 자유자재로 쓸 수가 있게 됩니다. 이런 풍토가 만연을 거듭하다가 이른바 통치자금을 제공한다는 명분으로 수백억 원이라는 천문학적인 액수가 정치권으로 흘러들어가게 되었습니다. 말은 정치자금입니다만 뇌물이 분명합니다. 그렇게 막대한 돈을 주어놓고는 그것이 관행이요, 떡값이며, 성금일 뿐, 대가성이 없었다고 앵무새처럼 외치고 있습니다. 지금도 말입니다.

기업 때문이라고도 합니다. 기업을 살리기 위해서는 강제로 빼앗겼다고 실토하기도 합니다. 간혹 그런 정경유착이 발각되는 경우도 있으나, 경제가 위축돼서는 안 되기에 구속처벌을 유보한다는 법원의 논리는 그야말로 '부정과 부패에 익숙한 한국'에서만 있을 수 있는 관행이 아니겠습니까? 이래서 검찰이 정부의 시녀라는 소리까지 나오고, 검찰총장은 '떡값 총장'이라는 제목으로 만화에까지 등장합니다.

무력을 사용한 군사쿠데타가 성공하자면 반드시 무고한 사람들이 다치게 되고, 그로 인한 원성이 하늘을 찌르는 악순환이 되풀이되는데도 그 주역은 하늘의 소명召命을 받은 영웅과 같이 행세합니다. 그러나 역사는 무소불위의 독재자에게는 빠짐없이 불행하고 참혹한 종말을 맞게 했습니다. 사람들은 독재자를 시대가 불렀다고 생각하지만, 하늘은 독재자가 불행한 시대를 잠시 수습하게 하고, 그 수습이 끝났다는 시점에서 반드시 응징합니다. 이것이 쿠데타의 전형입니다.

3

어둠에는 해질녘의 어둠과 여명의 어둠이 있습니다.

해질녘 어둠은 길고 답답하게 이어지지만, 여명의 어둠은 오래가질 않습니다. 곧 밝은 태양이 떠오르기 때문입니다. 밝은 사회라는 것은 사견私見보다 공론公論이 존중되고, 법도가 우선되어 룰이 지켜지는 사회를 말합니다.

우리가 가야 할 정치적 이념의 길은 당연히 정도正道여야 합니다. 그

외의 방법은 없습니다. 조선 시대가 강상綱常과 윤기倫紀를 치도治道의 이념으로 삼았듯이 우리도 도덕을 으뜸으로 여겨야 합니다. 36년 동안의 일제 식민지 시대가 남겨놓은 잘못된 관행들, 30년 동안 군사문화가 만들어낸 적폐를 자르지 않고서는 우리의 앞길은 열리지 않습니다.

친북반미는 무엇이며, 또 이치에 맞지도 않는 진보는 무엇입니까? 또 뉴라이트는 무엇입니까? 아무리 살펴보아도 정권 차원의 다툼입니다. 역사는 정권의 것이 아니라 국가의 것입니다. 역사인식은 정권을 위해 있는 것이 아니라 국가를 위해 있어야 합니다.

잠시 위대한 세종 시대의 핵심을 간략히 살펴보기로 합니다. 우리 역사상 가장 창조적이며 위대했던 세종 시대는 성군 세종대왕의 식견識見과 표준標準이 조화를 이루었던 찬란하고 아름다운 시대입니다. '식견과 표준의 조화'가 세종대왕의 리더십입니다. 그러나 세종대왕의 그러한 리더십은 아버지 태종太宗 이방원李芳遠이 만들어준 토대 위에서 꽃피웠다는 점을 간과해서는 안 됩니다.

태종 이방원은 빛나는 다음 시대를 열기 위한 일이라면 어떠한 악업惡業도 서슴지 않았습니다. 이미 세자의 지위에 있었던 큰아들 양녕대군讓寧大君을 물리치고, 다섯째 아들 충녕대군忠寧大君을 후계자로 발탁합니다. 당시로는 참으로 어려운 용단이었습니다. 그리고 세종 시대에 방해가 될만한 세력들인 태종의 친처남 네 사람에게 사약을 내려서 죽입니다. 이 일은 왕비 원경왕후元敬王后의 분노를 사게 되어 장장 12동안이나 같은 궐 안(경복궁)에 살면서도 불목을 하게 됩니다. 뿐만이 아닙니다. 다음 대의 임금이 될 세종의 장인인 국구(國舅, 나라의 사돈) 심온沈溫에게는 스스로 목숨을 끊게 하였습니다. 그리고 자신의 분신과도 같았던 평생의 동지 이숙번李叔番까지 귀양을 보내면서는 "내가 죽은 지 백 년이 넘지 않으면 이숙번에게 도성의 땅을 밟지 못하게 하라."라고 단호하게 명했습니다.

태종 이방원은 다음 대 임금인 세종의 치세에 아무 하자가 없을 것이라고 확신이 들었을 때, 임금의 자리에서 물러납니다. 50세, 무엇이 부족한 나이입니까. 그리고 말합니다.

천하의 모든 악명惡名은 이 아비가 모두 짊어지고 갈 것이니, 주상은 만세에 성군聖君의 이름을 남기도록 하라!

역대 우리 대통령들의 자질 중에서 무엇이 부족했던가를 선명하게 보여주고 있는 대목입니다. 국민들의 비난이 두려워서 '쌓인 적폐'를 해소하는 일에 나서지 않았다면 지도자의 덕목이 부족해서입니다.

아직도 늦질 않았습니다. 앞으로 등장할 새 대통령이 마음 편하게 일할 수 있는 풍토를 만들 줄 아는 리더십이 현직의 대통령에게 있어야 합니다. 다시 말하면 얼마간의 악명惡名을 짊어지더라도 다음 대통령의 짐을 덜어줄 줄 아는 대통령이 우리게는 필요합니다. 그것이 나라의 명운을 살피는 리더의 자질입니다.

역사는 자라나는 청소년들에게 바로 인식되어야 하고, 꿈을 심어주는 거울이어야 합니다. 그래서 《통감通鑑》과 같이 역사를 적은 책에는 반드시 '거울 감鑑' 자를 씁니다. 《명심보감明心寶鑑》에도 '거울 감' 자가 들어 있는 것이 바로 같은 이치입니다.

사람들이 아침에 집을 나설 때면 대개 거울을 보면서 몸 매무새를 고칩니다. 상대방에게 불쾌감을 주지 않으려는 배려라고 생각됩니다. 그때 거울에 때가 묻어 있으면 자신의 모습을 바로 살필 수가 없습니다. 거울에 금가루를 뿌려놓았어도 그것은 때일 수밖에 없습니다.

자, 어떻습니까? 우리가 간직하고 있는 역사라는 거울 말입니다. 너무 많은 때가 묻어서 우리 자신을 비쳐 볼 수도 없게 되어 있습니다. 우리가 소중히 간직해야 할 거울에 무슨 때가 그리도 많이 앉았습니까. 그 때가 바로 '식민지사관' 이라는 때이고, '군사정권 시대의 관행' 이라는 때이며, '역사를 비하' 하는 무지하고 몰상식한 때입니다.

더럽혀진 거울을 보면서 더럽혀진 원인을 모르는 결과도 멀리 있는 것이 아니라 바로 우리 곁에 있습니다. 우리나라는 국민 1인당 GNP가 2만 달러를 오르내리며 세계에서 열두 번째의 경제규모를 자랑하고 있습니다만, 국가브랜드는 34위로 뒤처져 있습니다. 경제규모와 국가브랜드 사이에 벌어진 20계단의 틈새가 의미하는 것이 무엇이겠습니까? 무엇이 부족하면 이런 현상이 생겨납니까?

국가의 품격입니다. 모든 개인에게 인품이 있듯이 국가에도 국격國格이 있습니다. 아무리 경제규모가 커져도 나라의 품격을 갖추지 못하면 다른 나라로부터 존경을 받을 수가 없다는 사실을 명심해야 합니다.

지금 우리가 해야 할 일은 때묻은 거울을 말끔하게 닦는 일입니다.

특히 20세기 1백 년 동안에 쌓인 적폐를 닦아내야 합니다. 리더십은 밝고 맑은 거울에 담겨 있기 때문입니다.

역사는 지나간 시대만의 기록이 아니라 미래로 이어지는 맥락이다!

그렇습니다. 역사를 찬찬히 들여다보면 우리의 참모습이 그대로 담겨 있습니다. 잘된 일이었다면 잘될 수밖에 없는 원인이 그려져 있으며, 잘못된 일에는 잘못될 수밖에 없는 까닭이 적혀 있습니다. 그것을 살펴보지 않았기에 같은 실패를 되풀이하게 됩니다.

역사에 대한 무지가 지도층, 혹은 지식인 집단의 역사인식을 왜곡되게 하였고, 훼손되는 분위기를 끊임없이 반복하게 하였습니다. 마침내 그것이 국민정서를 호도하는 지경에까지 이르렀습니다.

초 · 중등학교에서 국사과목을 폐기하더니, 고등학교에선 사회과목에 곁방살이를 하게 되었고, 그나마 선택과목으로 전락하고 말았습니다. 국가의 중추가 될 인재를 뽑는 행정고시, 사법고시에서는 어떻게 되었습니까? 아예 국사과목이 배제되었습니다.

이런 터무니없는 일들이 개선되지 않고 진행된다면, 우리는 불행하게도 10여 년쯤 뒤에는 역사를 모르는 대통령을 선출하게 됩니다. 그리고 역사를 모르는 국회위원들이 법안을 만들어내게 됩니다. 역사를 모르는 판사들에 의해 옳고 그름이 판별되게 됩니다.

지식인들에게는 리더십이 있어야 합니다. 리더십은 꼭 어떤 단체나 조직을 조건으로 하는 것이 아닙니다. 리더십의 모든 조건은 모국母國의 역사에 가지런히 담겨 있습니다. 그 역사에서 역사인식을 찾아낼 수 있어야 리더십의 진가를 알게 됩니다. 따라서 자기 자신의 생활을 가지런히 하는 것이 리더십의 출발점입니다.

리더십을 갖춘 사람들은 언행이 일치합니다. 그리고 많은 사람들로부터 존경받게 됩니다.